Schon als Kind fand er sie bezaubernd: Prinz Wilhelm von Preußen liebte Prinzessin Elisa, Tochter des polnischen Fürsten
Radziwill. Sie treffen sich in den königlichen Schlössern in Berlin, Potsdam und Schlesien und erleben »funkelnde Tage des
Glücks«. Ganz Europa wartet mit Spannung auf die Heirat. Doch
Wilhelms Vater, der preußische König, hat andere Pläne ...
Vor dem Hintergrund der Geschichte Preußens und Polens und
auf der Grundlage bisher unbekannter Tagebücher und Briefe
erzählt Dagmar von Gersdorff von großen Gefühlen, enttäusch-
ten Hoffnungen und politischen Intrigen.
Dagmar von Gersdorff, geb. von Forell, Dr. phil, studierte an
der Freien Universität Berlin Germanistik und Kunstgeschichte.
Sie ist verheiratet und lebt als Literaturwissenschaftlerin und
Biographin in Berlin. Dagmar von Gersdorff ist Mitglied des
Schriftstellerverbandes und des Internationalen PEN.
Im insel taschenbuch liegen von ihr außerdem vor: *Caroline von
Humboldt. Eine Biographie* (it 4158); *Marianne von Willemer
und Goethe. Geschichte einer Liebe* (it 4059); *Die Erde ist mir
Heimat nicht geworden. Das Leben der Karoline von Gün-
derrode* (it 4023); *Goethes Enkel. Walther, Wolfgang und Alma*
(it 3350); *Goethes Mutter. Eine Biographie* (it 2925).

insel taschenbuch 4393
Dagmar von Gersdorff
Auf der ganzen Welt nur sie

Dagmar von Gersdorff

Auf der ganzen Welt nur sie

Die verbotene Liebe
zwischen
Prinzessin Elisa Radziwill
und Wilhelm von Preußen

Mit zahlreichen
Abbildungen

Insel Verlag

Umschlagabbildungen: Prinzessin Elisa Radziwill, um 1825,
und Wilhelm I., König von Preußen, um 1830.
Fotos: Archiv für Kunst und Geschichte;
David Merewether/Getty Images; shutterstuck

Erste Auflage 2015
insel taschenbuch 4393
© Insel Verlag Berlin 2013
Vertrieb durch den Suhrkamp Taschenbuch Verlag
Umschlag: glanegger.com, München/Ulf Henning
Satz: Satz-Offizin Hümmer GmbH, Waldbüttelbrunn
Druck: Druckhaus Nomos, Sinzheim
Printed in Germany
ISBN 978-3-458-36093-3

Inhalt

So ist die Liebe beschaffen,
daß sie allein Rechte zu haben glaubt,
und alle anderen Rechte
vor ihr verschwinden.

Goethe

Kinderjahre im Exil

»Ich fühlte, daß sie mir nicht
gleichgültig war.«

Sie kannten sich seit ihrer Kindheit. Als der elfjährige Wilhelm, Sohn des preußischen Königs Friedrich Wilhelm III. und der Königin Luise, Elisa im Sommer 1808 zum ersten Mal sah, war sie fünf Jahre alt, ein hübsches Kind von gewinnender Zutraulichkeit, »gehüllt in ihren Mantel von goldenen Haaren«, wie Freundin Hedwig poetisch sagte. Sie stand im Hof des Königsberger Schlosses neben der Kutsche und winkte.

Bis in den äußersten Osten des Landes hatte der König fliehen müssen, um sich vor den nachrückenden französischen Truppen in Sicherheit zu bringen. Gemeinsam mit dem Königspaar und seinen Kindern war, wie der gesamte Hof, auch die Fürstenfamilie Radziwill von Berlin nach Königsberg geflohen. Fürstin Luise Radziwill war durch ihre nahe Verwandtschaft zum König – sie war eine geborene Prinzessin von Preußen – ebenso gefährdet wie alle Mitglieder der königlichen Familie. Verheiratet war sie mit Fürst Anton Radziwill, einem kultivierten polnischen Magnaten, Diplomat in preußischen Diensten, der als Musiker, Cellist und Komponist Szenen zu Goethes *Faust* vertonte und Beethoven wie Chopin mäzenatisch unterstützte.

Prinzessin Elisa, geboren in Berlin am 28. Oktober 1803 und getauft auf die Namen *Elisabeth Friederike Louise Martha*, war nach zwei Söhnen und zwei Töchtern, von denen die ältere als Säugling gestorben war, das fünfte Kind des Fürstenpaares. Zierlich und grazil, quicklebendig und von fröhlichem Wesen, sang und tanzte sie, wo sie ging und stand. Wenn sie erschien, wurde mit Attributen wie »anmutig und lieblich« nicht gespart. Die befreundete Gräfin Bernstorff, selber Mutter von drei Töchtern, schrieb, Prinzessin Elisa habe durch das Zusammenklingen von zärtlicher Sanftheit und feurigem Temperament einen Zauber ausgestrahlt, dem niemand widerstehen konnte.

Prinz Wilhelm jedenfalls, als zweiter Sohn des Königs und der Königin Luise am 22. März 1797 geboren, war von ihrer »unbeschreiblichen Freundlichkeit« schon früh angezogen. Als Zwanzigjähriger würde er ihren Eltern beteuern: »Elisa ist meinem Lebensglück unentbehrlich geworden.« Im späteren Rückblick, mittlerweile König von Preußen und Kaiser Wilhelm I., versuchte er zu erklären, wieso Elisa Radziwill ihn mit solcher Macht fesseln konnte: Durch ihre Schönheit und ihr beispielhaftes Gottvertrauen sei sie zum Leitstern seines Lebens geworden. »Ein edler Charakter und die unbeschreibliche Anmut im ganzen äußeren Erscheinen«, versicherte er, »die nur der Abglanz einer so schönen Seele und eines so herrlichen Gemüts sein können.« Doch nicht nur der »edle Charakter« war es, der ihn fesselte, sondern vor allem Elisas Liebreiz. Sie sei »zum Niederknien schön«, schrieb er wörtlich an seine Schwester. Er fand sie einzigartig, so daß neben ihr alle anderen Frauen, denen er begegnen würde, später auch seine Ehefrau Augusta, verblassen mußten.

Kinderjahre am Ende der Welt, geographisch das Ende des preußischen Territoriums, Ostpreußen. Napoleon hatte 1805 die Österreicher bei Ulm und die Russen bei Austerlitz besiegt, hatte das alte Römische Reich Deutscher Nation aufgelöst und 1806 die preußische Armee bei Jena und Auerstedt geschlagen. »Der König hat eine Bataille verloren. Jetzt ist Ruhe die erste Bürgerpflicht«, mit diesen Worten hatte der Gouverneur von Berlin, Graf Schulenburg, die Bewohner zur Besonnenheit aufgefordert. Während die Kinder des Königs, der vom Schlachtfeld nicht nach Berlin zurückgekehrt war, vorsorglich nach Schwedt in Sicherheit gebracht wurden, hatte die verzweifelte Königin Luise, in einer Fen-

sternische des Schlosses verborgen, mit der Fürstin Radziwill die Flucht geplant. Napoleon würde in Berlin einmar-
schieren und mit seinen Truppen die Stadt besetzen. Sie
mußten fort! Leibarzt Hufeland wurde gerufen, man packte in größter Eile und fand nach angstvoller Fahrt in Richtung Osten Zuflucht im alten Königsberger Schloß, dessen Giebel im Sturm einer wilden Nacht herabgestürzt und
zum Entsetzen der Bewohner in den Schloßteich gekracht
war.

In ihren Erinnerungen schildert Luise Radziwill ihr Erschrecken, als sie alle nach der Niederlage bei Preußisch-
Eylau aus Angst vor den herannahenden feindlichen Truppen auch Königsberg wieder verlassen mußten. Sie beschreibt
»die traurige Pilgerfahrt« über das zugefrorene, von gefährlichen Eisspalten durchzogene Haff nach Memel, wo das
Königspaar in einem einfachen Kaufmannshaus Unterkunft
fand.

Nie im Leben vergaß der damals elfjährige Wilhelm, wie
seine Mutter »in großer Schwäche nach überstandenem Nervenfieber, in dem fürchterlichsten Sturm und Schneegestö-
ber« drei Tage und Nächte über die Kurische Nehrung gebracht wurde. Das Unglück des Vaters, die Enttäuschung
der Mutter über ihre vergebliche Unterredung mit Napoleon
im Jahre 1807 und der heldenhafte Einsatz seiner Landsleute in den Befreiungskriegen prägten sich ihm ein und machten ihn für immer zu einem unbeirrbaren Patrioten.

Für den König, der um die Existenz seines Landes bangte,
war das Exil die tiefste Demütigung – für die Kinder eine
eher unbeschwerte Zeit. Man erlebte den Sommer an der
Bernsteinküste, den Winter auf den Schlittenbahnen, es gab
Spielplätze vor dem Steindammer Tor »auf den Huben«
und im alten Schloß – für alle Kinder, für die des Königs
wie für die der Radziwills, war es eine Zeit großer Ungebun-
denheit. Elisa konnte mit ihren Geschwistern Wilhelm, Ferdinand und Luise spielen, Prinz Wilhelm mit dem zwei Jahre

1 Königin Luise von Preußen,
Gemälde von Joseph Grassi, 1802

älteren Kronprinzen und seiner Lieblingsschwester Charlotte. Bei gutem Wetter fuhr man zu den Dönhoffs aufs Land
oder in den weiten Park der Lehndorffs, rannte lärmend
durch Hippels Garten und versteckte sich in den Scheunen –
es wurde nachsichtig geduldet. Die alte Oberhofmeisterin
Voß verlor erst dann ihre gewohnte Toleranz, als sie die königlichen Kinder auch noch halsbrecherisch auf Stelzen lau-
fen sah!

Die Kinder trafen hier Leute, denen sie sonst wohl kaum begegnet wären, den witzigen Herrn von Humboldt, den brum-
migen Freiherrn vom Stein und den schiefen Herrn von Staegemann, sogar den Dichter Achim von Arnim, der bei der
Zeitung arbeitete und einen Bart trug. In jedem Leben sind
es die Kindheitserinnerungen, die am längsten haften und
am meisten bedeuten. Fern von zu Hause entstanden dauer-

hafte Freundschaften. Prinz Wilhelm fand im ältesten Sohn der Radziwills, der ebenfalls Wilhelm hieß und im selben Jahr und Monat geboren war wie er, einen Freund fürs Leben. Als er sich später im Königsberger Dom krönen ließ, war es dieser Fürst Radziwill, inzwischen preußischer General, der ihm die Krone zum Altar vorantrug. Eine ähnlich enge Freundschaft verband seit damals seine Schwester Charlotte, die spätere Zarin von Rußland, mit Prinzessin Elisa Radziwill.

Auch wenn sich der Erzieher Friedrich Delbrück und die gestrenge Gräfin Voß Mühe gaben, die Disziplin einigermaßen zu erhalten und den Unterricht geregelt durchzuführen, war die Freiheit groß. Elisas Freundin Hedwig, Tochter des Staatsministers von Staegemann, sah auf den Treppenstufen des Königsberger Schlosses den eleganten Fürsten Radziwill, von groß und klein umringt, wie er sein Cello zwischen den Knien hielt, und alle hörten zu, wie er »mit seinem Gesang, Violoncellspiel und seinen Kompositionen die Menschen in einen Zauberbann versetzte«. Sie berichtet in ihrem Tagebuch, wie der vornehme Fürst bei Geburtstagsfeiern die kleine Gesellschaft zu amüsieren versuchte. »Fürst Radziwill sprang auf einem Fuß herum und teilte Plumpsäcke aus«, notierte sie amüsiert, »er hatte die kleine Elisa mitgebracht, die ein wahrer Engel ist.«

Die damals neunjährige Hedwig bemerkte aber auch, daß ihnen als Kindern der Gegensatz zwischen der bedrückten Stimmung der Erwachsenen, die den Untergang Preußens vor Augen hatten, und ihrer eigenen Sorglosigkeit nicht verborgen blieb; auch für sie herrschte nicht immer eitel Sonnenschein. Das wurde besonders deutlich, als sich im Haus der Radziwills 1809 eine Katastrophe ereignete. Elisas drei Jahre ältere Schwester Luise wurde mit heißem Wasser verbrüht, »als plötzlich der auf dem Teetisch stehende Samowar umgestoßen wurde und das kochende Wasser sich über die arme Lulu ergoß, die besinnungslos zu Boden stürzte«, wie ihre Mutter schreibt. Nach schrecklichem Leiden starb das neunjährige Mädchen an den schweren Verbrennungen. Derjenige, der das Unglück aus nächster Nähe miterlebte, war Prinz Wilhelm. Über ihn äußerte seine Mutter: »Unser Sohn Wilhelm wird, wenn mich nicht alles trügt, wie sein Vater, einfach, bieder und verständig. Auch in seinem Äußeren hat er die meiste Ähnlichkeit mit ihm, nur wird er, glaube ich, nicht so schön.« [1] Der Zwölfjährige hatte blaue Augen und dickes blondes Haar wie sie, besaß ein weiches Herz, war anhänglich und verständig. Was Pflichterfüllung, Gewissenhaftigkeit und militärische Disziplin betraf, war er tatsächlich dem Vater ähnlich.

Während der Kronprinz Anlaß zu Klagen gab, weil er rechthaberisch, vorlaut und streitsüchtig war, avancierte Wilhelm, der schon als Siebenjähriger Uniform und Säbel erhielt, zum Lieblingssohn des Königs. Es stellte sich heraus, daß er alles Militärische weit mehr schätzte als sein Bruder, der zwar intelligent, aber mehr an Kunst und Architektur als am Soldatentum interessiert war, während der hoch aufgeschossene Wilhelm »große Freude an allen militärischen Übungen« zeigte. Er war, wie sein Erzieher meldete, »Soldat bis in die Seele hinein«.

Die militärischen Niederlagen, das persönliche Unglück und die tägliche Bedrohung lasteten bedrückend auf dem König und seiner Umgebung. Je mutloser die Stimmung wurde, je enger schlossen sich die Königin Luise und die Fürstin Luise Radziwill aneinander an. In Tagen der Verzweiflung hatten sie Gelegenheit, bei Kinderproblemen, Krankheiten und Geburten einander beizustehen. Elisas Mutter liebte die sechs Jahre jüngere Königin wie eine Schwester. »Niemals in meinem Leben habe ich ein so hinreißendes Wesen gesehen wie die Kronprinzessin«, hatte sie schon bei den Vermählungsfeierlichkeiten gesagt. Inzwischen hatte die erschöpfte und desillusionierte Königin acht Geburten über-

2 *Elisas Mutter Fürstin Luise Radziwill*
als junge Frau. Gemälde von
Joseph Friedrich August Darbes, 1796

standen, fünf Kinder waren am Leben geblieben: Kronprinz Friedrich Wilhelm, als König Friedrich Wilhelm IV. »der Romantiker auf dem Thron«; Prinz Wilhelm, später preußischer König und Deutscher Kaiser; Prinzessin Charlotte, zukünftige Zarin von Rußland; Prinzessin Alexandrine, später Großherzogin von Mecklenburg-Schwerin, und der kleine Prinz Carl. Zwei Kinder kamen noch im Exil zur Welt, Prinzessin Luise, spätere Prinzessin der Niederlande, und Prinz Albrecht, in dessen Geburtsjahr 1809 der König nach drei Jahren beschämender Demütigung von Napoleons Gnaden die Erlaubnis erhielt, Ostpreußen zu verlassen und unter der Bedingung horrender Reparationszahlungen nach Berlin zurückzukehren.

»Abreise aus Königsberg mit Mutter u. Geschwistern.« Die

Notiz in Wilhelms Taschenkalender wurde vom Jubel seiner Geschwister begleitet. Mit ihnen reiste der Bruder des Königs, Prinz Wilhelm, der, um ihn vom gleichnamigen Sohn zu unterscheiden, »der Ältere« genannt wurde, dessen Frau Prinzessin Marianne sowie Fürst Radziwill mit seiner Familie, die sich um Sohn Boguslaw vermehrt hatte. Zufrieden notierte Wilhelm am 22. Dezember 1809: »Aufenthalt im Schloß zu Freienwalde auf der Rückreise nach Berlin und Gala-Diner beim Prinzen Ferdinand!«

Freienwalde! Das schöne Schloß, in dem der Zwölfjährige damals übernachtete, würde in seinem Leben noch große Bedeutung erlangen.

Die Vorliebe ihres Sohnes für Prinzessin Elisa Radziwill konnte seine Mutter, die Königin Luise, nicht mehr erleben; sie starb ein Jahr nach der Heimkehr mit vierunddreißig Jahren auf dem Schloß ihres Vaters in Hohenzieritz. Fortan fehlte dem König die Frau, deren Heiterkeit seine Starrheit und Strenge hätte mildern können und die er seine einzige Vertraute genannt hatte. Die Kinder, die das lebensgroße Marmorbild der Mutter im Park von Schloß Charlottenburg regelmäßig besuchten, waren überzeugt, daß sie über ihnen wache – so flüsterten sie es sich an ihrem Sarkophag gegenseitig zu. Vor allem Sohn Wilhelm hätte ihre Fürsprache dringend gebraucht. Wäre die Mutter am Leben geblieben, meinte er später, wäre es weder zu den Intrigen der Minister noch zu den Mißverständnissen zwischen ihm und seinem Vater gekommen.

Für den heranwachsenden Wilhelm wurde die Fürstin Luise Radziwill zu einer vertrauten Ersatzmutter. Die temperamentvolle, hilfsbereite und überaus warmherzige Fürstin, Tochter von Prinz Ferdinand, einem Bruder Friedrichs des Großen, war 1770 im Ordenspalais in der Wilhelmstraße zur Welt gekommen und in den Schlössern Friedrichsfelde und Bellevue aufgewachsen. Als geborene Prinzessin von

3 Seiner Hochfürstlichen Durchlaucht
des Fürsten Anton Heinrich Radziwill.
Stich von Anderloni nach einem Gemälde von
Wilhelm Hensel

Preußen war sie eine Kusine des mit ihr gleichaltrigen Königs. Prinz Wilhelm liebte sie. »Ein solches Herz voll Liebe und Teilnahme für andere findet man überhaupt selten«, hat er später von ihr gesagt.

Wie sie in ihren Erinnerungen berichtet, hatte sie schon etliche Bewerber abgewiesen, als Prinz Anton Radziwill auf den Plan trat. Vom ersten Augenblick fand die preußische Prinzessin den eleganten jungen Mann, der bereits den roten Adlerorden besaß, höchst bemerkenswert. Er entstammte einem alten und reichen polnisch-litauischen Magnatengeschlecht mit großen Machtbefugnissen, das 1515 von Kaiser Maximilian zu Fürsten des Heiligen Römischen Reiches erhoben worden war. Allerdings besaßen die Radziwills kein reichsunmittelbares Territorium, da ihre Besitzungen nicht im Reich lagen – ein Umstand, der sich später als überaus verhängnisvoll erweisen würde.

Der polnische Prinz, der der erstaunten Luise mit bestrickender Liebenswürdigkeit begegnete, verfügte nicht nur über ein immenses Vermögen, sondern auch über herausragende musikalische Begabungen, von denen, wie sich zeigen würde, selbst Goethe angetan war. Offenbar hatte er die musischen Talente seiner Mutter Helena Radziwill geerbt, die durch ihr »Arkadia« in ganz Europa Berühmtheit erlangt hatte, einen Schloßpark mit Marmorstandbildern und beleuchtetem Tempel, eine Traumlandschaft von solcher Pracht, daß die Königin Luise bei ihrem Besuch begeistert gewesen war. Das sympathische Wesen des polnischen Prinzen faszinierte die preußische Prinzessin – leider teilten die Eltern ihren Enthusiasmus in keiner Weise. Vor allem die strenge und von ihr als lieblos geschilderte Mutter, eine geborene Markgräfin zu Brandenburg-Schwedt, verbot der Tochter jeden Gedanken an eine Ehe mit dem sechs Jahre jüngeren und nicht einmal ebenbürtigen Anton Radziwill. Dynastisches Denken war bei fürstlichen Eheschließungen die entscheidende Triebfeder. Ein Radziwill kam für eine Hohenzollernprinzessin nicht in Frage.

Zur Heirat wäre es nie gekommen, behauptet die Fürstin in ihren Memoiren, hätte nicht ein gewisser Graf Schmettau klug das Blatt gewendet. Graf Schmettau, Adjutant des Vaters und Günstling der Mutter, spielte, wie sich herausstellen würde, im Haus der Eltern eine undurchsichtige, ja anrüchige Rolle, über die alle Welt munkelte – nur Tochter Luise erfuhr erst spät davon. Den Ausschlag gab schließlich der regierende König Friedrich Wilhelm II., der es nach der dritten polnischen Teilung vorteilhaft fand, durch die Vermählung seiner Nichte mit einem polnischen Radziwill die neue Bevölkerung »zu versöhnen und zu verpflichten«. Derartige Verbindungen über Grenzen hinweg waren ein probates Mittel der Politik. Die Heirat wurde huldvoll genehmigt.

Bei der Schilderung der Hochzeitsfeier findet sich auch eine scheinbare Nebensächlichkeit. Der »Fackeltanz«, ein alter Brauch, bei dem die Minister dem Brautpaar mit Fackeln voranschreiten, wurde durch den König untersagt, »weil Prinz Anton keinem regierenden Hause angehöre«. Die Bedeutung dieses eher kuriosen Umstandes für die Zukunft ihrer Tochter Elisa konnte sie nicht ahnen.

Die sieben Kinder des Königs hielten seit dem Tod der Königin Luise wie Kletten zusammen. Selten hatte man in einem Herrscherhaus ein derart herzliches und bürgerliches Familienleben erlebt. Schon in Königsberg waren die vier älteren Kinder in einigen Fächern gemeinsam unterrichtet worden und hatten sich täglich gesehen. Ein Beispiel der außergewöhnlichen Familienherzlichkeit konnte man an Wilhelms 18. Geburtstag erleben, den er seiner Schwester Charlotte folgendermaßen schilderte: »Nun komme ich zu meinem Geburtstag. Er begann mit Vanillekaffee bei Filzis (Friederike, Wilhelms Kusine). Dann erhielt ich Papas Geschenke: Ein Ölgemälde, einen türkischen Dolch noch von Mama mit Achatgriff, ein kleines Reisezeug und ein Pferd, die Reseda, ein schöner großer Fuchs. Gottesdienst mit schöner Rede von (Bischof) Eylert. Dann Parade: Gardejäger, 2 Eskadrons Gardes du Corps, 1 Eskadron Husaren.« Von Bruder Carl erhielt er eine Rubenskopie, von der vierzehnjährigen Alexandrine ein Heft mit Zitaten der Königin Luise. Die mit ihm befreundeten Brüder Wilhelm und Ferdinand Radziwill schenkten ihm »eine schöne türkische Säbelklinge« und brachten im Namen ihrer Eltern »einen herrlichen Kasten von Rosenholz mit einer Ansicht von Posen«. Abends gab es in der Orangerie Tee und Eis.

Der Kontakt der Geschwister untereinander wurde bei Abwesenheit schriftlich fortgesetzt. Selbst dem König fiel der emsige Briefverkehr seiner Kinder auf, für die jetzt der Ernst des Lebens begann. Wilhelm erfuhr zum ersten Mal, was Kriegführen bedeutet. Er erlebte die Schlachtfelder und das Elend der Soldaten aus nächster Nähe, was ihn aber nicht daran hinderte, die eigene Zukunft in der Soldatenkarriere zu sehen. Alles Militärische erfüllte ihn mit Begeisterung. Als Napoleon, »die Geißel Europas«, in der Völkerschlacht von Leipzig geschlagen worden war, durfte Wilhelm den Einzug der Alliierten in Paris miterleben. Hoch zu Roß ritt er hinter seinem Vater und dem als »Sieger von Leipzig« gefeierten Fürsten Schwarzenberg, in dessen Sohn Prinzessin Elisa Radziwill sich später leidenschaftlich verliebte.

Elisa – Wilhelm hatte sie fast aus den Augen verloren. Nachdem durch die Beschlüsse des Wiener Kongresses die Provinz Posen an Preußen gefallen war, hatte der König ihren Vater zu seinem Statthalter im Großherzogtum Posen ernannt; seither hatte man sich nicht mehr gesehen. Erst im Januar 1817 erfuhr Wilhelm von ihrer Rückkehr nach Berlin. Das Datum des Wiedersehens notierte er in seinem Taschenkalender so ausführlich, als sei es von besonderer Bedeutung.

Die rotgolden, dunkelgrün oder schwarz eingebundenen Kalender, gedruckt in der *Königlich-privilegierten Hofdrukkerei*, aufbewahrt im Geheimen Staatsarchiv zu Berlin[2] sind die bisher wenig beachteten, großenteils unveröffentlichten Notiz-, Schreib- und Taschenkalender des Prinzen Wilhelm von Preußen, bedeutsam, weil er über Jahre hier spontan und unmittelbar seine Erlebnisse eintrug. Paraden und Manöver, Reisen, Begegnungen und Enttäuschungen, »Vorträge« und »Geschäfte« sind präzise notiert, Wutausbrüche entladen sich augenfällig in einem Gitter von Ausrufungszeichen, wäh-

4 *Prinz Wilhelm von Preußen als junger*
Mann. Gemälde von Carl von Steuben

rend an glücklicheren Tagen eingeklebte Blüten Hoffnungen markieren. Seine Entwicklung und der Ablauf ereignisreicher Epochen läßt sich aus diesen Einträgen, eingelegten Zetteln und Briefen herauslesen. Ereignisse, die Wilhelms Privatleben bestimmten, verstecken sich hinter geheimnisvollen Kürzeln. Die Namen der Akteure begegnen uns wie in einem Schauspiel, das schließlich zu einem veritablen Drama wurde. Bewegend ist, daß der Prinz seine Notizen an jedem Abend mit einem geschwungenen ›E‹ beschloß – zehn Jahre lang ein großes *E* für Elisa.

Elisa! Wie mochte es ihr gehen? Ihr Bruder Wilhelm habe auf seine Frage geantwortet, sie sei »recht hübsch geworden«. Diese Bemerkung, schrieb Wilhelm in seinen Kalender, habe ihn derart elektrisiert, daß er nach Elisas Alter gefragt und mit Erleichterung festgestellt habe, daß er sechs Jahre älter war als sie. »Der Geburtstag wurde bemerkt«, notierte er, »und der Abstand der Jahre sehr passend befunden.« Passend? Er meinte wohl: passend zu ihm! Er wurde im März zwanzig, war überdurchschnittlich groß, trug einen kleinen Schnurrbart und zeigte die aufrechte Haltung des geborenen Reiters. Im Kern weich und empfindsam, gab er sich nach außen als Mann von Grundsätzen: robust und gestählt. Nach dem Urteil von »Goetheherzog« Carl August von Sachsen-Weimar war er unter seinen Geschwistern »die imposanteste Gestalt von allen, dabei schlicht und ritterlich, munter und galant, doch immer mit Würde«.[3] Elisa war wieder in Berlin, und Wilhelm lauerte ihr buchstäblich auf, traf sie schließlich »überraschend« im Prinzessinnenpalais Unter den Linden, in dem die drei Töchter des Königs, Charlotte, Alexandrine und Luise, ihre Wohnungen hatten. Als er in die Tür trat, kam Elisa gerade die Treppe herunter, groß und ziemlich dünn, wie ihm schien. »Sie war eben ins 14. Jahr getreten, also gerade im Aufblühen; ihr liebliches Äußere und ihr sanftes einfaches Wesen zogen mich unendlich an.« Das erzählte er ohne Hemmungen auch seinem Adjutanten Oldwig von Natzmer. »Ich umarmte Elisa mit einem eignen Gefühl. Ich fühlte, daß sie mir nicht gleichgültig war«, sagte er. »Nicht gleichgültig« war die vorsichtige Umschreibung der Tatsache, daß er sich von Stund an nahezu unablässig mit ihr beschäftigte.

Es war Karnevalssaison in Berlin. Eine Redoute, ein Souper, ein Kostümfest folgte dem anderen, und ohne Elisa sah man Wilhelm selten. »Im Laufe des Winters sahen wir uns oft, teils auf Bällen, teils bei der Prinzeß im Hause«, bekannte Wilhelm. Das blieb natürlich nicht unbemerkt. »Radziwills sind wieder zurückgekommen«, notierte die siebzehnjährige Hedwig von Staegemann. »Es ist jetzt ein geräuschiges Leben hier.« Wilhelms Geschwister wurden allmählich neugierig, und die ein Jahr ältere Kusine Friederike, die es genau wissen wollte, flüsterte während einer Gedenkfeier zu Ehren der Königin Luise halblaut Elisas Namen. Wilhelm wurde feuerrot. Alle lachten. »Von diesem Tage fingen die kleinen Quälereien an. Wo ich mit Elisa nur zusammenkam, wurde verdächtig gehustet und geflüstert.« Man zog ihn mit seiner Verliebtheit auf, Charlotte »hustete« jedesmal, wenn nur ihr Name fiel. Man hänselte ihn auch bei einem Ausflug zur Pfaueninsel, der gemeinsam mit allen Radziwills stattfand, wobei sich die achtzehnjährige Charlotte über seine »nicht mehr zu verbergende Neigung« belustigte und Kusine Friederike den Vers reimte:

Ewig
Liebe
Ich
Solche
Anmut.

Es entstand Elisas familiärer Spitzname, sie selbst hat mit *Ewig* viele Briefe unterschrieben. Der Name paßte zu ihr. Viele Jahre später hat sie sich an die erste Zeit in Berlin erinnert, »als ich, ein Mädchen von 15 Jahren, mit keiner Spur von Sorge auf dem Herzen, die große Welt zum ersten Mal betrat. Mit welchen neugierigen Augen und überglücklichem Herzen ich zum ersten Mal in das bunte Gewühl schaute, ist mir so gegenwärtig!« Ausgestattet mit Lebenslust, großer musikalischer Begabung und einer »lieblichen Elastizität«, wie Gräfin Bernstorff es ausdrückte, glaubte sie, das Glück mit Händen greifen zu können! Wie anders würde kommen, was sie so fröhlich erwartet hatte.

Im Frühling des Jahres 1817 erwähnt Wilhelms Taschenkalender die erste entscheidende Trennung innerhalb der königlichen Familie. Lieblingsschwester Charlotte, ein Jahr jünger als er, war zur Heirat entschlossen. Die Wahl der

5 Wilhelms Schwester Charlotte,
spätere Zarin Alexandra von Rußland.
Gemälde von Franz Krüger, um 1830

Achtzehnjährigen war auf Großfürst Nikolaus gefallen, den
Bruder des russischen Zaren. Charlotte nahm den russisch-
orthodoxen Glauben an und hieß fortan Großfürstin Alexandra Feodorowna. Sie liebte ihren »Niki« und hätte es niemals für möglich gehalten, daß dieser treue Ehemann und
gutmütige Vater imstande sein würde, seine politischen Gegner hinrichten oder verbannen zu lassen, wie es wenige Jahre später geschah. Friedrich Wilhelm III. war mit der Wahl
seiner Tochter überaus zufrieden. Schon Königin Luise hatte durch ihre Zuneigung zu Zar Alexander I. die preußisch-
russische Beziehung angeregt; ihre Kinder sollten sie weiter
ausbauen. Durch Charlottes Ehe, Besuche und Gegenbe-
suche entstand eine tragfähige politische und familiäre Verbindung. »Sie vollendet das Werk des unlösbaren Bundes

*6 Zar Nikolaus I. von Russland,
Wilhelms Schwager, verheiratet mit
seiner Schwester Charlotte.
Gemälde von Georg Boltmann, 1841*

Preußens mit Rußland«, sagte zufrieden Zar Alexander, der
die Prinzessin seit ihrer Kindheit kannte.

Wilhelm war dazu ausersehen, seine Schwester bei ihrer
Brautfahrt in das »barbarische« Land zu begleiten. In einer
mit acht Pferden bespannten Kutsche, die an der Spitze eines Konvois von insgesamt zwölf Wagen fuhr, hielten die
Geschwister erstmals wieder Einzug in jenem Schloß Freienwalde, in welchem sie bei der Rückkehr aus Königsberg
gastlich empfangen worden waren. Wilhelm hat die Reise
nach Petersburg im grünledernen Notizbuch nicht ohne Wehmut festgehalten. 13. Juni 1817: »Im Schloß zu Freienwalde. Abschied vom König.« 19. Juni 1817: »Mit Charlotte
in Königsberg. Frühstück auf den Hufen. Waisenkinder mit

Gesang. Parade in der ›Neuen Sorge‹. Bewegende Erinnerungen!« Ankunft in Petersburg, Begrüßung der Zarenfamilie, dann ein Unglück: »Hundebiß. Ausbrennen.« Tapfer erträgt Wilhelm die Schmerzen beim Ausschneiden und Ausbrennen der Wunde, was die Mutter des Zaren mit Anerkennung kommentierte: »Kein Wunder, es ist ja ein preußischer Prinz!«[4]

Bei den zahlreichen Krankheiten und Verletzungen, die Wilhelm im Lauf der Jahre ereilten, scheint er sich meist gut gehalten zu haben. Er fiel vom Pferd und brach sich das Schienbein, er fiel aus der Kutsche und brach sich den Arm, er stürzte und bekam eine Gehirnerschütterung, er verletzte sich bei der Jagd so unglücklich, daß der Zeigefinger zur Hälfte amputiert werden mußte – alles ertrug er heldenhaft. Doch während des langen russischen Aufenthalts wagte er nicht ein einziges Mal, an Elisa direkt zu schreiben. Alle Berichte gingen, wie es die Etikette forderte, an ihre Mutter. Immerhin ließ er Elisa ein »allerliebstes Halsband« zukommen, das er in Moskau für sie erstand und das sie »sehr beglückte«. Einen kostbaren Verschluß aus dunkelblauem Lapislazuli, seinem Lieblingsstein, gab er ihr erst fünf Jahre später: Er bestand aus zwei verschlungenen Händen.

Nach sieben russischen Monaten, in denen Wilhelm erfuhr, daß das Land keinesfalls so »barbarisch« war wie behauptet, und er Pracht und Reichtum, Paläste und Kirchen ebenso bewunderte wie die Serenaden »anmutiger Hofdamen«, machte er auf der Rückfahrt Station am Ort seiner Sehnsucht: in Posen. Hier residierte im ehemaligen Jesuitenkolleg, einem prächtigen, zum Palais umgestalteten Barockbau in der Altstadt, Fürst Anton Radziwill. Der Posten eines preußischen Statthalters war nichts Ungewöhnliches, schon im 17. Jahrhundert war Fürst Boguslaw Radziwill im Auftrag des Kurfürsten von Brandenburg Gouverneur von Ostpreußen gewesen.[5]

Unter Kanonendonner traf Seine Königliche Hoheit Prinz Wilhelm von Preußen, Kommandeur der ersten Infanterie-Brigade und Mitglied des Staatsrats, am 11. Januar 1818 in Posen ein. Seine Aufregung war unvorstellbar. Der Schreibkalender gibt das vorgesehene Programm wieder. Zunächst Truppeninspektion, am folgenden Vormittag »Festessen des Statthalters«, anschließend Ball mit Souper, am übernächsten Tag »Parade, Inspektion der Brigadeschule, Besuch beim Bischof, Ritt durch die Stadt und großes Diner«. Am 14. Januar würde er über Frankfurt an der Oder nach Berlin fahren. Soweit die offizielle Planung.

Das inoffizielle Programm beschäftigte den Preußenprinzen jedoch weit mehr. Würde er Elisa zu Gesicht bekommen? Noch aus Posen berichtete er Charlotte: »Welche Freude ich hatte, Radziwills hier zu sehen, kannst Du Dir ohne alle Frage denken. Bei Slupca passierte ich die Grenze … Eine halbe Meile von hier empfing mich Prinz Ferdinand (Radziwill). Ich stieg in seinen Wagen. Unter dem Donner der Kanonen langten wir um ½ 12 nachts hier an. Ich dachte also an keinen Empfang, steige ganz étonniert von so langem Fahren im Angesicht aller Offiziere aus dem Wagen, trete in den Flur, wo ich einige Damen stehen sehe, in meiner Bredouille erkenne ich erst niemand. Mit einem Male erkenne ich Elisa, trotz ihrer enormen Größe. Du kannst Dir meine Freude denken!« – »Gestern früh sah ich die Truppen und bin sehr zufrieden gewesen. Dann war Präsentation von Militär und Zivil. Dann war Diner. Dann war Ball. Ich schwitzte wie ein Braten!« Das war ein Ausdruck, den seine Mutter, die Königin Luise, immer dann gebraucht hatte, wenn sie sich in großer Aufregung befand. »Den ersten Walzer natürlich mit Elisa.« Wie die Fünfzehnjährige aussah? »Elisa ist, wie gesagt, sehr gewachsen und etwas stärker geworden, und überhaupt charmant«, lautete sein Urteil. »Schlank, von mittlerer Größe, mit feiner Taille«, so die Schilderung der Hofdame Caroline von Rochow, »besaß sie wundervolle große blaue Augen von einem schwärmerischen Ausdruck, aschblondes Haar und eine leicht gebogene Nase unter einer edlen Stirn.«

In Berlin wurde Wilhelm nach seiner Reise ins ferne Rußland von allen Geschwistern stürmisch begrüßt. Sein Bericht an Charlotte bezeugt wieder die außergewöhnliche Herzlichkeit der königlichen Familie. »Nachdem ich nun alles durchgeküßt hatte, gings ans Fragen und Briefeverteilen. Friederike nahm ein Licht, um mich von allen Seiten zu besehen. Erkundigungen nach Dir, welche ich wenigstens 5000mal wiederholt habe. Das Erzählen nahm kein Ende.« Dennoch vermißte er bald Elisa und ihre Brüder. »Was ich so lange befürchtete, ist nun doch wirklich eingetroffen«, klagte er, »sie kommen gar nicht her! Hätte ich nicht die glücklichen Tage in Posen verlebt, ich würde Ihr Ausbleiben nicht verschmerzen können.«
Er ahnte nicht, daß sein Vater zur gleichen Zeit eine junge französische Gräfin umwarb, die wohl auch bereit gewesen wäre, den dreißig Jahre älteren Monarchen zu heiraten. Daß der König aus Gründen der Staatsräson auf die reizende achtzehnjährige Georgine de Dillon verzichtete, erfuhr Wilhelm erst dann, als es dazu diente, sein eigenes Heiratsprojekt zu unterminieren.

Zu einem Wiedersehen zwischen Wilhelm und Elisa kam es im Herbst 1818, als der König ihm erlaubte, der Mutter des Zaren, Kaiserin Maria Feodorowna, auf ihrem Weg nach Berlin bis Schlesien entgegenzufahren. Die Reise ging über Posen. Er würde Elisa sehen! »Bei Radziwills. An der Treppe Elisa! – Erzählt! – Großer Ball. Charmante Gesellschaft.« Auf dem Fest, das die Breslauer Bürgerschaft ihm zu Ehren gab, war Elisa wieder »überaus charmant«. Den Höhepunkt des Zusammenseins bildete ein gemeinsamer Ausflug. Mit allen Radziwills einschließlich der Söhne Boguslaw und Wla-

7 Prinzessin Elisa Radziwill.
Nach einer Miniatur auf Elfenbein
von August Grahl

dislaw besuchte man Kunzendorf bei Landeck, wo Wilhelm als Sechzehnjähriger gewohnt hatte, so daß er ihnen alles zeigen konnte, sein Haus, sein Zimmer, den Bach, den Stein im Bach, alles! »Ein ganz unvergleichlich seliger Tag«, steht in dem Notizbuch, das ihm Charlotte zum Abschied geschenkt hatte. Anschließend fuhr er zum Schloß Ruhberg bei Schmiedeberg im Hirschberger Tal, das von Graf Neidhardt von Gneisenau bewohnt wurde. »Fürstenstein besehen, dann nach Ruhberg, wo vier Tage geblieben wurde. Buchwald, Gräfin Reden! Soirée. Charmant. Ruhberg verlassen!!!« Als er noch ein dreijähriges Kind war, hatte seine Mutter auf ihrer Schlesienreise Hirschberg besucht, die Schneekoppe bestiegen und die wilde Schönheit des Riesengebirges gepriesen. Seither hegte er für diesen Landstrich ein stilles Interesse. Möglicherweise bewirkte seine Schilderung, daß Fürst Radziwill Schloß Ruhberg später zu seinem Sommersitz wählte.

Als die polnische Familie zur Wintersaison wieder in Berlin erschien, zeigte sich, daß Wilhelm, was Elisa betraf, keineswegs blind, sondern sehr kritikfähig war. Er betrachtete sie mit jenem abschätzenden Blick, mit dem er später auf peinliche Weise fast alle Frauen seiner Bekanntschaft daraufhin zu taxieren pflegte, ob sie wohl für ihn in Frage kämen. Weniger begeistert als sonst, antwortete er seiner Schwester, die behauptet hatte, »*Ewig* ist immer reizend«, sie habe eine unreine Haut, und was im übrigen ihre Intelligenz betreffe, so sei »der Spiritus nicht ganz dem Äußeren entsprechend«. Sie war ihm also nicht geistreich genug? Vermutlich steckte die damals noch nicht Sechzehnjährige mitten in der Pubertät. Im Wesen sei sie aber unverändert, meinte er wenig später, und bei Bällen und Soupers ganz *en beauté*: in voller Schönheit. Es dominierte ihr liebenswürdiges Wesen, sie war »graziös« und sehr hübsch, »Gesicht sowohl wie Figur.« Trotzdem der Einwand: »ihr Teint hat sich nicht viel gebessert.« Er war zwar angetan von der unvergleichlichen Anmut, mit der sie die Mazurka tanzte, sorgte sich aber zugleich um ihre Gesundheit – nicht zu unrecht, wie sich herausstellen würde.

Das Palais Radziwill

*»Sie wohnen in ihren Zimmern wie in
einem schönen lebendigen Garten.«*

Wie viele Gebäude in der vornehmsten Gegend Berlins nahe
dem Brandenburger Tor hatte das »Palais Radziwill« in der
Wilhelmstraße 77 eine eigene bewegte Geschichte. Erbaut
1738/39 von König Friedrich Wilhelm I. für den Grafen
von der Schulenburg, wohnte dort seit dessen Tod Prinz Ferdinand, Bruder Friedrichs des Großen, der aber als Hochmeister des Johanniterordens bald in das gegenüberliegende »Ordenspalais« zog, wo 1770 seine Tochter Luise, Elisas
Mutter, geboren wurde. König Friedrich Wilhelm II. schenkte das elegante Haus, das zu den schönsten Privatpalästen
Berlins zählte, seiner Geliebten Sophie Gräfin Dönhoff, die
jedoch unbequemer Äußerungen wegen verbannt wurde
und sowohl das Palais wie auch ihre beiden Kinder Wilhelm
und Julie zurücklassen mußte. So konnte im Jahre 1796
Fürst Michael Radziwill anläßlich der Heirat seines Sohnes Anton mit Prinzessin Luise von Preußen das mit einem
großzügigen *Cour d'Honneur* ausgestattete Barockpalais
erwerben. Seither prangte in goldenen Lettern die Aufschrift
HÔTEL DE RADZIWILL über dem von korinthischen Säulen gerahmten Hauptportal der feudalen Dreiflügelanlage.
(Nachdem das Gebäude 1875 von den Enkeln des Fürsten
Anton Radziwill an das Deutsche Reich verkauft worden
war, diente es als Reichskanzlerpalais, in dem Otto von Bismarck residierte.)
Der Bildhauer Christian Daniel Rauch, der den Marmorsarkophag der Königin Luise schuf, war von der Schönheit
des Hauses so überwältigt, daß er ausrief: »Sie wohnen in
ihren Zimmern wie in einem schönen lebendigen Garten,
reizendere Zimmer habe ich nie gesehen.« Das prächtige Palais, Heimat für vier Generationen Radziwill, verkörperte

damals wie später das sogenannte »polnische Berlin«. Im Brief an Caroline von Humboldt stellte Rauch außerdem fest: »Prinzeß Elisa ist ein wunderschönes Kind geworden, der Verstand und die Grazie selbst.«

Bei einem Fest für den anwesenden russischen Zaren, das der Fürst in seinem Palais veranstaltete, nahmen auch Mitglieder des Königshauses teil. Friederike, Schwester der Königin Luise, berichtete: »Wir haben nämlich einen göttlichen Abend bei Radziwills zugebracht, wo die verschiedenen Tableaus vorgestellt wurden.« Mit »Tableaux« waren die beliebten »Lebenden Bilder« gemeint. Elisa, damals noch ein Kind, bekam früh Gelegenheit, privates Theaterspiel zu erleben – später würde sie selber auf der Bühne stehen.

Eine zuverlässige Berichterstatterin der im Palais Radziwill veranstalteten Feste war die Gräfin Elise Bernstorff, Gattin des preußischen Außenministers. Die achtundzwanzigjährige Mutter der Töchter Thora, Clara und Marie hatte das Glück, 1819 im Palais Wilhelmstraße 76, das ihr Gatte für die Summe von 80 000 Talern erworben hatte, unmittelbar neben Radziwills Einzug zu halten, was ihrem Interesse an glänzender Geselligkeit sehr entgegenkam. Ausgestattet mit einer bemerkenswerten Beobachtungs- und Kombinationsgabe, die sie zu blumigen Schilderungen prädestinierte, und stolz darauf, mit ihren heranwachsenden Töchtern – drei Söhne waren früh gestorben – zu den Freunden des Hauses zu zählen, beobachtete sie staunend die ungewöhnliche Gästeschar des Fürstenpaares. Die Gräfin, die neben den eigenen Kindern auch die drei Töchter ihres verwitweten Schwagers – Henriette, Marianne und Sophie – im Hause großzog, schien eine solche Freizügigkeit wie bei den Radziwills bisher nicht erlebt zu haben. »Da fand ich denn im originellsten Gewirr Königliche Hoheiten, Gelehrte, Künstler in Kreisen vermischt.« Irritiert darüber, daß Etikette und Standesunterschiede in diesem Haus offenbar keine Rolle spielten, fügte sie leicht vorwurfsvoll hinzu: »Es herrschte das

Leben eines großartigen Privathauses, in dem ziemlich ausgedehnte Kreise frei aus und ein gingen.«

Clemens Brentano beschrieb Achim von Arnim den neuen Typ des Berliner Salons, in dem sich das wachsende Interesse der Bürger an Kunst und Bildung spiegele. Man finde dort ebenso Hofdamen wie geistreiche Frauen, »Offiziere, Prinzen, Doktoren, Minister, Nobels und Abgesandte, auch Poeten unterhalten sich, manchmal liest irgend ein großes Talent etwas vor und der Bediente reicht einem ein Glas Punsch, und das dauert bis gegen 12 Uhr. Ich habe dort den Fürst Radziwill, des Königs Schwager, einen herrlichen Musiker, der wie Bettine den Faust componiert, den Prinz August, den Minister Dohna und den Prinz Solms schon gefunden. Der Tisch ist mit feinem Linnen, schönem Porzellain und zierlichen Gläsern geziert und man ist sehr witzig, frei und lustig.«[6]

In der Tat zählte der Radziwillsche Salon neben dem der Herzogin von Kurland zu den ersten, in welchen am Beginn des 19. Jahrhunderts in Berlin eine gemischt aristokratisch-bürgerliche Gesellschaft gleichberechtigten Umgang mit Schriftstellern, Künstlern und Gelehrten pflegte. »Zuweilen fand ich die Liedertafel da, die unser Souper mit Gesangsweisen erheiterte, nachdem wir vorher in dem wunderschönen, oftmals erleuchteten Garten nach Lust umhergewandelt waren«, notierte Gräfin Bernstorff staunend. »Eine Stelle dieses Gartens jedoch blieb stets dunkel und ward immer vermieden. Hohe Bäume deckten da das Grab der ältesten Tochter des Hauses.« Gemeint war Helene, die als Kleinkind gestorben war.

Auch die scharfsinnige Caroline von Rochow, Hofdame bei Prinzessin Marianne, der hübschen Schwägerin des Königs, äußerte sich lobend über die Art der Salons. »Sehr hervorstechend war in geselliger Beziehung in diesen Jahren das Haus Radziwill, in dem ich auch später mit Gräfin Brühl häufig aus und ein ging«, schreibt sie in ihrem Buch *Vom Leben*

8 *Das Palais Radziwill, Wilhelmstraße 77, Berlin*

am preußischen Hofe, in dem sie die wichtigen Ereignisse eines halben Jahrhunderts festhielt, von den Befreiungskriegen bis zur Krönung Friedrich Wilhelms IV. im Jahre 1840. Bei Radziwills habe man grundsätzlich nicht von Politik gesprochen, erklärte sie, mit einer Ausnahme: Nach der Niederlage Napoleons bei Waterloo sei das Thema Politik für einen Gast wie den französischen General Narbonne unumgänglich gewesen, »der uns bei der Prinzessin Radziwill die entsetzlichsten Details über den Brand von Moskau, den Rückzug und die Katastrophe der Beresina erzählte«. Bemerkenswert fand sie die Einladungen ins Palais Radziwill auch deshalb, weil die Fürstin die erste Frau war, die ihre quirligen Kinder nicht vom Erwachsenenleben ausschloß, sondern sie – wie einst die Königin Luise – auch bei großen Anlässen um sich haben wollte.
Fürst Anton Radziwill war, was Kinderliebe, Geselligkeit und Lebensfreude betraf, als talentierter Gastgeber und begeisterter Vater der ideale Partner seiner Frau. Von diesem

Grandseigneur war Gräfin Bernstorff besonders angetan. »Seine muntere Gutmütigkeit und polnische Grazie, seine deutsche Treuherzigkeit und polnische Gewandtheit ergänzten sich so angenehm, daß sein ganzes Wesen in der großen Welt gefallen und in der Häuslichkeit entzücken mußte.« Radziwill habe originelle Persönlichkeiten, aber auch »polnische Verwandte und Freunde« eingeladen, was Caroline von Rochow zu der Vermutung veranlaßte, sein Haus sei »in höchsten Kreisen« nicht beliebt gewesen, da es auch von solchen Polen frequentiert wurde, »die zu einem wiedererstehenden polnischen Königtum aufriefen«. Solche Andeutungen sind ein Fingerzeig auf die Vorbehalte des Königs gegen das polnische Haus Radziwill. Davon wird noch die Rede sein.

»Hoheiten, Gelehrte, Künstler in Kreisen vermischt« – ein großes Ereignis fand anläßlich des Besuchs von Goethes Sohn August und seiner jungen Frau Ottilie im Mai 1819 bei Radziwills statt. Szenen aus Goethes *Faust* wurden aufgeführt, wobei die Kompositionen für Solo, Chor und Orchester vom Gastgeber persönlich stammten. Zur Berliner Erstaufführung erschien die gesamte königliche Familie einschließlich Prinz Wilhelm, der hauptsächlich Elisa sehen wollte und sich nach der Vorstellung begeistert äußerte: »Übrigens war die Aufführung mit der herrlichen Musik so ganz im Zusammenhang unvergleichlich und von außerordentlichem Eindruck.« Den Faust spielte Pius Alexander Wolff, den Mephisto Herzog Karl von Mecklenburg, über den später der Reim kursierte:

> *Als Fürst, als Mensch, als Feldherr schofel,*
> *vortrefflich nur als Mephistophel.*

Unter den Zuhörern sah man den Staatsminister von Staegemann und den Freiherrn vom Stein, Herrn von Bülow und

General Gneisenau, Verleger Friedrich Parthey, die Schrift-
stellerinnen Elisa von der Recke und Caroline de la Motte
Fouqué sowie die Gräfin Luise von Voß, die in ihrem Palais
am Ende der Wilhelmstraße einen politisch aktiven Salon
führte. Anwesend waren selbstverständlich auch Opernin-
tendant Graf Brühl und Karl Friedrich Schinkel, der die Dekorationen schuf. Der berühmteste Architekt Preußens hatte sich schon als Entwerfer der beliebten »Lebenden Bilder«
und als Gestalter des »Gotischen Saales« betätigt, der zur
Faustmusik den passenden Rahmen abgab. Auch der für seinen exzentrischen Lebenswandel bekannte Fürst Pückler
war unter den Zuhörern. Bei einem Besuch Goethes lobte
er »den ergreifenden Effekt auf einem Privattheater zu Berlin, mit Musik vom Fürsten Radziwill«, worauf der Dichter
ihm skeptisch antwortete: »Nun, es ist ein eigenes Unternehmen, aber alle Ansichten und Versuche sind zu ehren.«
Musikdirektor Karl Friedrich Zelter meldete Goethe zufrieden: »Der edle Componist hat sich Jahre hindurch so in das
Werk seines Dichters versponnen wie ein Seidenwurm; jeder Faden hält ihn fest.«
Auch Bettina Brentano sandte dem Dichter ihr Lob: »Der
Chor der Geister, wo Faust einschlummert, ist auch von
ihm componiert, sehr schön, aber etwas Polnisch accentuirt,
und muß so leicht vorgetragen werden wie fliegende Spinn-
web in den Sommerabenden.«[7] Goethe kannte bereits einige Vertonungen. Als Fürst Radziwill 1814 bei ihm in Weimar war, hatte er auf dem Cello Teile seiner »genialischen,
uns glücklich mit fortreißenden Composition« vorgespielt
und mit wohlklingendem Tenor dazu gesungen, was den
Dichter zu der Bemerkung veranlaßte, Fürst Radziwill sei
»der erste wahre Troubadour, der ihm je vorgekommen; ein
kräftiges Talent, ein Enthusiasmus, ja – wenn man will – etwas Phantastisches zeichnen ihn aus, und Alles was er vor-
bringt, hat einen individuellen Charakter«. Goethe hatte
daraufhin weitere Zwischentexte zur Bearbeitung an Radzi-

will geschickt.[8] Nachdem die *Faust*-Partitur bei Trautwein in Berlin gedruckt worden war, führte die Singakademie das Werk fast in jedem Jahr neu auf.

August von Goethe hat seinem Vater die Aufführung so anschaulich wie möglich geschildert. »Um 6 Uhr den Abend fuhren Zelter, Ottilie und ich nach Monbijou. Es war hier der ganze Hof versammelt, und nach dem Thee begann das Schauspiel ... Der Herzog Karl spielte den Mephistopheles ganz vortrefflich u. Wolff den Faust einzig, das ganze kleine Theater war sehr gut decoriert und das Zimmer Fausts wirklich ganz im Character der Dichtung. Nach dem Theater war Souper, Irrgang im Garten, bis wir an unsere Plätze kamen, schöne Illumination, wir saßen in der großen Gallerie, wo die Büsten stehen. Als die Tafel geendigt war, gingen sämtl. Prinzen u. Prinzessinnen um unsere Tafel, sprachen freundl. mit jedem, ich wurde dem Kronprinzen vorgestellt. Der König kam auch und schien sehr zufrieden mit dem Fest, der Fürst Radziwill stellte mich dem Könige vor, welcher sehr gnädig war.«

Bei den Dekorationen hatte sich Schinkel den Scherz erlaubt, zu Ehren des anwesenden Sohnes Goethes Gesicht im Fenster des Studierzimmers »colossal« erscheinen zu lassen, was der Dichter stolz zur Kenntnis nahm. Die Feier in der großen Galerie dauerte bis Mitternacht.[9] Was Goethe nicht erfuhr, war die Tatsache, daß der *Faust* den Anwesenden noch unbekannt war und erst nach der Aufführung 500 Exemplare in Berlin verkauft wurden.[10]

Zu den Gästen des Hauses Radziwill zählten neben Wilhelms jüngerer Schwester Alexandrine auch Elisas Freundinnen. Das waren Blanche von Wildenbruch, mit der sie wie mit einer Schwester aufgewachsen war, Hedwig von Staegemann, vertraut seit den Tagen des Exils, und Lili Parthey, Enkelin des berühmten Verlegers und Aufklärers Friedrich

Nicolai. Lilis Tagebücher geben die gemeinsamen Erlebnisse lebendig wieder. Man hatte sich bei Herzogin Dorothea von Kurland kennengelernt, die in ihrem Palais Unter den Linden einen eindrucksvollen Salon führte. Peter von Biron, Herzog von Kurland und Semgallen, hatte das prächtige Berliner Palais rechtzeitig erworben und damit ähnlich gehandelt wie die Fürsten Radziwill, die nach der dritten Teilung Polens, bei der auch sämtliche litauischen Besitzungen an Rußland fielen, ebenfalls in die preußische Hauptstadt gezogen waren. (Nach dem Tod der Herzogin erwarb Zar Nikolaus I. das Gebäude für 95 000 Taler. Heute befindet sich an dieser Stelle die russische Botschaft.)

Die sagenhaft reiche Herzogin von Kurland, geborene Reichsgräfin von Medem, zu deren Besitzungen noch die Schlösser Groß-Wartenberg, Sagan und Löbichau gehörten, verfügte über weitreichende internationale Verbindungen, pflegte Kontakte zu Goethe, Metternich, Talleyrand und Zar Alexander, eine Europäerin, die mit charmanter Intelligenz zwischen Politik und Kultur zu vermitteln verstand. Entsprechend tolerant führte sie ihren Salon, in den sie wie ihre langjährige Freundin Fürstin Radziwill unterschiedslos aristokratische und bürgerliche Gäste einlud.[11] Bei ihr hatten Radziwills Rahel Levin-Varnhagen und Friedrich Gentz, Henriette Herz und Humboldts kennengelernt.

Die Herzogin von Kurland, deren einziger Sohn als Kind gestorben war, wurde von vier ausnehmend schönen Töchtern umgeben, die sämtlich in die europäische Hocharistokratie einheirateten. Um die Älteste, Wilhelmine Herzogin von Sagan, hatte sich schon Prinz Louis Ferdinand von Preußen bemüht – vergeblich, denn sie war für ihn »nicht ebenbürtig«. Ihre Schwester Pauline bewohnte als Fürstin von Hohenzollern Burg Hechingen, Johanna Gräfin Acerenza war ihrer Liebschaften wegen vom Vater enterbt worden, Dorothea schließlich, die bildhübsche verwöhnte Jüngste, Patentochter von Elisas Mutter, als eine der reichsten Erbinnen Europas von vielen Männern umworben, vermählte sich sechzehnjährig mit Edmond de Périgord, einem Neffen des französischen Außenministers Talleyrand. Daß im feudalen kurländischen Palais auch Lili Parthey wie selbstverständlich zu finden war, lag an ihrem Vater, Verleger Friedrich Parthey, der einst im Hause Erzieher war.

Zwischen Lili und Elisa bestand ein inniger Kontakt. Es mangelte nicht an Umarmungen und Küssen, so daß Lili tatsächlich im Tagebuch notierte, Elisa sei »eigentlich zu herzlich für eine Prinzessin!« Die Freundinnen trafen sich regelmäßig in Zelters Singakademie. Daneben entstand 1827 eine »Jüngere Liedertafel«, die ihre Proben im »Jagor'schen Saal« Unter den Linden 23 abhielt. In diesem Haus hatte, als es noch »Gasthof zur Sonne« hieß, Goethe bei seinem einzigen Berlin-Besuch 1778 gewohnt; seit 1800 hieß es »Hotel Russischer Hof«, in welchem 1804 Schiller logierte.

Ehrenmitglied der Singakademie war Fürst Anton Radziwill, der zu den Proben sein kostbares Stradivari-Instrument mitbrachte. Die Aufführungen besuchte die gesamte große Welt, Schillers Freund Körner ebenso wie Komponist Reichardt und Intendant Brühl. Es wurden die berühmten Oratorien, *Messias* von Händel, *Stabat Mater* von Pergolesi aufgeführt, man studierte aber auch RadziwillscheWerke ein. »Ich kann Dir nicht beschreiben, wie wunderschön die Komposition des Fürsten ist«, schrieb Elisas Freundin Hedwig nach den Proben der »Faust-Szenen«. »Alles meisterhaft gesetzt. Die Musik ist halb rauschend, halb tändelnd und voll von der Leidenschaftlichkeit, die Radziwills Musik auszeichnet.«

Hedwig von Staegemann, musikalisch und poesiebegabt – ihre Gedichte erschienen anonym in der »Vossischen Zeitung« –, hat für Elisa geschwärmt und sie sogar in zärtlichen Versen bedichtet.

9 *Elisas Jugendfreundin Hedwig von Staegemann,*
verheiratet mit Ignaz von Olfers,
Generaldirektor der preußischen Museen

»Die Stirn bekränzt mit blonden Flechten,
Mit Gold durchwirkt das weiße Kleid,
Erscheinst Du, wie nach kalten Nächten
Der erste warme Tag erfreut.

Nur Dir gehört Dein lieblich Wesen,
Weil sich's in Andern gern vergißt,
Und darum bist Du auserlesen,
Weil Du zugleich so einfach bist.«

Hedwigs Mutter Elisabeth, in zweiter Ehe mit Staatsminister
August von Staegemann verheiratet, führte als begabte Pia-
nistin und Sängerin einen vorwiegend musisch orientierten
Salon. Es gab keinen bedeutenden Künstler, Komponisten

oder Dichter, der bei ihr nicht Gast gewesen wäre. Wilhelm Müller dichtete hier seine von Schubert vertonten *Müllerlieder*, und Clemens Brentano verliebte sich in die Dichterin Luise Hensel, Schwägerin von Fanny Mendelssohn. Manchmal gaben anwesende Autoren Kostproben ihrer entstehenden Werke. Amalie von Helvig, eine Nichte von Goethes Freundin Charlotte von Stein, las aus ihrem neuen Briefroman, Max von Schenkendorf aus seinen Gedichten, und noch kurz vor seinem Tod trug Heinrich von Kleist hier Szenen aus *Prinz Friedrich von Homburg* vor. Hedwig beeindruckte der »schüchterne und scheue Mann«, der ihr »wie ein schwermütiger Stern« erschien.

Bei Staegemanns trafen Radziwills den Dichter Friedrich de la Motte Fouqué, für dessen *Undine* Elisa entflammt war, den Weltumsegler Adelbert von Chamisso, die vier Brüder von Gerlach und Achim von Arnim, der den Fürsten Radziwill so schätzte, daß er ihm seinen neuen Roman *Gräfin Dolores* widmete. Gerne hätte der Fürst den intelligenten jungen Mann in politischer Funktion nach Posen geholt, doch Arnim, verheiratet mit Bettina Brentano und Vater einer wachsenden Kinderschar, blieb lieber auf seinem Landgut Wiepersdorf.[12]

Die vierte in Elisas Freundinnenbund, in ihrem Leben aber die wichtigste, war Luise von Kleist, genannt Lulu. Sie wurde ihre Herzensfreundin und ihr Lebensquell. Kennengelernt hatten sie sich im Salon Staegemann, wohin Frau von Kleist ihre sechzehnjährige Tochter mitgebracht hatte. Luise, schwarzlockig, temperamentvoll und willensstark, hat Elisa später monatelang besucht, in Berlin, in Posen, in Ruhberg und in Antonin. Sie schliefen in einem Zimmer, lasen, malten und musizierten zusammen. In den hundertfünfzig erhaltenen Briefen an Lulu von Kleist ist Elisa keineswegs die zarte Pflanze, die die kritische Gräfin Bernstorff gelegentlich in ihr sah. Vermutlich waren Elisas gütiges Wesen und ihre warmherzige Zugewandtheit selbst damals, zur Zeit der Romantik, außergewöhnlich. Das Zauberische, Rätselhafte ihres Wesens und die Faszination ihrer Gestalt wurden durch den harmonischen Gesichtsschnitt, das schöne Haar und das gemmenhafte Profil noch betont. Elisas Gesicht wurde »hold« genannt, ihre Augen »beseelt«, sie besaß ein »engelsgleiches« Wesen, das sie unwiderstehlich machte – das fand natürlich auch der sterblich verliebte Wilhelm, der auf der ganzen Welt keine andere Frau finden würde, die sie an Liebreiz übertroffen hätte. Sie wirkte empfindsam und sensibel, war aber dennoch voller Energie und Zielstrebigkeit. Elisa besaß durchaus einen eigenen Willen, hatte Sinn für komische Situationen und lachte gern. An Lulu von Kleist schrieb sie kesse Briefe, die unsentimental und humorvoll vom Tanzkurs berichten, von anstrengenden Ausflügen und lästigen Besuchern, die ihr auf die Nerven fielen, von teuren Schals und dem Wunsch, nach der Reitstunde alleine durch den Tiergarten zu galoppieren.[13]

Schloß Freienwalde

*»Was bin ich dort glücklich
gewesen!«*

Wilhelms Besuche im Hause Radziwill häuften sich in auffälliger Weise. Die Eintragungen in seinem saffianroten Schreibkalender vom Januar und Februar 1820 spiegeln ein neues Hochgefühl. 27. Januar: »Diner bei Radziwills. Charmant.« 29. Januar: »Bei Radziwills Wandas Geburtstag und Ball.« Elisas Schwester Wanda wurde sieben Jahre alt. »Im Theater in der Radziwill-Loge.« 18. Februar: »Abends bei Radziwills.« 25. Februar: »Zuhaus mit Radziwills.« »Zuhaus« war der Ausdruck seiner Sehnsucht. Seine eigenen Zimmer im riesigen Schloß erschienen ihm kalt und unbewohnt; der König lebte auch nach dem Tod der Königin Luise weiterhin im Kronprinzenpalais Unter den Linden.

Zwar wollte Wilhelm seiner Schwester Charlotte weismachen, mit Elisa sei nichts im Schwange, wozu er als Beweis wieder eine für ihn typische Kritik einflocht: »Ihr Teint hat sich gegen voriges Jahr etwas gebessert, nur ist die Nase rot geblieben.« Als handele es sich um einen offiziellen Report, meldete er, sie sei zwar »in der Konversation recht liebenswürdig«, doch wenn sie, »wie der Papa«, zerstreut sei, »so erscheint sie dann nicht recht geistreich«. Immerhin der Zusatz: »daß auch sie zur Annehmlichkeit des Hauses beiträgt, wird kein Mensch leugnen, aber auch weiter nichts!« Weiter nichts? Er wollte möglichen Gerüchten vorbeugen. Doch die Gerüchte kursierten längst.

Wilhelms Taschenkalender vom 28. März 1820: »Elisas und Blanches Confirmation durch Sack. Sehr schön, rührend!« Mit ihrer Kusine Blanche von Wildenbruch wurde Elisa durch den Hof- und Domprediger Sack, der auch sämtliche Kinder des Königs eingesegnet hatte, konfirmiert. Der König hatte ihr eigens die Kapelle im Schloß zur Verfügung gestellt, eine Bevorzugung, hinter der die für solche Privilegien aufgeschlossene, von Töchtern und Nichten umringte Gräfin Bernstorff sofort die Absicht vermutete, er wolle Elisa »zu seiner Schwiegertochter erheben«. Durch die Konfirmation war die junge Dame heiratsfähig geworden. Man kannte die Töchter befreundeter Familien, wie Bertha von Lützow und Adelheid von Humboldt, die sich noch jünger vermählt hatten. »Wir leben hier seit einigen Tagen in Saus und Braus«, schrieb Elisa an Lulu von Kleist. »Der König war so gnädig« – und sie zählte die Ereignisse auf: Diner in Schloß Sanssouci, Ball im Neuen Palais, Theater und Souper im Potsdamer Stadtschloß, Ausflug mit General von Clausewitz zur Pfaueninsel, Schiffahrt die Spree hinauf nach Stralau. »Ein Beweis des Saus- und Brauslebens ist, daß wir jetzt zum Déjeuner nach dem botanischen Garten fahren« – damit brach der Brief ab. Elisa verschwieg, was wir zufällig durch Wilhelms gleichzeitigen Brief an Charlotte wissen: daß sie an den von Wilhelm kommandierten Frühjahrsmanövern bei Teltow und Zehlendorf teilnahm und nach der Parade beim *Ball en frac* »animiert« mit ihm tanzte. Sie betonte statt dessen lieber ihren strengen Tageslauf. Es ging bei den Radziwills kaum anders zu als bei den Prinzessinnen des Königshauses. Elisa verfügte über eine eigene Hofdame, eine Erzieherin, Kammerzofe Emilie Hoffmann, über ihren eigenen Reit-, Musik- und Zeichenlehrer.

Zum Geburtstag des Fürsten Radziwill unternahm die Familie im Juni eine kleine Reise: Man besuchte das in der Nähe Berlins gelegene Schloß Freienwalde, das vom königlichen Landbaumeister David Gilly für die verwitwete Königin Friederike Luise von Preußen errichtet worden war. Sie hatte das klassizistisch elegante Schloß, das mit seinem Tee- und Gärtnerhaus bis heute erhalten geblieben ist, für ihre Zwecke ausbauen und den Garten verschönern lassen. Häufig erhielt sie dort Besuch von ihrem Sohn König Fried-

10 Schloß Freienwalde, Elisas Glücks- und Sterbeort

rich Wilhelm III. mit der Königin Luise und den Kindern, für die im Park ein Borkenhäuschen entstanden war.

Elisa, die erst sechs Jahre alt war, als man bei der Heimkehr aus dem Exil am 21. Dezember 1809 in diesem Schloß Freienwalde übernachtet hatte, war entzückt! So anheimelnd, so elegant und hübsch hatte sie »das Lustschloß« nicht in Erinnerung. Es lag wie ein Solitär, umgeben von hohen alten Bäumen inmitten eines Parks, dessen schneckenförmige Promenade wunderbarerweise zu einem japanischen Gartenhaus führte. Die Räume, geschmückt durch Papiertapeten mit gemalten Landschaften, Vögeln und Schmetterlingen, machten einen beinahe intimen Eindruck.

Dieses Juwel mußte sie sofort Lulu von Kleist beschreiben! »Es liegt ganz wunderhübsch außerhalb der Stadt vor der großen Chaussee, von einem hübschen Garten und blühenden Rosenhecken umringt. Dort wohnten wir alle.«

Zu ihrer Überraschung kamen am Abend auch »die Prinzen« – Elisa nannte die drei königlichen Brüder im Plural, obgleich es ihr hauptsächlich um den dreiundzwanzigjährigen Wilhelm ging. In eiligen Zeilen berichtete sie vom

gemeinsamen Zusammensein »in dem Königlichen L u s t -
s c h l o s s e – und (es) übertraf a l l e s, a l l e s meine Erwar-
tungen«.

Zwar möchte Elisa das unerwartete Glück nur vorsichtig
andeuten und »die Feder im Zaum halten«, so wie man aber-
gläubisch ein Geheimnis für sich behält, um es nicht zu zer-
stören. Doch sie glüht vor Aufregung, sie muß es bekennen:
»Was bin ich dort glücklich gewesen!« Wilhelms Schwester,
die sechzehnjährige Prinzessin Alexandrine, war ebenfalls
mit von der Partie, sie schliefen sogar beide in einem Zimmer, die Betten standen sich im Raum »mit zwei Balcons«
so gegenüber, daß man die halbe Nacht im Dunkeln herrlich miteinander schwatzen konnte. »Wir sahen uns zu jeder Minute und freuten uns auf dem Schlafengehen. (Bei
mir will das viel sagen).« Die Details, bemerkte sie, gehörten eigentlich nicht in einen Brief, eher in ein intimes Tagebuch. »Wenn ich in kleineren *détails* ausgehen wollte, füllte
ich zehn Seiten – «

Gemeinsam hatten sie den Brunnen und die Heilquelle besucht. Wir »bestiegen eine recht bedeutende von herrlichem
Laubholz bewachsene Anhöhe, von welcher man die gött-
lichste Aussicht hat«. Ganz oben auf dem Berg waren sie in
die hoch gelegene Kapelle gegangen. »Wir weilten dort eine
Zeitlang und weideten uns an dem schönen Schauspiel. *D i e
S o n n e   g i n g   u n t e r   u n d   f ä r b t e   m i t   i h r e n   s c h ö n -
s t e n   S t r a h l e n   d e n   H i m m e l*« – ein Zitat aus Lessings
Minna von Barnhelm sollte sagen, daß es so überwirklich
war wie in einem Theaterstück.

»Am Abend waren wir traulig beisammen.« Fürst Anton
spielte auf der Gitarre, die er irgendwo aufgetrieben hatte,
man las aus Fouqués *Zauberring* vor und sang alte Lieder.
Als Elisa und Alexandrine schließlich im Balkonzimmer in
den Betten lagen, brachten Wilhelm und der Kronprinz ihnen noch eine nächtliche Serenade. »Mit ihren letzten Tönen schlief ich ein.«

Lulu von Kleist muß sich gefragt haben, was es war, das die Freundin derart in Begeisterung versetzte. Elisa verschwieg, daß Wilhelm keinen Blick von ihr gewandt, sie manchmal angestarrt hatte, als könne er ihre Gegenwart nicht glauben. Alles sei ihr unvergeßlich, schrieb sie nur, »schöner, als man es sich hatte träumen können«. Abends auf dem Balkon fand Wilhelm heraus, daß es das Sternbild *Kassiopeia* gab, das seinen Anfangsbuchstaben darstellte, ein deutliches großes **W**. Sie verabredeten, beim Anblick dieser Sterne aneinander zu denken.

Ausgerechnet in diesem Schloß, in dem sie so glücklich war, würde Elisa in der Blüte ihrer Jahre sterben.

»Am 14. waren wir im H a m m e r t a l, das ganz unaussprechlich unendlich schön ist, so recht wie ich es liebe. Ein enges, von hohen Bergen begrenztes Tal, von tausend Quellen durchströmt und dicht von Holz und Laubwerk bewachsen.« Sie seien im Gebirge herumgeklettert, »es hatte die ganze Nacht geregnet, kein einziger Fußsteg, -tritt will ich sagen, war trocken. Mit Reisigstöcken war ein jeder bewaffnet«. Auf dem Rückweg wurden sie bis aufs Hemd eingeregnet, die Kleider hingen ihnen um die Beine, sie waren durchfroren, hatten nasse Füße und kamen sich vor »wie eine herumziehende Zigeunertruppe«. So etwas war noch nie vorgekommen. »Wir hatten nur eine dunkle Erinnerung, einstmals trockne Füße gehabt zu haben.«

Es war der seltene Zustand der Freiheit, den sie erlebten. »Oh goldne, herrliche Zeit, warum mußtest du so schnell verstreichen!« In Freienwalde hatte ihr Wilhelm gesagt, was er schon längst hatte sagen wollen – auf halbem Wege, als die Hofdamen Henriette von Berg, Emilie von Zeuner und Gräfin Schulenburg endlich auf einem Seitenpfad verschwunden waren. »Es ist jeder Umstand tief in mein Gedächtnis eingeprägt«, schrieb Elisa. Beide datierten von jenen Freienwalder Tagen an den Beginn ihrer Liebe.

Als sie abends um 9 Uhr vom Landgut des Herrn von Jena zurückgekehrt waren, hungrig und naß, hatten sie den Speisesaal beheizt und in Kerzenlicht getaucht vorgefunden. Wilhelms Taschenkalender: 14. Juni: »Getanzt bis ein Uhr.« Elisa trug ein dunkelblaues Seidenkleid, das seither eine gewisse Rolle spielte. Sie war erhitzt und glühte vor Freude. »Prager Musikanten spielten einen herrlichen Wiener Ländler. Wir tanzten. Alle Damen hatten frische Buketts von wilden Rosen und Nelken im Haar.« Überschäumendes Glück in jedem Satz.

Anderntags, nach dem Frühstück im Garten, hatte Alexandrine abreisen müssen. »Wir aber waren noch am Baarsee mit den Prinzen und Emilie!!!! Das ist die lieblichste und schönste Gegend, die ich je in dieser Art gesehen. So romantisch und schön! Könntest Du es doch sehen und malen! Das spiegelklare schöne Wasser, von den herrlichsten Buchen beschattet, die sich über den ganzen See wie eine Laube ausbreiten – wenn es nicht übertrieben wäre, ich hätte mich hinknien können in meiner Bewunderung.«

Dem Brief hatte Elisa eine Zeichnung eingefügt: den dunklen Baarsee, von krausen Linien umgeben, die wohl den Wald andeuten, in dem wie in einem Vexierbild ein *W* zu erkennen ist. »Was bin ich dort glücklich gewesen!« Schließlich beendete sie ihren Bericht mit dem Seufzer: »Nun verlaß ich mein geliebtes Freienwalde.« Lulu von Kleist wird sich gewundert haben: zu derart exaltierten Schwärmereien neigte Elisa nicht. Es konnten weder die hängenden Buchenzweige noch »das spiegelklare Wasser« gewesen sein, das die Freundin in diesen Glücksrausch versetzt hatte. Es mußte unter Buchenzweigen an jenem See eine Aussprache gegeben haben, die, wenn Lulu richtig sah, Elisas weiteres Leben bestimmen würde.

Auch Wilhelm meldete seiner Schwester Charlotte: »In Freienwalde haben wir herrliche Tage verlebt; ein rechtes Ideal von angenehmem Leben zur Erholung.« (16. Juni 1820)

*11 Selbstbildnis von Elisa in einem Brief
an ihre Freundin Luise (Lulu) von Kleist*

Zwischen den Seiten seines Kalenders finden sich eingelegte Rosenblätter. 22. Juni 1820: »Zu Radziwills.« An diesem
Abend war die Singakademie im Palais Radziwill zu Gast
gewesen, um Kompositionen des jungen Berliner Komponisten Bernhard Klein aufzuführen. »Den ganzen Abend hindurch ward musiziert«, notierte Wilhelm mit großer Bewunderung.

Bernhard Klein war, was noch niemand wissen sollte, der
Bräutigam von Lili Parthey. Was aber jeder wußte und sah:
Prinz Wilhelm ging nicht mehr zu Arnims oder Alvenslebens – er eilte fast täglich aus dem Schloß in die Wilhelmstraße. Wachsame Augen gab es überall. Ein königlicher
Prinz blieb nie lange unbeobachtet. Bald wußte es die ganze
Stadt. Entscheidend war: Was sagte der König?

Beunruhigt von allem, was man ihm zutrug, bat Friedrich Wilhelm III. seinen Schwager, Großherzog Georg von Mecklenburg-Strelitz, zu einem Gespräch unter vier Augen. Es war ihm wichtig, in dieser delikaten Angelegenheit die Meinung eines Verwandten zu hören. Zwar war Wilhelm sein zweiter Sohn und nicht Thronfolger, dennoch war die mögliche Verbindung mit einer Prinzessin aus dem Hause Radziwill streng zu prüfen. Der Großherzog, ein Bruder der Königin Luise, hatte Wilhelms Verliebtheit in die schöne Elisa schon längst mit Vergnügen zur Kenntnis genommen: Die beiden paßten zusammen. Unbefangen äußerte er lächelnd, da die Fürsten Radziwill zu den ehemals regierenden Reichsfürsten zählten, sehe er hinsichtlich einer ehelichen Verbindung kein gravierendes Problem. Im Gegenteil, er finde Elisa reizend und für seinen Neffen nahezu ideal. Der König reagierte gereizt und setzte ihm sichtlich verärgert die Problematik auseinander. Bekanntlich gelte seit Friedrich dem Großen das Hausgesetz, wonach für Prinzen des Hauses Hohenzollern nur Töchter regierender Fürstenhäuser oder reichsständischer Landesherren in Frage kämen. Ob diese Bedingungen auf die Fürsten Radziwill zuträfen, sei fraglich.

Der engste Berater des Königs, Reichsfürst Wilhelm zu Sayn-Wittgenstein, hatte von der Vorliebe des vierundzwanzigjährigen Prinzen für Elisa Radziwill längst Wind bekommen. War der junge Mann überhaupt noch bei Trost? Nicht weniger als neunundzwanzig europäische Fürstenhäuser boten ihre Töchter als geeignete Heiratskandidatinnen an – er hatte eine Liste erstellen lassen –, und dieser Verblendete verliebte sich in eine Dame aus polnischem Hause! Hier mußte gehandelt werden. Zuständig für dynastische Fragen war der Geheime Rat Friedrich von Raumer, Historiker und Direktor des Hausministeriums, der in einem sofort erstellten Gutachten die bedauerliche Tatsache festhielt, daß schon die Eheschließung der preußischen Prinzessin Luise mit dem Fürsten Anton Radziwill »unstandesgemäß« gewesen sei; infolgedessen wäre auch eine Verbindung des Prinzen mit deren Tochter nicht zulässig. Der Einwand, daß schon vor zweihundert Jahren Ehen zwischen den Kurfürsten von Brandenburg und den Radziwills stattfanden, wurde rasch vom Tisch gewischt: Schließlich besaßen die Hohenzollern damals noch nicht die Königswürde.

Von den Gutachten, die hinter seinem Rücken erstellt wurden, erfuhr Wilhelm nichts. Seine Schwester Charlotte war früher im Bilde als er. Ihr Schreiben aus Petersburg stimmte ihn nachgerade »trübsinnig«, riet sie ihm doch urplötzlich zu einer Heirat mit Prinzessin Marie von Hessen. Wütend lehnte er mit nicht weniger als vier Begründungen ab. 1. Er wolle Marie unter keinen Umständen heiraten. 2. Sie sei außerdem für ihn zu alt. (Marie zählte sechzehn Jahre) 3. Sie würde sowieso inzwischen einen anderen gefunden haben. 4. Charlotte habe Marie doch noch nie leiden können. Die Schwester war auch nicht dumm: Seine gereizte Antwort zeige überdeutlich, »daß Du bis über die Ohren verliebt bist in E w i g ...«
Entschuldigend wiederholte er, Elisa habe »ein so angenehmes Wesen«. Das war der springende Punkt. Ihr Blick aus großen Augen, die sie beim Sprechen niederschlug, ihre Gestalt, ihre Stimme, alles zog ihn magisch an. Er habe aber Elisa nie etwas Verfängliches gesagt und auch in Freienwalde »keine Hoffnungen erregt«. Nun, vielleicht nicht direkt. Doch sind Küsse nicht auch Geständnisse, die Hoffnungen erregen können? Er gelobe für die Zukunft strenge Zurückhaltung. Es fiel das schicksalhafte Wort: Ohne des Vaters Genehmigung keine Heirat.
Eine andere Warnung ließ ihm sein Adjutant und Freund Oldwig von Natzmer zukommen. Der achtunddreißigjährige, offenbar recht ansehnliche Offizier wurde von einer Riege schöner Damen umschwärmt, während er eine mehr

oder weniger geheime Beziehung zur schönen Gräfin Julie von Brandenburg unterhielt, der Stiefschwester des Königs. Natzmer war die vibrierende Atmosphäre zwischen Elisa und Wilhelm in den Freienwalder Tagen zweifellos nicht entgangen, und er redete seinem Schützling so nachdrücklich ins Gewissen, daß der zerknirschte Wilhelm es nachgerade bedauerte, sich anläßlich der Truppenbesichtigungen im Hirschberger Tal schon wieder mit Radziwills verabredet zu haben.

Von derartigen Skrupeln unberührt, genoß Elisa den Sommer in Berlin. Man erfährt von ihren Besuchen in den Ateliers der Bildhauer Rauch und Tieck und einer Fahrt zum Landgut Tegel, wo man den Diplomaten und Universitätsgründer Wilhelm von Humboldt besuchte, den man aus Königsberg kannte. Humboldt schrieb seiner Frau Caroline Anfang Juli 1820: »Vorgestern war Prinzessin Luise bei uns. Bloß sie, Elisa und die vier Söhne, so liebenswürdig und freundschaftlich, wie Du es Dir nur denken kannst.« Die vier Söhne waren Wilhelm, Ferdinand, Boguslaw und Wladislaw. Die siebenjährige Wanda hatte zu Hause bleiben müssen. Man habe einen Spaziergang durch den Park unternommen, im Pavillon Tee getrunken und eine Kutschfahrt zum See gemacht.

Der Ausflug ereignete sich vor der Abreise in die Ferien. »O glückliche Zeit, wenn ich meine Briefe aus Fürstenstein datieren werde, dem herrlichen alten Schlosse der Grafen Hochberg«, schrieb Elisa an Luise-Lulu von Kleist. Daß sie auch Wilhelm dort erwartete, erwähnte sie vorsichtshalber nicht. Von seinen Sorgen hatte sie keine Ahnung. Um so enttäuschender war, als er kam, sein frostiges, fast unhöfliches Benehmen – der Unterschied zu Freienwalde hätte nicht größer sein können. Wilhelm litt selber darunter, kalt und abweisend erscheinen zu müssen, solange Natzmer in der Nähe war. Keiner habe geahnt, schrieb er an Charlotte, wie ihm zumute war, sich derart verstellen zu müssen, während Elisa ihn »mit derselben freundschaftlichen Liebe und Unbefangenheit als sonst« behandelt habe. »Ich mußte mich ordentlich zusammennehmen, wenn *Ewig* mich auf die Schönheiten der Natur aufmerksam machte«, klagte er. »Ich bin gewiß nicht blind in Beurteilung ihrer und erkenne so manches Mangelhafte bei vielen Vorzügen und einem herrlichen reinen Herzen!« Die Anspannung machte ihn fast krank, und beim Abschied in Landeck brach er in Tränen aus. »Er war so bewegt, weinte so heftig, daß er mich innig rührte«, schrieb Elisas Mutter irritiert an ihre Vertraute Prinzessin Marianne. »Warum hat er nur so geweint?«

Die Antwort kann man in einem Schreiben finden, das Wilhelm am 1. Oktober 1820 seinem Vetter Friedrich von Oranien schickte.[14] Er liebe Prinzessin Elisa Radziwill, schrieb er offen, doch zugleich habe er immer gewußt, daß der König »es nie zu etwas Ernstlichem kommen lassen würde«. So laufe es angesichts aller Hindernisse auf einen Verzicht hinaus. Welche »Hindernisse« waren gemeint?

Noch deutlicher äußerte sich Wilhelm in einem langen Rechtfertigungsbrief an Oldwig von Natzmer vom 19. Dezember 1820. Er könne seine Zuneigung nicht bestreiten, doch »die Collisionen mit der übrigen Familie wären zu groß und unangenehm«. Die Wiederholung macht stutzig. Von welchen »Collisionen« war die Rede? Stellte die »nähere Verbindung« mit der polnischen Fürstentochter einen Affront dar? »Darum kann und darf ich der Stimme meines Herzens nicht Gehör geben«, beteuerte Wilhelm. Dennoch beendete er weiterhin jeden Abend seine Aufzeichnung mit einem großen geschwungenen »*E*«.

Hindernisse

»Es möge diese Ehe gar nicht geschehen!«

Unvergleichlich, schrieben die Zeitungen, habe Prinzessin Elisa Radziwill, welche noch nie auf einer Bühne gestanden hatte, vor dreitausend Zuschauern die Rolle der Peri gespielt, und zwar in dem höchst merkwürdigen Stück *Lalla Rookh*, zu deutsch: »Tulpenwange«. Die morgenländische Romanze gefiel besonders dem Kronprinzen, der im Zuge allgemein vorherrschender Orientschwärmerei schon als Zwanzigjähriger das morgenländische Märchen *Die Königin von Borneo* verfaßt hatte.[15]

Die orientalische Dichtung von Thomas Moore war vom königlichen Bibliothekar Spiker übersetzt worden, bevor der Dichter Friedrich de la Motte Fouqué eine poesievollere Übertragung vorlegte. Doch nicht die Sprache stand bei dem Stück im Vordergrund, sondern die musikalisch umrahmten »Lebenden Bilder«. Die besten Künstler des Landes, Architekt Schinkel, Intendant Graf Brühl und der Maler Wilhelm Hensel hatten bei Bühnenbildern, Kostümen und Regie alle Register gezogen, um die Aufführung zu einem umjubelten Kunstwerk zu gestalten. Urheber der Kompositionen war der Operndirektor Gaspare Spontini. Zauberhaft wirkte die Hauptgestalt der Lalla Rookh, dargeboten von Prinzessin Charlotte von Preußen, jetzt Großfürstin Alexandra Feodorowna, der zu Ehren die Aufführung veranstaltet wurde.

»Der geliebten wiedergekehrten Prinzessin Anwesenheit, die Freude des Königs, die bewegtere, erhöhtere Liebe aller fürstlichen Geschwister war es, die etwas sehnsüchtig Frohes überall verbreitete«, lautete der reichlich sentimentale Kommentar der Schriftstellerin Caroline de la Motte Fouqué in ihren *Briefen über Berlin*. Sie liefert darin eine unmittel-

*12 Elisa als Peri. Stich nach einer Zeichnung
von Wilhelm Hensel, 1821*

bare Schilderung. »Jetzt hat es sieben geschlagen, im Schlosse ist Alles in Bewegung. Der Weiße Saal faßt die eingeladenen Gäste nur eben. Unzählige Kerzen brennen, die Königliche Kapelle beginnt den Marsch.« Wir erfahren, daß der Kronprinz und Prinz Wilhelm ebenso wie die Brüder Wladislaw und Boguslaw Radziwill mitwirkten, »alle so phantastisch, so märchenhaft, so reich und über allen Ausdruck schön gekleidet«. Dem jungen Maler Wilhelm Hensel, der die prunkvollen Teilnehmer in einer kolorierten Mappe festhielt, brachte sein Werk ein großzügiges Stipendium in Rom ein.[16]

Viel Beifall erntete die achtzehnjährige Elisa, die dadurch erheblich an Selbstbewußtsein gewann. Die Zeitungen überboten sich, ihr dreimaliges Erscheinen vor dem Paradiesestor gebührend zu würdigen. »Der Zauber der seelenvollen

Gestalt« habe tiefen Eindruck gemacht, schrieb die *König-lich-Privilegierte Berlinische Zeitung* am 30. Januar 1821. »Was in der Zeitung über das Tableau der Peri gesagt wird, ist sehr wahr«, seufzte Wilhelm. In seinem Kalender ist zu lesen: 26. Januar 1821: »Zweimal Proben der Lalla Rookh. Programm für den König.« 27. Januar 1821: »Letzte Arrangements zum Anzug. Zug nach dem Weißen Saal. Tableau von der Peri – unbegreiflich sinnig!! Zauberisch, idealisch, ätherischer Hauch über dem Ganzen. Unvergeßlich!!! – *E!* – semper!«

Offenbar war Elisa die Idealbesetzung für eine Person, die die Rolle einer »Himmelssehnsucht« zu verkörpern hatte, jedenfalls traf sie den romantischen Geschmack des Publikums. Ausgestattet mit Schmetterlingsflügeln, umflossen von ihrem reichen Haar und begleitet von harmonischen Akkorden, bat sie um Aufnahme im Paradies, wurde zweimal abgewiesen und erst dann von Mathilde von Voß als »Lichtengel« eingelassen, als sie die Träne eines reuigen Menschen vorweisen konnte. Die Wirkung war »herzzerreißend«, schrieb Caroline de la Motte Fouqué.

Auch Hedwig von Staegemann und Lulu von Kleist, die ihre theatralisch begabte Freundin fortan »Die schöne Galathée« titulierten, sahen die Vorstellungen. Im Saal sei es nach dem »überirdischen Schlußtableau« totenstill gewesen. »Eines ähnlichen Eindrucks wie den, welchen die Bilder des Paradieses mit der Peri und dem Engel in der geöffneten Pforte hervorgebracht haben, erinnern wir uns nie«, verkündete die *Allgemeine preußische Staatszeitung*.

Wilhelms Kalender: 7. Februar 1821. »Ball bei Radziwills. Gepreßte Blumen.« Vom Verbergen uneingestandener Gefühle konnte demnach nicht die Rede sein. Nach der Wiederholung der Aufführung: »Tableau noch schöner als das erste Mal. Herrlich! – ! Tanz, unendlich amüsant und heiter. *E.* lieblich! Fort, fort!!« Auf der einen Seite die Faszination einer entzückenden Frau, auf der anderen die Ungewiß-

heit, ja Unmöglichkeit einer Heirat. Zwischen dem Ausruf
»Elisa für immer!« und dem Aufschrei »Fort! fort!!« lag bereits der Beginn eines Dramas.

Fürst Wittgenstein waltete seines Amtes. Der fünfzigjähri-
ge Minister, der seine Karriere als Oberhofmeister bei der
Königinwitwe Friederike Luise in Schloß Freienwalde begonnen, anschließend als Polizeidirektor gegen die Reform-
bewegung gewütet hatte, übte seit zwei Jahren als Ratgeber
des Königs großen Einfluß aus. Jeder wußte, daß der Monarch auf ihn hörte. Bei der Festaufführung hatte er die Gelegenheit benutzt, mit berufsmäßigem Argwohn und nicht
ohne professionelle Kombinationsgabe inmitten der überirdischen Romanze die irdische Affäre zu verfolgen. Was er
sah, beruhigte ihn keineswegs. Er verlangte Aufklärung über
die polnische Magnatenfamilie. Raumer äußerte am 12. Februar 1821 in einer zweiten Denkschrift, daß Rang und
Würde des königlich-preußischen Hauses hoch über dem
der Radziwills stehe, da die polnischen Fürsten nach alten
polnischen Reichsgesetzen nur dem niederen Adel angehör-
ten. Deshalb habe König Friedrich Wilhelm II. den Ehevertrag der Prinzessin Luise mit dem polnischen Fürsten auch
nicht persönlich unterzeichnet.

Unbeschwert von derartigen Erwägungen feierten Fürst
und Fürstin Radziwill in diesen Tagen ihre Silberhochzeit,
wobei ihre sechs Kinder Wilhelm, Ferdinand und Elisa, Boguslaw, Wladislaw und Wanda den Hochzeitszug von damals in alten Kleidern amüsant nachstellten. Darüber gibt
Gräfin Bernstorff mit dem ihr eigenen Sinn für exquisite
Festgestaltung genaue Auskunft. Es kam ihrer Neugier sehr
entgegen, daß über die Gartenmauer hinweg Treppenstufen
gebaut worden waren, »welche eine häufig benutzte Verbindung für die Jugend abgaben, und auch ich bin manchmal
da hinübergeschlüpft«, wie sie offenherzig berichtet. Sie stu-

dierte die Anfahrt der Karossen im Ehrenhof des Palais Radziwill, die Livreen der Diener, die Kostüme der Hofdamen und schildert mit akribischer Genauigkeit seidene Schleppkleider und blumengeschmückte Federhüte. Spürbar zufrieden hob sie auch die künstlerischen Talente des Gastgebers hervor, der seine Feste »brillant« zu arrangieren verstehe – erst recht natürlich seine eigene Silberhochzeit.

Schon am Vormittag des bedeutsamen Tages ließ der Fürst »in sämtlichen Sälen seines Palastes« ein köstliches Frühstück servieren. Gegen Mittag öffneten sich die Flügeltüren zum Gartensaal, wo auch die königlichen Geschwister erschienen. Dabei habe Großfürstin Charlotte-Alexandra in einem Kleid aus Seidentüll, bestickt mit Diamanten und Saphiren, wahrhaft Furore gemacht, obgleich auch andere Damen, kostbare Juwelen an Hals und Armen, im Saale glänzten – die Gräfin versäumte nicht, auch ihre eigene Person anschaulich wiederzugeben. »In einem Musselinkleid mit ¾ Ellen hoher gestickter Borte, welches in rosigem Licht schimmerte, eine einfache Perlenschnur um den Hals und eine volle blaßrote Rose im Haar« sei sie ebenso wie ihre Töchter ungemein bestaunt worden. Abends habe das Orchester eine *polonaise* intoniert, zu deren Klängen man über die mit Teppichen belegten Treppen hinauf in die durch Hunderte von Kerzen erleuchteten Säle gelangt sei, um das Fest bis Mitternacht fortzusetzen. Gräfin Bernstorff beobachtete Elisa mit dem in Galauniform erschienenen Prinzen, den breite Epauletten und goldene Tressen zu einer bewunderten Erscheinung machten. Sie glaubte auch zu wissen, worauf Liebreiz und Charme der älteren Tochter des Hauses, dieser Rätselschönheit, eigentlich beruhten. Elisa, diagnostizierte sie, habe durch den Gegensatz von scheinbar äußerer Ruhe und innerlich glühendem Feuer einen Zauber ausgestrahlt, dem niemand habe widerstehen können.

13 Elise Gräfin Bernstorff,
Gattin des preußischen Außenministers.
Ihre Tagebücher enthalten Auskünfte
über Radziwills und das gesellschaftliche
Leben Berlins

Das Silberfest im Mai 1822 stellte eine Art Abschied dar, denn Radziwills wollten den Sommer wieder in Schlesien verbringen. Doch dann bekamen Boguslaw und Wanda die Masern, eine gefährliche Krankheit, an der drei Kinder der Familie von Gerlach innerhalb eines Monats gestorben waren. Die Reise wurde verschoben. Elisas Brief an Lulu von Kleist sprüht von Energie und Lebenslust. Auf der Reitbahn habe sie ihre sechste Stunde absolviert, sei wieder einmal s u p e r b geritten und liebe es, auf ihrem *Nojax* durch die Gegend zu galoppieren. Abends lese sie jetzt Goethes *Wilhelm Meister.* »Es ist keine Erzählung, nein, es ist eine wahre Reihenfolge von Bildern, zu jeder Seite kann man eine

Zeichnung entwerfen.« Sie selber habe große Lust, endlich auch in Öl zu malen; in Posen dürfe sie Unterricht nehmen. Bei Goethe, dessen Gedichte sie auswendig kenne, habe sie eine Textstelle gefunden, die ihr aus dem Herzen geschrieben sei. *Woher kommt es, daß der Abschied von Menschen so oft leichter wird als der von Orten? Das Land, wo man glücklich gewesen, bleibt mit allen Erinnerungen zurück, aber wenn Dich das Schicksal wieder hinführt, wie vieles kann dann anders geworden sein!?!!* So sei es, und sie fürchte sich schon vor der langen Trennung.

Im Juli erblickte Gräfin Bernstorff im Hof des Palais Radziwill die hohe Reisekutsche, die sich, wie sie humorvoll anmerkte, je nach Zahl der Insassen »elastisch« ausdehnen könne. Wie sie wußte, hatte die Fürstin Louis und Blanche von Wildenbruch, die beiden illegitimen Kinder ihres Bruders Prinz Louis Ferdinand, mit ihren eigenen Kindern aufgezogen. Die hübsche Blanche mit dem runden Gesicht war für die gleichaltrige Elisa eine Freundin geworden.
Die Reise ging wieder nach Posen. Thekla von Gumpert, deren Vater bei Radziwills als Hausarzt fungierte, war bei der Ankunft der Familie in der neuen preußischen Provinz zugegen. »Der polnische Fürst war eine schöne, elegante, imponierende Erscheinung und besaß alle für seine Aufgabe erforderlichen Eigenschaften im hohen Grade«, erklärte sie, weswegen der König ihn ebenso geschätzt habe wie die Fürstin, »denn sie hatte der unvergeßlichen Königin Luise nahe gestanden als kluge, liebenswürdige Frau voller Herzensgüte.« Luise Radziwill habe zusätzlich zu den eigenen Kindern die verwaiste Blanche von Wildenbruch bei sich aufgenommen: »liebenswürdig, gutherzig, sehr hübsch, doch nicht so schön wie Elisa.« Alle hätten geglaubt, Elisa sei mit Wilhelm verlobt, und »da Radziwills seit Jahrhunderten im Königreich Polen, in Litauen und im Großherzogtum Posen als Fürsten reich begütert waren, sah niemand ein Hin-

dernis«, andernfalls werde eben der Prinz ihr zuliebe dem Thron entsagen, so dachten die meisten.[17]

Nach Posen kam nicht nur Freundin Lulu, sondern auch ihre Mutter Marie von Kleist, die sich mit Elisas Mutter anfreundete. Die Beamtentochter aus italienischem Adel war mit dem preußischen Offizier Christian von Kleist verheiratet gewesen und hatte in Potsdam gelebt. Dort hatte die Königin Luise in der gebildeten und warmherzigen Marie eine Freundin und Beraterin gefunden. Oft war die junge Königin ins Haus der Kleists gekommen, um Persönlichkeiten wie den Dichter Rühle von Lilienstern und Ernst von Pfuel, den Freund Heinrich von Kleists, zu treffen.

Durch ihren Ehemann mit Heinrich von Kleist verwandt, hatte Marie dem verschuldeten Dichter finanzielle Unterstützung zu verschaffen gewußt, wofür er ihr dankte, indem er im Staegemannschen Salon aus seinen Werken vortrug. Als Kleist durch den Zusammenbruch der *Berliner Abendblätter* in Existenznot geraten war, hatte Marie sich beim König schriftlich für seine Wiederaufnahme in die Armee verwandt und das Manuskript des *Prinz Friedrich von Homburg* als Widmungsexemplar für Prinzessin Marianne drucken lassen, um ihm zu einem Honorar zu verhelfen. Noch kurz vor seinem Tod hatte sich der unglückliche Dichter, dessen Genialität sie früh erkannte, an sie als seine beste Freundin gewandt, doch ihre Zofe hatte ihn abgewiesen. Kleists Selbstmord, den sie vielleicht hätte verhindern können, hatte Marie fast aus der Bahn geworfen. Trotz des Altersunterschieds – ihr Schützling war sechzehn Jahre jünger – war Marie von Kleist, wie ihre Briefe bezeugen, von erotischen Illusionen nicht frei gewesen; der verkannte Dichter hatte von ihr Lob und Bewunderung, aber auch zärtliche Bekundungen erhalten, die über das rein Freundschaftliche deutlich hinausgingen.

Das Unglück hatte Marie doppelt getroffen. Ein halbes Jahr

*14 Luise (Lulu) von Kleist, verheiratete
Gräfin Stosch, Elisas vertrauteste
Freundin. 150 Briefe von Elisa an sie
blieben erhalten.*

nach Kleists Selbstmord ließ sich ihr Mann von ihr scheiden und heiratete eine andere. So war sie zunächst nach Berlin gezogen, wo Arnims und Staegemanns zu ihren Freunden gehörten, doch angesichts ihrer miserablen finanziellen
Situation hatte sie sich mit ihren Kindern Adolph und Luise
zum Umzug an ihren Geburtsort Manze bei Breslau entschlossen, wo sie bei ihrer verheirateten Schwester Amalie
von Massenbach Aufnahme fand.
Die Freundschaft ihrer Tochter Lulu zu Elisa und die Generosität der Fürstin gaben Frau von Kleist Gelegenheit zu län-
geren Aufenthalten in Posen und Ruhberg – glückliche Zeiten für Elisa, die am liebsten mit der Freundin unter einem
Dach gelebt hätte und von einer gemeinsamen Zukunft
schwärmte. »Wir malen, wir spielen, singen, lesen, hören Vorlesungen über Dramaturgie, tanzen mitunter, treiben aller-
lei lustiges Zeuch, Ferdinand liest uns ›Fortunat‹ vor, und

wenn es auch keine Kiefernkuseln gibt, so frühstücken wir doch in der lieben Weinlaube«, so beschrieb sie glücklich ihre Lebenspläne. Ein Mann war in dieser Frauenfreundschaft nicht vorgesehen.

Währenddessen fand Wilhelm den Sommer trostlos. Was, wenn tatsächlich der endgültige Verzicht auf Elisa von ihm verlangt würde? »Für Berlin führe ich eine Art Schnekkenleben«, schrieb er an Natzmer. »Größtenteils bleibe ich des Abends allein zu Hause und studiere. Ich gefalle mir in dieser Zurückgezogenheit umso mehr, da Nichts hier ist, was mich anzöge oder fesselte.« Wenigstens in seiner Tätigkeit fand er sich auf dem richtigen Platz. »In meinem öffentlichen Wirken und Leben hat mir die Vorsehung so viel Gnade willfahren lassen, daß ich blind sein müßte und ungerecht, wenn ich dies nicht erkennen und anerkennen wollte.« Dennoch ging es ihm miserabel. Schwester Charlotte war am 1. September 1821 nach Sankt Petersburg zurückgereist. Notiz in Wilhelms Taschenkalender: »Wir alle begleiteten sie bis Friedrichsfelde, dort Diner und Abschied!! O, was verliere ich in ihr!« Sie wisse doch, schrieb er ihr, wie unglücklich er sei. Am liebsten wäre er tot. »Was wohl der Himmel mit einem im Schilde führt? Ruft er einen hier ab, so ist es freilich gut, daß man sich keinem lieben Wesen zu eng verband!« Ihm sei klar, an allem »nicht ganz unschuldig« zu sein. »Aber freilich – glücklich, ganz glücklich ist niemand hiennieden!« Daß sogar die Mutter des Zaren ihn wissen ließ: »So eine findest Du nicht wieder«, traf ihn mitten ins Herz. Überdies warf sie ihm vor, nie mit seinem Vater direkt zu sprechen, sondern nur über Mittelsmänner mit ihm zu verhandeln. Wilhelms Stimmung sank auf einen Tiefpunkt.

Auch an Elisa konnte er sich nur »über Mittelsmänner« wenden. Sein *Postillon d'amour* war die sechsunddreißigjährige Prinzessin Marianne, die ihren Neffen sehr liebte. Seit dem Tod der Königin Luise war sie als Schwägerin des Königs »First Lady« bei Hofe und warmherzige Ansprechpartnerin seiner Kinder. Doch es fehlte ihr das lebensfrohe Temperament der Königin Luise. Als zwölftes Kind des Landgrafen von Hessen-Darmstadt unter sechs Brüdern aufgewachsen, schien Prinzessin Marianne in ihrer Ehe mit dem wenig erheiternden Bruder des Königs nicht glücklich, womit Hofdame Caroline von Rochow ihre seltsamen Eigenarten zu erklären suchte wie die Ansammlung religiöser Utensilien und die Anhäufung kitschiger Gegenstände, mit denen Prinzessin Marianne ihre Privaträume zu einer überzuckerten Ersatzwelt gestaltet habe. Wilhelm schrieb ihr: »Der 28. Okt. nahet heran, darf ich Sie ersuchen, gnädigste Tante, an jenem Tage Elisa meine herzlichsten Glückwünsche darzubringen, wenn sie dieselben freundschaftlich aufnehmen will! Der Himmel segne sie und mache sie so glücklich, als sie es in einem so hohen Grade verdient!«

Was Elisa betraf, so gewinnt man nicht den Eindruck, daß sie ihren Anbeter so heftig vermißt hätte wie umgekehrt. Froh, dem umtriebigen Berlin entrückt zu sein, schrieb die Achtzehnjährige an ihre Freundin: »Lulu! Ich bin auch unaussprechlich glücklich, darum wünsche mir nur recht lange dieselbige Lage, in welcher ich lebe und in welcher ich alle meine Freude, meinen Frieden, meine nie getrübte Ruhe schöpfe.« In ihrer Familie fühlte sie sich geborgen wie sonst nirgends. Zum Geburtstag der Freundin schickte sie Lulu etwas sehr Persönliches. »Ich habe für Dich ein Armband, aus meinen Haaren geflochten, bestellt«, mit einem Verschluß aus Gold, besetzt mit Türkisen und Brillanten. In ihrem Brief schwärmte sie von Lulus Mutter Marie von Kleist. »Liebe Luluse, wir haben doch recht liebe und herrliche Mütter! Ach das ist doch ein großes Glück.«
Im Grunde waren sie und die Fürstin sehr verschieden: Die Mutter resolut und praktisch, die Tochter nachgiebig und

weich. Doch gerade das kann ein Grund ihrer herzlichen Beziehung gewesen sein. »Und ich,« fuhr Elisa fort, »die Gott vor allen andern so unverdient beschenkt, ich habe noch einen vortrefflichen und guten Vater und noch eine Menge Geschwister, alle so lieb! O Luluse bin ich nicht recht unverdient glücklich?«

Aus Gründen der Staatsräson

>*... daß ich immer noch nicht weiß,*
>*wie dies alles enden soll!*«

Anfang Januar 1822 wurde der Troß der Radziwillschen Kutschen und Wagen aus Posen in Berlin zurückerwartet. Wilhelm war ebenso unruhig wie ratlos. Es sei quälend für ihn, in Elisas Nähe zu sein, ohne sie lieben zu dürfen, schrieb er an Schwester Charlotte, »nicht imstande, da ganz zu entsagen, wo ich noch einen Funken von Hoffnung sehe. Der Gedanke, daß sie einem anderen gehören soll als mir, ist herzzerreißend für mich!«

Die Lage hatte dadurch an Brisanz gewonnen, daß sich sein Bruder, Kronprinz Friedrich Wilhelm, in Prinzessin Elisabeth, die Tochter des Königs Max I. Joseph von Bayern, verliebt hatte. Schon nach den ersten Begegnungen war er Feuer und Flamme gewesen und hatte in den höchsten Tönen für die reizende Sechzehnjährige geschwärmt: »ein liebliches eirundes anmutiges Antlitz, Augen so klar wie der neapolitanische Himmel, schwarze Brauen, dunkles Haar, dabei ein Anstand wie ich ihn träumen kann – also Hilfe, Hilfe!«

Gegen die augenscheinlich entzückende Königstochter wäre nichts einzuwenden gewesen, hätte es nicht ein unlösbares Problem gegeben: Die bayrische Prinzessin war katholisch. Unterschiedliche Konfessionen bildeten für beide Häuser eine unüberwindliche Schranke. Das hoffnungsvoll begonnene Unterfangen stagnierte, da Friedrich Wilhelm III. niemals in die Ehe des Thronerben mit einer Katholikin einstimmen, die bayrische Prinzessin aber unter keinen Umständen konvertieren wollte.

Der preußische König nahm für seine Person in Anspruch, seinen Kindern der verständnisvollste Vater zu sein. In Wahrheit verhielt es sich eher umgekehrt: Die Kinder waren es, die ihm zur Verfügung stehen mußten, wann immer er sie

15 König Friedrich Wilhelm III.
von Preußen, Wilhelms Vater.
Lithografie von Friedrich Jentzen nach einem
Gemälde von Ernst Gebauer, 1831

brauchte. Die Gattin des preußischen Gesandten in Rom konnte bei seinem Italienbesuch beobachten, wie eilig sich der Kronprinz seinem Vater entzog, und sie wußte auch warum: Es sei bekannt, wie streng und unnachgiebig der König seine Söhne behandle. Nie war man sicher, ob er sich unerwartet gnädig oder unvermittelt frostig verhalten würde. Lieblosigkeit konnte man ihm nicht direkt vorwerfen, aber ein wahres Interesse für ihre individuellen Bedürfnisse fanden die Kinder bei ihm nicht. Niemals habe der Vater geduldet, daß einer seiner Söhne sich bei dienstlichen Anlässen neben ihn stellte, korrigierte Wilhelm später einen Maler, dem er deshalb befahl, die Plazierung auf seinem Gemälde zu ändern.
Angesichts des Ärgers, den er jetzt mit zwei Söhnen hatte,

schien es dem preußischen König geraten, Wilhelms Eheabsichten mit einer polnischen Prinzessin noch gründlicher unter die Lupe zu nehmen. Er verlangte ein weiteres Gutachten, und wieder war es der Geheime Rat von Raumer, der tätig werden mußte. Zusätzlich zu den schon erörterten Argumenten fügte der Historiker in seinem dritten Gutachten an, daß gerade die »Unebenbürtigkeit« der Radziwills die Ursache sei, weshalb der traditionsreiche »Fackeltanz« bei der Hochzeit von Elisas Eltern untersagt wurde und Fürstin Luise bei offiziellen Anlässen stets *Prinzessin von Preußen, Gemahlin des Fürsten Radziwill* tituliert werde und nicht in umgekehrter Reihenfolge. Nach deutschem Staats- und Fürstenrecht sei das Haus Radziwill ungeeignet, mit einem königlichen Prinzen »in Vermählungsverhältnisse« zu treten. Um aber die Tür nicht für immer zuzuschlagen, bemerkte Raumer vorsichtig: Falls die Heirat dennoch zustande käme, müsse die Ebenbürtigkeit eben stillschweigend anerkannt werden. Das sollte für den König die goldene Brücke bilden, um dem Sohn die Heirat zu ermöglichen – wenn er gewollt hätte.

Raumer hatte die Version einer »Heirat zur linken Hand«, wie sie der Vater des jetzigen Königs bekanntlich zweimal eingegangen war, in seinem Gutachten als »Unglück« bezeichnet. Jeder wußte, was damit gemeint war. Friedrich Wilhelm II., dessen Mätresse Wilhelmine Encke alias Gräfin Lichtenau ihm bis zum Tod treu blieb, hatte sich von seiner rechtmäßigen Gemahlin Elisabeth Christine von Braunschweig-Wolfenbüttel scheiden lassen, um Prinzessin Friederike Luise von Hessen-Darmstadt zu ehelichen, mit der er sieben Kinder bekam. Damit nicht genug, hatte sich der Monarch erneut von Liebesleidenschaften hinreißen und sich mit der rothaarige Julie von Voß als Gattin »zur linken Hand« trauen lassen. Als die zur Gräfin Ingenheim erhobene Julie mit zweiundzwanzig Jahren nach der Geburt eines Sohnes an Schwindsucht starb, hatte der abermals Verliebte die junge Gräfin Sophie Dönhoff, Hofdame seiner Frau, »zur linken Hand« geehelicht – leider war sie bald ihrer Eigenmächtigkeiten wegen nach Angermünde verbannt worden. Geblieben waren nur ihre beiden Kinder Wilhelm und Julie von Brandenburg, die Stiefgeschwister Friedrich Wilhelms III., der für die Eskapaden seines Vaters nicht das mindeste Verständnis aufbrachte.

Jene unliebsamen Vorkommnisse schienen auch dem Geheimen Rat von Raumer den Schlaf geraubt zu haben, weshalb er ein viertes Gutachten folgen ließ, das im Hinblick auf den hartnäckigen Prinzen mit dem Stoßseufzer schloß: »es möge diese Ehe gar nicht geschehen!«

Inzwischen war Polizeipräsident Karl Albert von Kamptz auf den Plan getreten, als Kopf der Demagogenverfolgung so verhaßt, daß der Dichter E. T. A. Hoffmann ihn in seinem Roman als »Polizeischnüffler Knarrpanti« karikierte. Der übereifrige Kamptz hatte es sich nicht nehmen lassen, ein fünftes Gutachten zu erstellen, das schon im Titel das Ergebnis mitteilte: »Promemoria über die Standeswidrigkeit der Ehe eines Königlichen Prinzen von Preußen mit der Prinzessin Radziwill.« Dazu zog er einen Trumpf aus der Tasche, der bisher übersehen worden war: Prinzessin Luise von Preußen habe bei ihrer Eheschließung unterschreiben müssen, daß sie und ihre Nachkommen auf die Thronfolge, ja auf sämtliche Erbansprüche verzichteten.

Die Rückkehr der Fürstenfamilie Radziwill nach Berlin wurde bereits in den Zeitungen angekündigt. Freiherr von Schilden, vormals Oberhofmeister der Königin Luise, beeilte sich, dem unbelehrbaren Prinzen eine längere Reise zur Ablenkung vorzuschlagen. Vielleicht würde er eine andere Schöne kennenlernen und die polnische Prinzessin vergessen. Dem Minister folgte Wilhelms alter militärischer Lehrer Johann Georg von Brause, dem Wilhelm vertrauen konnte, und informierte ihn über die Existenz der verschiedenen Gutachten. Der erfahrene und gebildete General, Freund von Rühle von Lilienstern, Ernst von Pfuel und Heinrich von Kleist, überreichte seinem Zögling Raumers Schriftstück mit dem Rat, so rasch wie möglich eine Gegenschrift anzufordern. Zwei Tage später erschien wieder der zwielichtige Schilden: Falls Wilhelm seine Absicht in bezug auf die fragliche Person nicht ändere, verlange der König, daß ein Komitee über die Zulässigkeit berate.

Wilhelm las das Gutachten und fiel aus allen Wolken. Ablehnung aus Standesgründen? Nicht im Traum wäre ihm eingefallen, daß eines der ältesten, vornehmsten und reichsten Fürstengeschlechter Europas nicht mit den Hohenzollern ebenbürtig sein sollte. Er hatte an andere Probleme gedacht, wie er sie Natzmer am 9. März 1822 darlegte. »Daß die Verbindung unstandesgemäß sei«, schrieb er, »das hatte ich nun gar nicht erwartet, sondern immer nur an die Unannehmlichkeiten der Familienbande gedacht, in welche ich treten würde.«

Welche »Unannehmlichkeiten« waren gemeint? War »Unebenbürtigkeit« vielleicht nur ein Vorwand, ging es in Wirklichkeit um die Frage der polnischen Loyalität? Man wußte, daß es Mitglieder des Hauses Radziwill gab, die sich in der Vergangenheit gegenüber Preußen als denkbar unsolidarisch erwiesen, ja seinen Untergang herbeigewünscht hatten. Wilhelm aber war durch die Erfahrung der Exiljahre tief geprägt; er hatte die beschämenden Erlebnisse nie vergessen: Die Flucht vor Napoleons Truppen bis an die äußerste Grenze des Landes, der Transport der todkranken Mutter über die Kurische Nehrung, ihr Kummer über die vergebliche Unterredung mit Napoleon. Im tiefen Elend hatte sie ihm von Friedrich dem Großen und der ruhmreichen preußischen Vergangenheit erzählt – alle diese Erlebnisse hatten aus ihm einen erklärten Patrioten gemacht. Den Abscheu vor jenen, die Preußen in den Rücken gefallen waren, würde er nie verwinden. Das galt auch für jene Radziwills, die sich auf die Seite des Feindes gestellt hatten, wie der reiche Fürst Dominik Radziwill, dessen riesige Besitzungen in Litauen mit zwölftausend Quadratkilometern den größten privaten Landbesitz in Europa darstellten. Obwohl als Sohn der deutschen Prinzessin Sophie von Thurn und Taxis geboren, war dieser Radziwill im Gefolge Napoleons 1812 nach Wilna marschiert, hatte am Feldzug gegen Moskau teilgenommen und für seine Verdienste in der Schlacht von Smolensk den Weißen Adlerorden erhalten. Ein Porträt zeigt den Großgrundbesitzer, der in Warschau einen Palast mit 350 Zimmern bewohnt hatte, in napoleonischer Uniform. In der Schlacht bei Hanau verwundet, war Fürst Dominik, Vater einer Tochter, mit siebenunddreißig Jahren seinen Verletzungen erlegen.

Noch schwerer zu verkraften war die illoyale Haltung eines anderen Radziwill, der sich unablässig für die Wiederherstellung seines Vaterlandes einsetzte. Das war der Bruder von Elisas Vater, Fürst Michael Radziwill. Schon als Zwanzigjähriger hatte er beim nationalen Aufstand Polens unter Poniatowsky und Kościuszko 1794 mitgekämpft, hatte im Jahr darauf die dritte Teilung Polens erlebt, um in dem Augenblick, in dem Napoleon das Großherzogtum Warschau unter König Stanislaus August von Sachsen errichtete, in dessen Armee einzutreten. Im französischen Kaiser sah Fürst Michael wie sein Vetter Dominik den Befreier seines Landes; ein Sieg über Rußland würde die Wiederherstellung Polens bedeuten. So war der paradoxe Umstand eingetreten, daß zu der Zeit, als Fürst Anton Radziwill mit seiner Familie aus Berlin floh, sein Bruder Michael mit der siegreichen französischen Armee in Berlin Einzug hielt. Zum Brigadegeneral ernannt, zeichnete ihn Napoleon nach der Schlacht von Smolensk noch auf dem Schlachtfeld eigenhändig mit dem Kreuz der Ehrenlegion aus. Jahre später, beim polnischen Aufstand von 1830, würde Fürst Michael Radziwill gemeinsam mit den Grafen Raczynski und Dzialynski wieder an der Spitze der Aufständischen seine Befehle erteilen.

Das war die Radziwillsche Verwandtschaft, an die Prinz Wilhelm mit unguten Gefühlen dachte.

Wilhelm bat General Brause nochmals zu sich, um zu beraten, wie das geplante Komitee verhindert werden könne, als etwas Unerwartetes geschah. Am Fenster stehend, sah er die Wagen der Familie Radziwill an seinem Haus vorbeifahren. Nach einem halben Jahr Abwesenheit kehrten sie in dieser Minute aus Posen zurück! Erregt bemerkte er, wie Elisa zu seinem Fenster hinaufschaute. Ihn hielten kein General und keine Unterredung, er mußte in die Wilhelmstraße. Abends ging er in sein Schreibkabinett, um der Petersburger Schwester sein Herz auszuschütten. »18. Januar 1822, 1/1 10 Uhr abends. Ich habe sie wiedergesehen! und was habe ich gefühlt!!! Wenn im ersten Augenblick auch die Freude jeden anderen Gedanken beengte – so stand als ein Gespenst im nächsten Augenblick wieder das ganze Leiden vor mir!! – Mit Mühe riß ich mich wieder raus, und ein Blick auf sie, die so herzlich, liebevoll und froh mich ansah, stärkte mich wieder! Die wenigen zusammen gewesenen Augenblicke reichten ganz hin, um mir den Umfang des Glücks zu zeigen, welches ich im Begriff stehe, auf ewig zu verlieren!«

Seit Jahren war ihm das Palais Radziwill zu einem zweiten Zuhause geworden. Während ihn im königlichen Schloß die kalten Räume erwarteten, wußte er sich bei der Fürstenfamilie willkommen. Kein Wunder, daß er sich hier so wohl fühlte wie an keinem anderen Ort der Welt. Noch heute existiert ein Gästealbum in rotem Maroquinleder, verziert im orientalischen Stil, das an das Fest der »Tulpenwange« *Lalla Rookh* erinnert. Darin befindet sich eine Zeichnung von Elisa. Man blickt in ein mit Empiremöbeln ausgestattetes Zimmer wie in ein Biedermeier-Idyll. Am größeren Tisch haben die Eltern Radziwill mit den Kindern Ferdinand, Wladislaw, Wanda und Blanche Platz genommen, am Kamin sitzen Prinz Wilhelm, Boguslaw und Elisa. Das Album könnte ein Geschenk von ihr zu seinem Geburtstag gewesen sein.

»Gegen Abend lange und herzliche Unterredung mit Tante Marianne über Elisa.« Wilhelm hat das Gespräch im Taschenkalender in kyrillischen Buchstaben notiert, vermutlich war die Beratung heimlich vonstatten gegangen. 7. Februar 1822: »Ball bei Radziwills, brillant! Elisa Engelschön, außerordentlich.« 13. Februar 1822: »Onkel Georg. Unterredung wegen Elisa. Aufforderung zur Entsagung!« Winziger Zusatz am Rand: »Entscheidung fürs Leben! – ! – ! – ! *E.!*« Was hatte diese Notiz zu bedeuten?

Der König, bekanntermaßen schwankend, überließ die Erledigung verwickelter Angelegenheiten gerne anderen. Diesmal bat er Großherzog Georg von Mecklenburg-Strelitz als Bruder der verstorbenen Königin Luise, Wilhelm ins Gewissen zu reden. Georg, der den Heiratsplan ursprünglich lebhaft befürwortet hatte, hielt dem Neffen jetzt vor Augen, welche Gefahr eine morganatische, also nicht ebenbürtige Ehe für den Thron darstelle. Was würde werden, wenn der Kronprinz keine oder kranke Kinder bekäme, Wilhelms Kinder aber nicht thronberechtigt seien? Wenn Wilhelm später gestehen müßte, sich seinen Pflichten entzogen zu haben? Die Argumente, die Georg vorbrachte, waren nicht von der Hand zu weisen. Der König werde sich mit seiner Sache befassen, aber wann, das liege in den Sternen. Ob Wilhelm verantworten könne, die arme Elisa so lange zu vertrösten? Elisas halbpolnische Abkunft scheint der Großherzog nicht in die Waagschale geworfen zu haben, hingegen fragte er, ob ein Komitee den Fürsten Radziwill nicht beleidige, »indem der wahre Standpunkt der Ehe ans Licht geholt würde, über den sich so glücklich ein Schleier gezogen hat«.

Wilhelm schwieg betroffen – von einem Schleier des Schweigens hatte er bisher nichts geahnt.

Der mecklenburgische Großherzog, dessen Ratschläge Wilhelm später als »üble Machenschaften« verurteilte, kannte die Ziele der Fürstin Radziwill genau. Schon früher hatte sie ihm in aller Offenheit dargelegt, daß sie Wilhelm gern als ihren Schwiegersohn sähe. »Ein so reines Gemüt, so viel Besonnenheit, Vernunft und achtenswerte Eigenschaften« finde man selten, hatte sie gemeint. Sie wisse, daß er Elisa liebe – »doch traue ich mir selbst hierüber nicht, denn mütterliche Liebe täuscht, und das Herz glaubt gern, was es wünscht«. Georg zog daraus den Schluß, daß die geborene Prinzessin von Preußen ehrgeizig die Absicht verfolgte, ihrer Tochter wieder den Rang einer Prinzessin von Preußen zu verschaffen.

Ob der Neffe sich nicht seiner besonderen Stellung bewußt sei? fragte er vorwurfsvoll, schließlich müsse er sich jederzeit für den Thron bereithalten. Hier fiel ihm der Beklagte zum ersten Mal ins Wort. Für den Thron sei er nicht geschaffen, rief Wilhelm aus, und er werde ihn hoffentlich nie besteigen müssen! Er sei Soldat und weiter nichts. Das äußerte der Mann, der König von Preußen und als Wilhelm I. Deutscher Kaiser werden würde.

Freiherr von Schilden, in Charlottes Augen eine perfekte »Intrigenschlange«, hatte dem Großherzog eingeschärft, die Erwähnung der »hochseligen Königin Luise« werde Wilhelm umstimmen. Deshalb erklärte der Onkel dem überraschten Neffen, auch er, Georg, habe in seiner Jugend in Sachen Erotik leider über die Stränge geschlagen – und niemand anderes als die Königin Luise habe ihn zur Vernunft gebracht. »Die erste Pflicht des Menschen ist, Herr über seine Leidenschaften zu werden«, habe sie ihm in einem ergreifenden Brief geschrieben und zum Verzicht auf die nicht standesgemäße Person aufgefordert. »Ich bitte Dich um Gottes willen, ermanne Dich und lasse Dich nicht so gehen wie ein Romanheld«, so die Lektion der königlichen Schwester.

Die Erwähnung der geliebten Mutter verfehlte die beabsichtigte Wirkung nicht. »Er sprach so gefühlvoll, daß ich wie vernichtet neben ihm saß«, so Wilhelm, der fast weinend in alles einwilligte, was »aus Gründen der Staatsraison« von ihm verlangt wurde. Im Schreibkalender der trostlose Eintrag: »Unterredung wegen Elisa. Aufforderung zur Entsagung!« Seine Stimmung war düster, als er am gleichen Abend noch einer Einladung bei General von Tauentzien folgen mußte. Dort sah er unter den Gästen Radziwills – »und Elisa so unbeschreiblich hübsch ... wie lange nicht«.

Wilhelm ahnte noch immer nicht, daß vor Jahren auch sein spröde scheinender Vater sich verliebt und auf die Dame seines Herzens verzichtet hatte. Er erfuhr es jetzt durch einen Brief des Königs an seine Tochter Charlotte, die unbeirrbar auf Wilhelms Seite stand. Sie hatte dem Vater massive Vorwürfe gemacht, woraufhin er zu ihrem Erstaunen antwortete, es sei traurig, die Wünsche seiner Söhne nicht erfüllen zu können, »zumal der Papa die Liebe recht gut kennengelernt hat und daher nichts weniger als abgestorben gegen solche Gefühle ist«. Das ungewöhnliche Geständnis enthüllte ein amouröses Erlebnis, das fünf Jahre zurücklag. Friedrich Wilhelm III. hatte sich in eine achtzehnjährige Gräfin verliebt, deren Vater Edouard de Dillon französischer Gesandter in Sachsen war. Auf diese Weise bekam das Paar Gelegenheit zu weiteren Begegnungen. Die charmante, überdies aristokratische Dame gefiel dem königlichen Witwer zunehmend, so daß er den Wunsch äußerte, sie – wie später die junge Gräfin Harrach – »zur linken Hand« zu ehelichen. Ein Hindernis aber gab es: Georgine war Französin. Konnte er seinem Volk, das im Krieg gegen die Franzosen große Opfer gebracht hatte, eine Vertreterin des feindlichen Landes zumuten? Nicht einmal in dieser intimen Angelegenheit handelte er selbständig. Er wandte sich an seine Minister und an Kusine Luise Radziwill. Die Fürstin fand die junge Gräfin als »gebildete, teilnehmende, pflegende Gefährtin« glänzend geeignet.[18] Doch die Minister lehnten ab, und der König sagte der Dame adieu. Kein Wunder, daß er von seinem Sohn dieselbe Haltung erwartete.

Der Sohn jedoch war anderer Meinung. Je öfter er Elisa sah, desto mehr liebte er sie. Bei einem Ball am 14. Februar 1822 »in indischer Kleidung«, wie Bettina von Arnim berichtete, wollte Elisa Wilhelm »ein Vielliebchen« schenken, einen Siegelring aus blauem Lapislazuli, seinem Lieblingsstein. Sie trug ihn am Finger, um ihn Wilhelm beim Tanzen unauffällig zu überreichen. Doch da sie beobachtet wurden, mißlang das zärtliche Angebot. Am folgenden Tag hörte Wilhelm in Glucks Oper *Orpheus und Eurydike* die Arie »Ach, ich habe sie verloren / All' mein Glück ist nun dahin« und war todunglücklich! In einem Umschlag fand er den versprochenen Ring »gerade an dem Tage, welcher der letzte in den fünf Jahren war, an welchem ich Elisa als die Meinige ansah«.

16. Februar 1822: »11 Uhr zum König gerufen. Zitternd!« Der Vater belehrte ihn, daß das Gesetz des Hauses Hohenzollern Vorrang vor jeder persönlichen Leidenschaft beanspruche. Wilhelm gab sich geschlagen. Darüber war nun wiederum der König erstaunt und verbuchte es als sein Argument. »Es stand bei Dir, Einwendungen zu machen«, entgegnete er dem Sohn später. »Da Du aber keine machtest und gleich entsagtest, so schien es, als koste es Dir nicht so viel.«

Beim Ball im Konzertsaal des Schauspielhauses, bei dem auch die Fürstin Radziwill als Mitglied des Hofes zu erscheinen hatte, fand Wilhelm Elisa wieder ganz bezaubernd. Sie tanzte noch, als er das Fest vorzeitig wieder verließ. Zu Hause brach er zusammen. »Es ist aus!! Das teure, liebe, engelsgute Wesen ist für mich verloren! Wie rasch sind sie verflogen, diese fünf Jahre, welche mir das schönste auf Erden, die erste Liebe kennen lehrten, und zwar zu einem Wesen, dem alle Gemüter zugetan sind! Ich suche Trost und Stärke da, wo beide nur vollkommen zu finden sind – und der Himmel wird mich nicht unerhört lassen!« Hofdame Albertine von Boguslawski bemerkte: »Eine Elisa wird er nicht wieder finden.« Damit würde sich dereinst auch die stolze Prinzessin Augusta abfinden müssen.

5. März 1822: »Zu Radziwills. Elisa!! Blicken, trübe und kummervoll, begegnet.« Immerhin war es ihm gelungen, sich in aller Eile mit ihr zu verabreden. Sie trafen sich bei einem Ausritt in den Tiergarten, und es gelang ihm, Elisa allein zu sprechen, bevor sie von Herzogin Friederike von Cumberland, Schwester der Königin Luise, eingeholt wurden. Elisa flüsterte, sie wolle seine Freundin bleiben.

Für Elisas Vater war es ein Glückstag. Bettina von Arnim konnte ihrem von Schulden gedrückten Ehemann, der sein Gut Wiepersdorf bei Berlin mühevoll zur Ernährung seiner acht Kinder bewirtschaftete, Einzelheiten mitteilen. »Du hast wohl noch nichts von dem außerordentlichen Glück gehört, was Radziwill gemacht hat, er hat seinen Prozeß gewonnen, jährlich 120 000 Dukaten Einkünfte und in diesem Augenblick eine Million zu erheben. Er hat es selbst an Savigny gesagt und ist ganz selig, es geht jedermann hin, ihnen zu gratulieren.«

Seltsames Schicksal: An dem Tag, an dem sich das Unglück seiner Tochter anzubahnen schien, fiel dem Vater ein unermeßlicher Reichtum zu.

Eine Liebeserklärung

*»Rosenblätter aus dem Garten
von Charlottenburg«*

Wilhelm wollte weg, wollte der unerträglichen Versuchung entfliehen, Elisa täglich zu sehen. Sein Vater genehmigte eine Inspektionsreise in die Rheinprovinzen und zum Besuch seines Vetters Prinz Friedrich der Niederlande. Der Abschied fiel Wilhelm schwerer als gedacht. 11. März 1822: »Zu Radziwills allein, zum Abschied! – Elisa! Sie weiß alles!!! Blick und Händedruck! Wehmütiger Zug; Tränen!« Die Wehmut galt auch dem gemeinsamen Erlebnis im Dom. Hof- und Domprediger Theremin hatte am Geburtstag der Königin Luise wortgewaltig über das Hohelied Salomonis gesprochen: *Denn Liebe ist stark wie der Tod.* Elisa schrieb die Predigt für Wilhelm ab. *Die Liebe ist langmütig und freundlich, die Liebe eifert nicht, sie läßt sich nicht erbittern, sie verträgt alles, sie leidet alles, sie höret nimmer auf …*

Ein neues Gerücht machte die Runde: Prinz Oskar von Schweden bewerbe sich um die schöne Prinzessin Elisa Radziwill, sei ihretwegen nach Berlin gekommen. Die Nachricht findet sich gleichermaßen in den Tagebüchern von Heinrich Heine wie in denen von Varnhagen, auch Caroline von Rochow berichtet darüber. Anscheinend fragte sich keiner, wieso die angebliche »Unebenbürtigkeit« für den schwedischen Thronanwärter keine Rolle spielen sollte. Wilhelm war, als er davon hörte, entgeistert. Er reiste nach den Haag, Leyden und Amsterdam, Naumur und Brüssel, besichtigte Koblenz und die Festung Ehrenbreitstein, und überall ging es ihm miserabel. Seine Mitteilungen, die im Geheimen Staatsarchiv bewahrten Handschriften »Briefe des Prinzen Wilhelm v. Preussen an Prinzessin Elisa Radziwill 1822-1823« nehmen nicht viel Raum ein – er durfte der Geliebten

*16 Prinz Wilhelm von Preußen,
später König und Kaiser Wilhelm I.,
zur Zeit seiner Werbung um Prinzessin
Elisa. Nach einem Gemälde von
Franz Krüger*

offiziell nicht schreiben.[19] So sind es Billetts, denen unauf-
fällige Beigaben Bedeutung verleihen sollten. Am 16. März
1822 schickte er Elisa aus dem Niederwald bei Rüdesheim
zwei Efeublätter mit einem Schilfblatt vom Rheinufer; sie
ruhen heute in einem flachen weißen Kasten mit der hand-
schriftlichen Botschaft: »Ich sende alles dahin, wo ich stets
im Geiste bin.«

Die Nachricht von Wilhelms Reise verbreitete sich durch
die Zeitungen wie ein Lauffeuer, »die ganze Stadt, der diese
Abreise natürlich *le secret de la comédie* war, ist zwischen
Mitleid, Freude und Betrübnis zerrissen«, spottete Caroline
von Rochow. Ihr als Hofdame der Prinzessin Marianne war
jedes Detail der Affäre bekannt, die Heiratsabsichten ebenso wie die überstürzte Abreise. Im Brief an ihre Schwägerin Clara witzelte sie: »Für solche Fürsten ist das Erlebnis,

äußerst verliebt und äußerst unglücklich zu sein, vielleicht eine Erfahrung: sie wissen nun, wie es anderen Menschen fast immer ergeht!«

Von Elisa sind achtzehn Briefe an Wilhelm erhalten. Die Neunzehnjährige, überwacht von Mutter, Bruder, Hofdame und Erzieherin, durfte nichts schreiben, was über die übliche Konvention hinausging, nichts von dem, was ihr wichtig war. So sandte sie ihre Geburtstagswünsche zum 22. März »durch die Blume«: Wilhelm wurde fünfundzwanzig Jahre alt. An diesem Tag hatte er sie heiraten wollen.

»Die Verhältnisse gebieten über mich«, heißt es resigniert in seinen Aufzeichnungen, niedergeschrieben am Abend vor seinem Geburtstag. »Die Rückerinnerung an die Zeit, in welcher zuerst Gefühle in mir erwachten, die mir bis dahin fremd gewesen waren, gehört zu den schönsten, die ich mir bewußt bin – die reinste Neigung zu ihrem lieblichen Wesen durchdrang mich bald so, daß es den übrigen bemerkbar ward.« Dann sei der Vater dazwischengetreten. »Aber wie es mein Herz zerrissen hat, wie es zeitlebens auf meine Gemütsstimmung wirken wird, wie es mich geistig und körperlich übermannte – vermögen keine Worte zu schildern. Nur e i n e Stimme ist ja über dieses sanfte, liebe, engelhafte und freundliche Wesen; alle Herzen sind ihm zugetan – und ich, dem s i e ihr Herz geschenkt hatte, muß ihrer aus kalten Konvenienzrücksichten entsagen!«[20]

An seinem Geburtstag notierte er: »Meine Traurigkeit, herzzerreißendes Verhängnis, *Elisa*!! Gewacht, bis um 12 Uhr Mitternacht geschlagen. Gebet. Trübe Stimmung und Unwohlsein.« Einzige Freude war ein Geschenk von Charlotte: Sie schickte Elisas Bildnis. Es stand bis zu seinem Tod 1888 auf seinem Schreibtisch.

In Holland wurde der Flüchtling krank, man rief den Arzt. Fieber, Kopfschmerzen, Erschöpfung. An Elisas Bruder Prinz

Wilhelm Radziwill, der ebenfalls Geburtstag hatte, schrieb er: »Ach! den Abschied von Euch vergeß' ich nie! Deine teure Schwester so wehmütig zu finden. Es lag in diesem kummervollen Ausdruck, in diesem schmerzlich bewegten, seelenvollen Auge ein Geständnis, das mich selig machen sollte – Ich muß hier abbrechen, denn diese Stimmung ist herzzerreißend für mich. Elisa sage was Du willst von mir! denn ich weiß ja nicht, was ich ihr in unserer Lage sagen darf, was nicht!«[21] Besonders energisch klang das nicht.

In Berlin bereitete man sich indessen auf die Vermählung von Wilhelms Schwester, der neunzehnjährigen Prinzessin Alexandrine von Preußen, mit Großherzog Paul Friedrich von Mecklenburg-Schwerin vor. Elisa erwartete ihren Freund: Selbstverständlich würde Wilhelm zur Hochzeit seiner Schwester zurückkommen. Er aber wollte ihr gerade entgehen. Sie als Schönste im Ballsaal tanzend vor Augen zu haben hätte er nicht ertragen. Enttäuscht sandte sie ihm in einem selbstgebastelten Umschlag einen Myrtenzweig von Alexandrines Brautkranz. »Diesen Zweig trug ich an jenem 24. Mai, wo ich mit so unendlicher Sehnsucht (in) so glücklicher Überzeugung Ihrer Liebe und Treue zu Ihnen hinüberdachte. *Elisa.*«
Lili Parthey traf Elisa am gleichen Abend in der Oper und schrieb das Ereignis ins Tagebuch: »Elisa Radziwill drückte mir, aus der Loge kommend, die Hand mit dem allerfreundlichsten Guten Abend – sie ist gar zu lieblich und liebenswert.« Sie sahen sich wieder bei Auguste Sebald, Solosängerin der Singakademie, die für ihr erstes Kind Elisa als Patin gewählt hatte. Begleitet von ihrem Vater und ihrer Kusine Blanche, fand Elisa sich in der gotischen Marienkirche ein, »unendlich lieblich und freundlich«, wie Lili schrieb. »Als sie mich sah, kam sie gleich auf mich zu, schloß mich in die Arme und drückte mich an sich. Es lag in den Worten: ›Ach, meine liebe Lili‹ – ein solcher Ausdruck von Liebe, Herz-

lichkeit und innigem Mitgefühl, daß ich sie nie vergessen werde, noch weniger den lieben Ton dabei.«

Die niederländische Reise hatte Wilhelm weder abgelenkt noch zur Besinnung gebracht. Er, der ohne väterliche Erlaubnis keinen Fingerbreit vom Weg abwich, rief verzweifelt aus, der König möge ihn entweder in den russisch-türkischen Krieg ziehen lassen oder ihm einen letzten Besuch auf Schloß Ruhberg in Schlesien erlauben, damit er sich von Elisa vernünftig verabschieden könne. Sein Vater antwortete mit einem rigorosen Nein; er ärgerte sich über den störrischen Sohn ebenso wie über seine Tochter Charlotte, die mit dem Geschenk von Elisas Bildnis nur »Öl ins Feuer gieße«. Ein Besuch in Schloß Ruhberg komme nicht in Frage, antwortete er frostig, denn das würde Wilhelms »leider schon mehr als zu sehr exaltierte Phantasie« nur noch weiter erregen. Seine Leidenschaft sei durch die überstürzte Trennung »erst recht heiß und heftig« geworden, Wilhelm möge seinen Umgang mit der Prinzessin normalisieren oder sie besser gar nicht mehr sehen. Der Sohn möge bedenken, »daß es wenig junge Leute in der Welt gibt, die sich nicht in ihrem Leben ein, ja vielleicht mehrere Male in demselben Falle befunden haben«.
Wilhelm war wütend. Daß es anderen jungen Leuten ebenso gehen könne, sei zwar traurig, für ihn aber wahrhaftig kein Trost. »Exaltierte Phantasie! Romaneske Ideen!« Es mache ihn rasend, derart falsch eingeschätzt zu werden. Mit niemandem könne er aufrichtig über seine Liebe sprechen, mit ihm, dem Vater, erst recht nicht! Die fluchtartige Reise sei deprimierend gewesen. Anstatt »Dünen, Sümpfe, Canäle, Brunnen, Ziegeleien« zu betrachten, wäre er zehnmal lieber seinen Pflichten bei den Potsdamer Frühjahrsmanövern nachgekommen!
Zu diesem Zeitpunkt hätte Wilhelm das Ruder noch herumreißen können. Doch er war nicht der Mann, eigenmäch-

tige Entscheidungen zu treffen. Seine mutlose Verteidigung war das Ergebnis einer seit Kindesbeinen wirksamen Reglementierung. Disziplin und Gehorsam waren ihm zur zweiten Natur geworden. Ersichtlich fehlte ihm in dieser Situation der Rat der Mutter, das klagte er auch dem Vater. »Es ist eine schreckliche Lücke in dem Hause, in welchem der sorgende Geist der geliebten Mutter fehlt!« Da ihm die Reise nach Schlesien verboten werde, kehre er »mit Freuden« nach Berlin zurück, um Abschied zu nehmen, bevor die Fürstenfamilie Berlin verlasse.

Der Vater-Sohn-Konflikt war praktisch unvermeidlich. Am 16. Juni 1822 kam es auf der Pfaueninsel zur mündlichen Auseinandersetzung. Der König bemerkte kühl, Wilhelm habe die Angebetete schließlich nur »am Teetisch und bei Diners« gesehen, daher könne seine Liebe nicht sehr groß sein – habe Wilhelm nicht auch überraschend schnell und ohne großen Protest in den Verzicht eingewilligt? Das war ein ungeheuerlicher und ungerechter Vorwurf! So also war sein Gehorsam ausgelegt worden! Wilhelm fand sich hintergangen von Leuten wie Onkel Georg, auf dessen Moralpredigt er hereingefallen war, sah sich verraten vom windigen Schilden. Hatte ihn Stolberg nicht vor ihm gewarnt? Graf Anton zu Stolberg-Wernigerode, der als Generalleutnant an den Befreiungskriegen teilgenommen hatte, war sowohl ein Freund des Kronprinzen, der ihn später zum Staatsminister ernannte, als auch von Wilhelm, dem er zu einem Gegengutachten riet. Wilhelm folgte diesem Rat. Es wurde bei den führenden Berliner Rechtsgelehrten Friedrich Carl von Savigny und Carl Wilhelm Deleuze de Lancizolle in Auftrag gegeben.

Man konnte Hoffnung schöpfen. Wilhelms Kalender vom 19. Juni 1822. »Neben Elisa gesessen; Unterhaltung! *Elisa! Welche Wehmut!* Gespräch mit Hufeland. Lieder von Rossini.« Ihr Blick mußte Ersatz für vieles andere sein. Elisa trug seinen Kristallanhänger mit den Haaren der Königin Luise. Es waren die letzten gemeinsamen Tage vor der Abreise der Radziwills nach Schlesien.

Wilhelms Kalender vom 20. Juni 1822. »Theater. ›Freischütz‹ mit Elisa. Zu Radziwills zum großen Souper. Ich alle Fassung verloren als ich das Zimmer betrat, wo ich so glückliche und schmerzliche Tage verlebte!!« Seine Anspannung war so groß, daß er mitten in der Gesellschaft in Tränen ausbrach und in den Wintergarten floh, wo er von Elisas Bruder Ferdinand und seinem Vetter Fritz Louis von Preußen beruhigt werden mußte. »*Ewig* bemerkte zum Glück nichts von allem, da sie im anderen Zimmer war.« Hausminister von Schilden bemerkte es aber sehr wohl, fand es blamabel und äußerte gegenüber Großherzog Georg verärgert: »Eine öffentliche Szene war sehr nahe.«

26. Juni 1822, Notiz: »Elisas Abschiedsgeschenk.« Sie hatte in der Tasche einen goldenen Ring mit der Inschrift »In Treue fest!« verborgen, den sie zu Boden fallen ließ. Wilhelm hob ihn auf und trug ihn an der Uhrenkette, bis er ihn Jahre später in die Schatulle legte, in der er alle ihre Geschenke aufbewahrte.

In der Öffentlichkeit wurde der Fortgang der Affäre mit Spannung verfolgt. Lili Parthey notierte: »Im Theater. Es war ziemlich voll. Elisa und Prinz Wilhelm waren auch da, aber nicht in einer Loge.« Warum nicht? Überall wurde getratscht und diskutiert. Fürstin Luise Radziwill blieb bei dem Getuschel erstaunlich souverän. Noch glaubte sie an politische Hindernisse, nicht im entferntesten dachte sie, die geborene Prinzessin von Preußen, an den Vorwurf der »Unstandesmäßigkeit«. Nur einmal stand sie betroffen, als sie hörte, wie Frau von Roeder sagte: »Sollte es dem König nicht möglich sein, die Hausgesetze zu umgehen?« Die Angelegenheit der eigenen Tochter von aller Welt beredet zu sehen war bitter. Wäre es nicht besser, Elisa von Berlin zu entfernen?

Die Gräfin Bernstorff war eine neugierige Frau. Auch der hohe Rang ihres Gatten, des preußischen Außenministers, hinderte sie nicht daran, ein paar Stufen hochzuklettern, um einen besseren Blick in Nachbars Garten werfen zu können. Dort waren die Rosen nicht rosiger, aber die Kinder interessanter, vor allem die ältere Tochter hatte es ihr angetan, deren Schicksal sie als Mutter heranwachsender Töchter mit besonderem Interesse verfolgte. Doch trotz größter Aufmerksamkeit war die Gräfin nicht zugegen, als Wilhelm und Elisa nach einem Souper im Palais Radziwill ohne Hof- und Anstandsdame unbeobachtet und allein miteinander sprechen konnten. Es war der Abend des 28. Juni 1822. »Lange und bedeutungsvolle Unterredung mit Elisa.« Sie saßen in einem entlegenen Zipfel des Parks und sprachen über die Zukunft. Elisas Stimme wirkte beruhigend, war melodisch wie in der Singakademie. Es schwang ein Ton von Wärme mit, der an schöne, noch nicht erlebte Dinge denken ließ, wenn sie mit ihm sprach. Elisa erklärte, sie rechne mit einem guten Ende, während Wilhelm stotterte, es würde sich wohl ein anderer finden, der sie dereinst beglücken würde – »Tränen waren ihre Antwort, die ich verstand!!« Ihr Haar, das hochgesteckt und über der Stirn mit einer Diamantnadel befestigt war, ließ sie königlich erscheinen. Wilhelm hat das nächtliche Gespräch in Form eines Dialogs auf langen Seiten festgehalten; die Blätter liegen unter seinen Papieren im Preußischen Geheimen Staatsarchiv. »Auf der ganzen Welt nur sie!« ist zu lesen; sie sei »die Glückseligkeit« seines Lebens.

Parallel dazu schilderte Elisa ihrer Freundin Lulu die Unterredung mit Wilhelm ebenfalls in einem ausführlichen Brief. »Am Tage vor seiner Abreise hat er hier gegessen und den Abend mit uns zugebracht. So haben wir gesessen bis nach 12 Uhr des Nachts und immer im Garten. Ohne Zwang und ohne Aufsehen haben wir da uns sprechen können, wie ein Bruder mit seiner Schwester spricht. Es war aber doch noch viel schöner!« Sein Geständnis habe sie unendlich gerührt, »er sprach so schön, so herrlich, so ohne irgend einen Anstrich von selbstsüchtiger Liebe, daß ich mich nicht halten konnte, und meine Tränen fielen reichlich auf meine Hände. Ich habe auch nicht versucht, ihm zu verbergen, wie sehr seine Rede mich gerührt und habe ihm alles gezeigt, was in mir vorging. Er hat … von mir selbst erfahren, was er nur durch Mamas Versicherungen kannte! Er ist mir noch viel werter in dieser kurzen Zeit geworden, und fest ist der Vorsatz in mir eingewurzelt, allen Stürmen zum Trotz sein Angedenken und meine Treue ihm im Herzen zu bewahren!«

Noch heute liegen im rotgoldenen Schreibkalender Blütenblätter und ein Zettel: »Hier die in der gewissen Stunde gepflückten Rosenblätter aus dem Garten von Charlottenburg, den 28. Juni 1822.« Ob es in der »gewissen Stunde« ein festes Versprechen gab? »Alles, was mir von ihrer Gegenliebe mitgeteilt worden ist, habe ich nun vollkommen erkannt«, notierte Wilhelm, »ich möchte diese vierzehn Tage unsern Brautstand nennen.«

Das von Wilhelm bei den Juristen Savigny und Deleuze in Auftrag gegebene Gutachten lag Ende Juli 1822 vor. Die Juristen waren anhand einer Reihe historischer Beispiele zu einem sensationellen Ergebnis gelangt. Der Adel, zu dem die Radziwills zählten, sei schon insofern dem deutschen Adel ebenbürtig, als ihnen im 16. Jahrhundert durch Kaiser Maximilian I. die Reichsfürstenwürde verliehen worden sei. Demnach habe es früher schon die standesgemäße Verbindung einer Prinzessin Radziwill mit dem Sohn des Großen Kurfürsten Friedrich Wilhelm von Brandenburg, dem Vorfahren des Königs, gegeben. Bei der Heirat von Elisas Eltern seien lediglich im zeremoniellen Ablauf Änderungen vorgenommen worden. Im übrigen sei anzumerken: Jedes souveräne Haus habe das Recht, aus eigener Machtbefugnis seine inneren Verhältnisse zu ordnen. So könne auch Wilhelms Vater Friedrich Wilhelm III. das noch von Friedrich dem Großen stammende Hausgesetz den jetzigen Erfordernissen anpassen. Das Resultat laute daher, »daß der Ehe eines Königlichen Prinzen von Preußen mit einer Prinzessin aus dem Hause Radziwill kein Rechtsgrund entgegenstehe.«

Wilhelm muß, als er die Ausarbeitung las, gejubelt haben. Er konnte aufatmen, der Weg war frei! Aus Schloß Sanssouci schrieb er an Charlotte, dieses Gutachten beweise endlich die Ebenbürtigkeit Radziwills mit den Hohenzollern! »Wie neugeboren bin ich!« rief er. »Meine Beschäftigungen gehen wieder mit Leichtigkeit. Meine Tätigkeit bei den Truppen ist die alte. Die Freude am Leben kehrt zurück.«

Im Hausministerium wollte man die Schmach nicht auf sich sitzen lassen; der Gegenangriff wurde vorbereitet. Der hellsichtige Varnhagen notierte bereits zu diesem Zeitpunkt: »Wittgenstein soll der Sache ganz entgegen sein, weil er das Haus Radziwill haßt.«[22] Polizeidirektor Kamptz präsentierte seine Schrift: »Vorläufige Bemerkungen über das Gutachten vom 26. Juli 1822«, das ausdrücklich gegen Savigny gerichtet war. Unterstützung fand er bei Herzog Karl von Mecklenburg, der für Wilhelm zur »mecklenburgischen Clique« gehörte. Kamptz schlug in neun Paragraphen ein Gesetz vor, welches der Deutsche Bundestag zur Regelung der Ebenbürtigkeitsfrage erlassen solle. Großherzog Georg fand es »eine herrliche Widerlegung Savignys«, doch leider im Ganzen zur Lösung der Frage ungeeignet.

Was würde der Vater sagen? Wilhelm schickte ihm Savignys Schrift mit einem unterwürfigen Schreiben nach Teplitz. »Noch einmal flehe ich mit aller kindlichen Zärtlichkeit Sie an, folgen Sie Ihrer eigenen Überzeugung bei dem entscheidenden Spruch und überlassen Sie die Entscheidung nicht einer nochmaligen Prüfung durch ein Komitée.« Der Weisheit des Vaters stelle er sein Lebensglück anheim. »So übergebe ich Ihnen also mit kindlichem Vertrauen dies letzte Mittel, um das Glück und die Beruhigung Ihres Kindes und des Wesens zu begründen, welches Ihnen so innigst gern den Vaternamen geben möchte! Möge Gottes Segen auf dem Unternehmen ruhen!«

War der Sohn im Begriff, sein Anliegen durch Skrupel und Zweifel selbst zu Fall zu bringen? Könnte gerade die demütige, auf seinen Kindesstatus pochende Haltung nachteilig gewirkt haben? Wenn Wilhelm glaubte, mit Savignys Resümee sei das letzte Wort gesprochen, hatte er sich jedenfalls geirrt. Der Vater blieb hart wie Stein, antwortete nur kühl, es handele sich hier nicht um eine Familiensache, sondern um eine Staatsangelegenheit. Das Resultat sei ungewiß, Wilhelm möge »keine zu großen Hoffnungen« darauf setzen, »obgleich ich nichts mehr wünschen kann als daß alles nach Deinen Wünschen gehen möge«. Er werde sich nicht eher entscheiden, »bis ich nicht das Gutachten des gesamten Ministeriums und der ersten Generale, denen ich das *pro et contra* vorlegen lassen werde, wieder erhalten habe«.

Jeder, der zu lesen imstande war, konnte den Widerwillen des Königs mühelos daraus erkennen.

Hatte der Vater seine Sympathie für Radziwills nicht oft genug bekundet? Auf der Rußlandreise 1809 hatten er und die Königin Luise im Schloß der Radziwills logiert, die Mutter hatte auch vom Zaubergarten »Arkadia« geschwärmt, obgleich ihr der Lebenswandel der Fürstin Helena Radziwill, die mehrere Liebhaber hatte, mißfallen haben dürfte.[23] Der König hatte den Fürsten zum preußischen Statthalter im Großherzogtum Posen mit Sitz im Staatsrat ernannt, hatte ihm den schwarzen Adlerorden verliehen und einen kostbaren Degen geschenkt; noch kürzlich hatte er in der Oper Elisas Arm ergriffen und die zärtliche Geste mit einem seiner seltenen Scherze begleitet: Dies sei »fast eine Entführung«, hatte er gesagt.

Woher also die Vorbehalte?

Ein Schloß in Schlesien

Der Abreisetermin der Radziwills stand fest. Gräfin Bernstorff war schon auf dem Posten. Am 11. Juli 1822 erblickte sie im Nachbargarten ein veritables Feuerwerk, vernahm dazu die Gitarrenklänge des Fürsten und den hellen Gesang seiner Tochter. Die poetisch gestimmte Gräfin schrieb die Szene in ihrem Tagebuch vollendet nieder. »Nie war Prinzeß Elisa holder und lieblicher gewesen als in diesem Sommer, wo der König seine Sanktion der bis dahin für ausgemacht angesehenen Heirat zwischen ihr und Prinz Wilhelm zurückzog. Der Prinz hatte ihr auf alle Weise seine Liebe gezeigt, und was war natürlicher, als daß sie sich diesem Zauber hingab?« Der Mutter konnte sie Hochachtung und Respekt nicht versagen. »Die Eltern Radziwill hatten sich jeder Einwirkung enthalten, obwohl sie einerseits mit den schönsten Hoffnungen, andererseits mit bangen Besorgnissen Zuschauer dieser immer wachsenden Neigung waren.«

Das Feuerwerk war abgebrannt, Elisa hatte einen Abschiedsbesuch bei Bildhauer Rauch gemacht, der eine Modellskizze von ihr nehmen wollte, am 28. Juli erfolgte der Aufbruch. Bevor sie in den Reisewagen geklettert sei, so Gräfin Bernstorff, habe Elisa ihr noch ins Stammbuch schreiben müssen und ein Zitat von Jean Paul gewählt: *Der Mensch hat hier dritthalb Minuten, eine zu lächeln, eine zu seufzen und eine halbe zu lieben, denn mitten in dieser Minute stirbt er. Aber das Grab ist nicht tief, es ist der leuchtende Fußtritt eines Engels, der uns sucht.* Unter das Zitat setzte sie die Zeile: »Das Sterben schmerzt nicht, aber das Scheiden von werten Seelen. Ihr Andenken und das Ihrer Lieben begleitet mich. Elisa.« Da ihm der Abschied zu lange dauerte, »riß der Vater seinen Liebling beinahe unsanft weg, hob sie in die Kutsche hinein, und von dannen rollte der erste Wagen, ihm folgten die anderen, und öde war der Hof, öde blieb das Palais und verstummt und tot schien der Garten«. Man hatte versprochen, in fünf Monaten zurückzukommen. Das Versprechen wurde nicht eingehalten. Die Nachbarschaft blieb »acht lange Jahre verödet«.

Auf der Fahrt nach Schlesien, in Frankfurt an der Oder angekommen, traf Elisa überraschend ihre Freundin Hedwig von Staegemann, die am Fenster ihres Gasthauses beobachtete, wie ein mit vier Pferden bespannter Reisewagen anhielt und Fürst Radziwill heraussprang. Da der Abend mild war, berichtet Hedwig, habe der Fürst seine Gitarre geholt »und als wir uns oben auf dem Berg setzten bei Mondschein unter einem sanften Wetterleuchten von zwei Seiten, da war ich überglücklich«. Hedwig schilderte das Zufallstreffen und die musikalische Improvisation auch Lulu von Kleist. Ihre Briefe bekunden, wie damals üblich, eine reiche Fülle an zärtlichen Wendungen. »Warum ist unser Herz so eingerichtet, daß es sich mit allen Kräften an das andere hängt, da Trennungen doch das häufigste sind, was uns hier erwartet?« Jetzt mußte sie Lulu von dem unverhofften Treffen berichten. »Der Fürst sang ein italienisches Lied voller Grazie, ›nel bel giardin‹, über das schnelle Verschwinden des Glücks und der Jugend, und ›Es war ein König in Thule‹. Am anderen Morgen Elisa – unvergeßlich. Besinne Dich recht auf das allerliebenswürdigste Gesicht von Prinzeß Elisa. Sie schenkte mir ein Buch mit ihrem Namen und schrieb ein paar Worte hinein. Ich konnte den ganzen Tag nichts denken als wie herzlich und freundlich sie mich angesehen hatte, wie reizend sie gewesen war.«[24]

Zum ersten Mal hatte Fürst Anton Radziwill für seine Familie jenes Schloß Ruhberg gemietet, von dem Wilhelm begeistert berichtet hatte. Es lag im Hirschberger Tal in der

Nähe von Fischbach, dem Schloß, das Prinzessin Marianne und Prinz Wilhelm »der Ältere« erworben hatten. Schloß Ruhberg lag inmitten bewaldeter Hügel in einer Landschaft, die sich mit ihren bizarren Felsformationen, imponierenden Wasserfällen und der romantischen Burgruine Kynast zur Zeit der Romantik größter Beliebtheit erfreute. Zahlreiche Herrenhäuser und Adelssitze hatten sich hier angesiedelt, deren kunstvolle Gärten, zu einem großen Park zusammen-geschlossen, eine einzigartige Gartenlandschaft bildeten. Hier auf dem »Ruhe-Berg« hatte sich der Provinzialminister Schlesiens, Carl Georg von Hoym, vom Architekten Lang-hans, dem Erbauer des Brandenburger Tores, ein Herren-haus im frühklassizistischen Stil errichten lassen, umgeben von einem kunstvollen Landschaftspark, von dem aus man einen weiten Blick auf den majestätischen Kamm des Rie-sengebirges hatte. Über Schlangenwege gelangte man zu ei-ner gewaltigen Felsengrotte und einer Pyramide mit der be-zeichnenden Inschrift: »Auch ich in Arkadien«.

Schloß Ruhberg, das später Elisas Schwester Wanda erben würde, besaß hohe Fenster und eine von Blumen umrankte Terrasse. Der Hauptschmuck des Schlosses war ein von vier dorischen Säulen und reichem Gebälk getragener Balkon mit drei Türen. Ein aufklappbares Zeltdach erlaubte es, sich auch an Regentagen zur Teestunde hier zu versammeln und die Aussicht zu genießen.[25]

Elisa fand alles neu und schön. Sie sah durch die geöffneten Fenster bis hinunter zum See, wo später der Luisentempel stehen würde. Der Wind blies die Vorhänge auf, die nach neuester Mode aus leichtem kariertem Voile bestanden. Die hellen Flügeltüren hoben sich vom Rasen ab, am hellsten im Raum war Elisa selbst, nach ihrer Vorliebe weiß geklei-det. Ihr erster Brief an die Freundin Lulu von Kleist war eine Einladung. »Wir wohnen und leben hier *comfortable* und zufrieden. Mama, Wanda, Ferdinand, Pauline Néale und Blanche und ich (die ein Zimmer zusammen haben und

17 Schloß Ruhberg, Sommersitz der Familie Radziwill in Schlesien

Schlafkumpane sind) im ersten Stock, Papa und die Kleinen im *Parterre*. Oben ist ein hübscher gelber *Salon*, wo wir sämtlich frühstücken und durch welchen man einen breiten *Balcon* betritt, der die entzückendste Aussicht darbietet.« Unten befinde sich das hellgrüne Speisezimmer mit den großen Glastüren, daneben ein chinesischer *drawing room*, in dem man sich bei der Astrallampe um den Teetisch versammle. Manchmal werde gesungen, so daß die ganze Nachbarschaft an die Fenster eile und zuhöre.

Viele Freunde der Radziwills verbrachten die Sommermonate im Hirschberger Tal. In Erdmannsdorf wohnte Feldmarschall Neidhardt Graf Gneisenau mit seinen sieben Kindern, in Stonsdorf und Neuhof die Fürsten Reuß, in Warmbrunn die Grafen Schaffgotsch mit der bedeutenden Gemäldegalerie und einer naturkundlichen Sammlung, in Peterswaldau der gute Freund des Hauses, Graf Anton Stolberg, mit seiner Frau und zwölf Kindern. Man unternahm gemeinsame Ausflüge zum Kochelfall, zur Schneekoppe, auf deren Gipfel Elisa das seltene Irish Moos für Wilhelm pflückte, und nach Schloß Buchwald, wo sie zum ersten Mal ihrer Rivalin Augusta von Sachsen-Weimar begegnen würde.

Im Herbst dieses Jahres ging es Elisa schlecht. Sie verschwieg, was ihr plötzlich passiert war. Als sie in Wilhelms Brief an die Mutter wieder von neuen, »notwendig gewordenen Beratschlagungen« las, hatten ihre Nerven versagt, das Blut war ihr zum Kopf geschossen, halb ohnmächtig wurde sie zu Bett gebracht. Nach einem unstillbaren Nasenbluten vor drei Jahren waren es die ersten Anzeichen einer besorgniserregenden Krankheit. Man schob den Ohnmachtsanfall auf die seelischen Erschütterungen. »Was soll ich Dir davon erzählen, meine Lulu?« schrieb Elisa am 30. Oktober 1822. »Wenn nicht tief in meinem Herzen ein schmerzliches Weh mich verhinderte, froh und frei zu atmen, wäre ich wohl recht undankbar, die unendliche Güte und Liebe meiner Eltern und die Teilnahme so vieler Menschen nicht wohltuend zu empfinden! Aber das sonst so beglückte freudige Wesen war ich nicht mehr.«

Im September 1822 legte Geheimrat von Raumer nicht weniger als drei neue Denkschriften zu den dynastischen Problemen vor, sogenannte »Mémoires«, worin er sich ausführlich zum Gutachten der Herren von Savigny und Deleuze de Lancizolle äußerte. Die daumendicken Schriften gipfelten in dem Resultat, daß Prinzessin Elisa Radziwill auch durch Heirat mit Prinz Wilhelm nicht zu einer »Prinzessin von Preußen und Brandenburg« werden könne und die Verbindung »nach Deutschem Haus- und Staatsrecht« eine »Mißheirat« sei. Der Ausdruck »Mißheirat« anstelle von »Mésalliance« sollte die Katastrophe drastisch bezeichnen: Eine »Mißheirat« würde die traditionelle hierarchische Struktur, auf der die Anerkennung der Hohenzollerndynastie beruhte, untergraben.

18   Elisas Zimmer in Schloß Ruhberg

Kronprinz Friedrich Wilhelm, der sich vehement für das Anliegen Wilhelms einsetzte, war ein gänzlich anderes Naturell als sein zwei Jahre jüngerer Bruder: ein dynamischer Feuerkopf, spontan und immer zum Angriff bereit. Nach der Lektüre der Denkschriften bezichtigte er »Raumer und Konsorten« der »Knifftologie«, nannte Schilden einen unerträglichen Intriganten, Savigny und Deleuze die einzig unparteiischen Gelehrten und erklärte: »ich bekenne frei und offen, daß ich Wilhelms und Elisas Verbindung von ganzem Herzen w ü n s c h e, so lange ich nicht aus der Geschichte widerlegt bin.« Er hoffe nichts sehnlicher, als den Bruder aus einer Lage zu befreien, die zweifellos sein Lebensglück untergrabe. Die Auseinandersetzungen, die er sich mit Onkel Georg lieferte, wurden zu einem mit gepfefferten Argumenten geführten Streit.

Mitten in der Debatte kündigte Großherzog Georg an, daß sein Minister Otto Ernst von Oertzen eine eigene »Gegenschrift« erstellen werde. Dieses neue Gutachten glich den alten aufs Haar. »Das Haus Radziwill gehört weder zu regierenden Häusern noch zu den deutschen mediatisierten Fürstenhäusern und ist mithin dem hohen Adel nicht beizuzählen.«

Der Kronprinz mahnte »Zweifel, Schwächen, Unrichtigkeiten« an. Der alberne Wisch tauge nicht im mindesten zur Widerlegung von Savignys wohlerwogenen Ausführungen.

Im königlichen Hausministerium war inzwischen an einer erweiterten Stellungnahme gearbeitet worden. Diesmal wurde die Bundesakte zur Bestimmung ebenbürtiger Ehen herangezogen. Doch solange die Urteile der Autoritäten sich derart massiv widersprachen, konnte man bei der unklaren Rechtslage keine Lösung des Problems erwarten. Die Ebenbürtigkeit von Prinzessin Elisa konnte auch deshalb nicht nachgewiesen werden, weil die Familie dem polnischen Adel entstammte und in Deutschland nicht zum Hohen Adel gezählt wurde, weil sie nie die deutsche Reichsstandschaft besessen hatte. Außenminister Graf Bernstorff schlug dem König eine Ebenbürtigkeitserklärung aus eigener »Machtvollkommenheit« vor, doch davon wollte der Monarch, der den Vorschlag zum dritten Mal hörte, absolut nichts wissen.

Für Wilhelm mag es ein gewisser Trost gewesen sein, im September 1822 mit seinem jüngeren Bruder Carl nach Italien reisen zu dürfen. Beeindruckt von der herrlichen Natur, schrieb er aus dem Schweizer Kanton Neuchâtel, seit Beginn des 18. Jahrhunderts preußisches Kronland, an Charlotte: »Bei allem Herrlichem und Schönen steht mir ja beständig Ewig vor Augen; oh! könnte ich nur mit ihr diese Genüsse teilen!« Seine Schwester war die einzige, bei der er es wagte, von Elisa als seiner »Geliebten« zu sprechen. »Wie oft wünschen wir Euch – und ich die teure Geliebte!! – zu uns, um unser Entzücken zu teilen!«
Seine Berichte gingen an die Fürstin Radziwill – gemeint war Tochter Elisa. »Hier aus dem Fenster die Aussicht auf die ganze Alpenkette in der herrlichsten Beleuchtung, so daß sich die ungeheuren Eismassen im Neuchâteler See spiegeln, obgleich sie noch acht Meilen und weiter entfernt sind, ist ein Anblick, den man genossen haben muß, um ihn zu begreifen! Sogar der Montblanc prangt in seiner ganzen Eispracht. Wenn ich doch dies imposante Schauspiel Elisa recht vergegenwärtigen könnte, um ihr begreiflich zu machen, wie bei jedem neuen herrlichen Anblick immer der Gedanke an sie, und der: wenn sie doch dies mit mir sehen könnte, vor der Seele schwebt!« Die Fürstin teilte ihm mit: »Elisa, die neben mir sitzt, trägt mir auf zu sagen, daß Dein liebes Bild hier aufgestellt ist und sie es, wo sie steht, immer ansieht und in allen Ecken des Zimmers Deine Augen auf sie gerichtet sind.« Von ihr erhielt er eine Sendung seltener Pflanzen aus dem Riesengebirge. Auf diese Weise er-

fährt man, daß sie bis auf den Gipfel der Schneekoppe geklettert war, was man durchaus sportlich nennen kann. Aus der Schweiz reisten die Brüder mit dem König zum europäischen Monarchen- und Ministerkongreß nach Verona. Für Elisa, die um ein Andenken an das unglückliche Liebespaar aus Shakespeares Drama gebeten hatte, pflückte Wilhelm ein Blatt, das auch heute noch existiert: »Das Blatt ist das gewünschte von dem Grabmal des Romeo und der Julia.« Über die eher traurige Bedeutung des Symbols scheint er sich keine Gedanken gemacht zu haben.

Der Kongreß in Verona öffnete Wilhelm zum ersten Mal die Augen für die politische Lage Preußens. Verbittert stellte er fest, daß sein Vaterland zweifellos in die Reihe der Mächte zweiten Ranges – hinter Rußland und Österreich – gedrängt werden sollte. Dabei war es seine größte Sorge, man könne »von Wien aus auf die Beseitigung der Landwehr hinarbeiten«, in der er die Grundlage einer starken Armee sah. »Ohne ein formidables Heer können wir nicht existieren, wenn wir unsere Stellung als eine Hauptmacht erhalten wollen«, das war der Kern seiner militärisch-politischen Anschauungen, die er schon früher geäußert hatte: ohne Landwehr trete Preußen »in die Kategorie der 2. Mächte zurück – wahrlich keine erfreuliche Aussicht für jemand, der sein Vaterland zu dieser Höhe hat steigen sehen und die politische Wichtigkeit Preußens erkannt hat!« Man sei im Begriff, den hohen Standpunkt, den das Land »durch die ruhmvollen Begebenheiten« der Befreiungskriege erreicht hatte, wieder zu verlieren, notierte Wilhelm. »Die Nation hat U r s a c h e, s t o l z darauf zu sein, daß ihre unerhörten Anstrengungen dadurch b e l o h n t wurden, daß ihr höchste A c h t u n g zuteil ward, man die hohe i n n e r e K r a f t kennen lernte und i h r und i h r e m K ö n i g e dadurch einer d e r e r s t e n P l ä t z e i n d e r e u r o p ä i s c h e n P o l i t i k angewiesen wurde.«

In seinen Notizen fehlt indessen der Hinweis darauf, daß Friedrich Wilhelm III. seinem Volk als Lohn für die »unerhörten Anstrengungen« eine Verfassung versprochen und die Zusage nicht gehalten hatte. Metternichs Verhandlungsgeschick war es gelungen, an die Stelle eines geeinten Deutschland den politisch weniger wirksamen Deutschen Bund zu setzen. Die Reformpläne von Stein und Hardenberg waren im Ansatz steckengeblieben, die Karlsbader Beschlüsse mit Zensur und Verfolgung sogenannter »Demagogen« verhinderten jede freie Entwicklung. Allerdings war auch Wilhelms Überzeugung von der Stellung und dem Rang des Königs, dem Gott mit der Krone zugleich Würde und Macht verliehen hatte, unerschütterlich. »Ist die Krone beschränkt, so sinkt Preußen gegenüber den von Hause aus stärkeren Nachbarn im Süden und Osten in Schwäche zurück«, lautete seine Devise. Noch 1840 bezeichnete er das Drängen des Königsberger Landtags auf eine Verfassung als »Umsturz«. Diese konservative Haltung, in der er sich sogar von seinem Bruder, dem späteren König Friedrich Wilhelm IV., unterschied, würde ihn bei der Revolution von 1848 als »Kartätschenprinz« bis an den Rand des politischen und persönlichen Untergangs bringen. »Ich kannte und träumte nur ein selbständiges Preußen, eine Großmacht des europäischen Staatensystems«, schrieb er damals enttäuscht seinem Adjutanten Leopold von Gerlach. Eine demokratische Entwicklung, die die Machtbefugnisse des Königs beschränkte, war für ihn unvorstellbar und sein Respekt vor dem königlichen Vater so groß, daß er während der fünfmonatigen gemeinsamen Italienreise nicht ein einziges Mal den Mut aufbrachte, ihn auf das anzusprechen, was ihn unablässig beschäftigte.

Zu Elisas neunzehntem Geburtstag schrieb Wilhelm ihren Eltern den entscheidenden Satz: »Elisa ist meinem Lebensglück unentbehrlich geworden.« Sein Gratulationsbrief enthielt Moosrosenblätter. »Hier war meine Seele am heutigen

Tage stets in Gedanken dort – wo ich v e r s t a n d e n werde!
und wo gewiß auch meiner gedacht ward! *Wilhelm*.« Deutlicher durfte er nicht werden.

Die Brüder besichtigten Rom. Alles, was Wilhelm sah, machte auf ihn, der weder klassische Architekturformen zeichnete wie der Kronprinz, noch Altertümer sammelte wie sein
Bruder Carl, einen nachhaltigen Eindruck. Die Gattin des
preußischen Gesandten Josias von Bunsen mokierte sich
über den König, der mit seinen Söhnen Tivoli besichtigen
wollte und dazu nicht weniger als 64 Pferde verlangte, »32
für acht Wagen hin, die gleiche Zahl zurück«, was ihrem
Mann große Probleme bereitet habe. Wilhelm berichtete
Radziwills von einem Kutschenunglück, bei dem er um ein
Haar in den Abgrund geschleudert wurde, von unzuläng-
lichen Opernaufführungen, so daß er sich Intendant Graf
Brühl herbeigewünscht habe, von Tizians »Himmelfahrt
Mariä«, »welches Gemälde unbeschreiblich schön ist«, und
von der Stadt Neapel, wo nicht nur der Golf ihn staunen
ließ. »Die Gesellschaft ist reich an hübschen und schönen
jungen Damen, denen es auch an Amabilität nicht fehlt«, so
sein Urteil. Überall aber fehle ihm Elisa. »Möchte ich ihr
doch die Genüsse so verschiedenartiger Gestalt auch einst
verschaffen! Nur dann würde ich ganz genießen, da ich jetzt
doch nur mit halber Aufmerksamkeit hier bin.«
In Schloß Ruhberg wurde unterdessen der Entschluß gefaßt, im neuen Jahr 1823 nicht nach Berlin zurückzukehren. Elisa sollte nicht Wilhelms Wankelmut und erst recht
nicht dem Gerede der Leute ausgesetzt werden. Was hinderte den König eigentlich daran, fragte die Fürstin Radziwill
empört, der Heirat seines Sohnes mit ihrer Tochter zuzu-
stimmen? Schließlich waren sie nahe verwandt! Auch hatte
es schon im 16. Jahrhundert Verbindungen zwischen den
Hohenzollern und dem polnischen Fürstengeschlecht gegeben, als Markgraf Friedrich von Brandenburg die jagiello-

nische Prinzessin Sophia zur Frau nahm. Es war eine unerhörte Beleidigung.

Hatte sein Zögern politische Gründe? Wie die Fürstin in ihren Aufzeichnungen bekennt, hatte sie immer unter der unglücklichen Situation Polens gelitten. Sie vertrat dieselbe Meinung wie ihr Freund, der Freiherr vom Stein: »Die polnische Nation ist stolz auf ihre Nationalität, sie trauert und feindet den Staat an, der ihr dieses Leid zufügt.« Die Nachbarländer hatten Polens innere Schwäche ausgenützt. Ein unmodernes Heer, ein ohnmächtiger König und verfeindete polnisch-litauische Adelsparteien hatten zur Folge, daß das Land zwischen seinen Nachbarländern aufgeteilt werden konnte und seine Souveränität verlor. »Mein Mann ersuchte den König, durch Vermittlung bei den verbündeten Monarchen, Polen wieder zum Bestehen zu verhelfen«, schreibt sie in ihrem Tagbuch.

Oder waren es persönliche Ressentiments? Konnte der König ein Zerwürfnis nicht vergessen, das inzwischen Jahrzehnte zurücklag? Fürstin Luise Radziwill schildert in ihren Memoiren den Hergang jenes Streits mit deutlicher Verärgerung. Der König habe kurz nach Regierungsantritt ihren Mann, der sich ihm gegenüber nie anders als loyal erwies, des Verrats bezichtigt. Die Intrige war angezettelt worden von Graf Haugwitz – demselben Minister, der auch jetzt gegen Elisas Heirat votierte. Haugwitz hatte behauptet, Fürst Radziwill stehe mit polnischen Aufrührern in Verbindung. Beweisstück war ein geheimer Brief an General Woyczynski, welcher in der Tasche eines in Galizien verhafteten Polen gefunden wurde. Ein solches Dokument existierte tatsächlich, verfaßt allerdings noch mit Wissen des alten Königs Friedrich Wilhelm II., der Polen gerne unter der Führung seines Onkels Prinz Heinrich gesehen hätte. Zwar konnte Radziwill den Sachverhalt bald aufklären, doch über die Hausdurchsuchung und die Beschlagnahmung seiner Privatpapiere empört, forderte er Genugtuung. Der König schwieg lange. Erst als Radziwill mit einem öffentlichen Prozeß drohte, war der Monarch frühmorgens unangemeldet in Schloß Bellevue erschienen, hatte sich entschuldigt, seinen Kontrahenten umarmt und versichert, »daß alles Vergangene vergessen sein möge«.

Aber war die alte Geschichte, die selbst der jungen Caroline von Rochow nicht unbekannt war, wirklich vergessen? Der Plan, ein Königreich Polen unter preußischer Herrschaft zu errichten, hatte lange existiert; auf dem Wiener Kongreß war davon dann nicht mehr die Rede gewesen, obgleich sich Fürst Radziwill, zum Ärger von Wilhelm von Humboldt, nachdrücklich für die polnischen Ansprüche eingesetzt hatte.[26] Die Forderungen emigrierter polnischer Intellektueller, wie man sie im Palais Radziwill antraf, waren Friedrich Wilhelm III. ebenso bekannt wie die Umtriebe polnischer Studenten, zu denen der Verlobte von Lulu von Kleist gehörte. Daß der König die Radziwillschen Verwandten mit Skepsis betrachtete, hatte Wilhelm am Weihnachtsabend 1822 erfahren, als er fassungslos in seinen Taschenkalender notierte: »Des Königs Abneigung gegen meine Verbindung.«

Seit Beginn des Jahres 1823 war Luise von Kleist zu Gast in Ruhberg. Elisa liebte die zierliche Lulu mit den schwarzen Locken, deren temperamentvolles Wesen das Erbe italienischer Vorfahren war, und nannte sie ihre »Seelenverwandte«. Die Freundinnen ließen sich in das schöne Hirschberg kutschieren, schnitzten Bernstein, probten Duette von Händel und Schütz, wanderten in die Berge und besuchten die kinderreichen Stolbergs, deren sechsjährige Elisabeth an einem unheilbaren »Nervenfieber« litt. Daß es sich nicht nur um eine schwärmerische Jungmädchenbeziehung handelte, wird in Elisas Brief deutlich: »Ich brauche Dich ganz n o t - w e n d i g, um alle meine Sorgen, alle meine Gedanken Dir mitzuteilen.« Nach der Trennung schrieb sie: »Nein, meine Loulou, meine Inniggeliebte, nach Jahren werden die h i e r verlebten Empfindungen noch so warm sein als jetzt und die Liebe so heiß, so treu die Freundschaft!« Später wiederholte sie: »es ist das reinste Seelenband. Hier hast Du die Meinung meines Herzens, daß ich Dich so oder so liebe.« Umgekehrt wußte auch Lulu, daß Elisa für sie unersetzlich war. Als sie später von ihrer Erkrankung hörte, klagte sie ihrem Bruder Adolph: »Ich bin so entsetzt, so außer mir, daß ich kaum schreiben kann. Nein, Gott kann nicht so grausam sein, mir die zu nehmen, die mir unbeschreiblich notwendig sind. Ich sage nicht teuer, nicht wert, nicht lieb, nein, notwendig zu meiner Existenz.« (29. März 1833)

Im Mai siedelten Radziwills aus Ruhberg in das prächtige barocke Statthalterpalais in der Altstadt von Posen über. Die Stadt sei sprudelnd lebendig wie ein kleines Paris, frohlockte Elisa. Je länger sie von Berlin fern war, je mehr interessierte sie sich für polnisches Leben. »Ich bin für mein Teil unendlich ergriffen von der allgemeinen Teilnahme und Herzlichkeit, die ich hier gefunden habe«, sagte sie. »Es hat mich so fest an Posen gebunden, wie ich es in meiner kindlichen Zeit nie gedacht hätte. Damals waren die Menschen meinem Herzen noch fremd, die ich jetzt als Landsleute erkenne und liebe und nie zu lieben aufhören werde.« Sie nahm Unterricht in polnischer Sprache und fügte in ihre Briefe polnische Worte ein. Ihre neuen Freundinnen hießen Isabelle Brzostowska und Constance von Zablocka. Mit ihnen sang sie polnische Lieder, die »weich und feurig« klangen, und in den Landsleuten ihres Vaters fand sie »schätzenswerte Polen«, für deren Patriotismus sie sich erwärmte. »Es gibt recht viel Liebenswürdige und Edle unter ihnen«, berichtete sie Lulu. »Wenn man in der Geschichte weiter schreitet, gewinnt man eine lebhafte Teilnahme für die arme, sonst glorreiche Nation.«

Lulu von Kleist kam für mehrere Wochen auch nach Posen.
Wie sich herausstellte, hatte die Zwanzigjährige sich in einen polnischen Aristokraten verliebt, doch auch bei ihr gab
es »Hindernisse«. Theodor von Szczaniecki, Rittergutsbe-
sitzer und feuriger Patriot, wurde von ihrem Bruder rigoros
abgelehnt. Der Jurist Adolph von Kleist befürwortete Metternichs restriktive Politik, während Szczaniecki, der schon
als Student »politischer Umtriebe« wegen die Berliner Universität verlassen mußte, die polnische Nationalpartei unterstützte und Freiheit für Polen verlangte. Die Gegensätze
waren unvereinbar. Luise von Kleist befand sich in einem
ähnlichen Dilemma wie Elisa: Sie durfte nicht den Mann
heiraten, den sie liebte.
Daß es anderen nicht besser ging als ihr, mag für Elisa

ein gewisser Trost gewesen sein, zumal auch Freundin Hedwig von Staegemann in Berlin »den schönen Mann, den sie 7 Jahr geliebt«, nicht bekam. Das hatte ihr Lili Parthey geschrieben, die im böhmischen Marienbad von keinem anderen als dem berühmten Goethe geküßt worden war, obwohl sich der betagte Dichter gerade um die blutjunge Ulrike von Levetzow bemühte. Derart aufregende Ereignisse blieben den Freundinnen natürlich nicht verborgen. Für Luise von Kleist war der Traum von Liebe bald ausgeträumt. Sie mußte die Verlobung mit Theodor lösen und den verwitweten Grafen Stosch heiraten, der eine Tochter mit in die Ehe brachte.

Emilie von Brockhausen

»Ich hätte schließlich auch eine
andere Wahl treffen können.«

Vergeblich wartete Wilhelm auf Familie Radziwill – sie war nicht gekommen. Statt Elisa sah er eine andere junge Frau wieder: seine einstige Flamme Prinzessin Marie von Hessen-Kassel. Sie war neunzehn Jahre alt und recht hübsch, aber leider für Wilhelms Geschmack zu oberflächlich. Marie war in verwickelten und wenig moralischen Verhältnissen aufgewachsen. Seit ihrem zehnten Lebensjahr lebten ihre zerstrittenen Eltern getrennt. Nachdem ihr Vater, Kurfürst Wilhelm II. von Hessen-Kassel, von seiner bürgerlichen Geliebten, die er zur Gräfin erhob, mehrere Kinder bekam, schuf sich seine Frau einen eigenen Kreis mit zum Teil oppositionellen Intellektuellen, darunter die Brüder Jakob und Wilhelm Grimm. Als der Kurfürst ihr diesen Umgang verbot, suchte sie mit ihrer Tochter Zuflucht bei ihrer Schwester Wilhelmine, Königin der Niederlande. Wilhelm war in die unschönen Verhältnisse eingeweiht. »Je mehr ich Marie sehe, je mehr muß man sie schätzen und lieben«, meinte er, »aber wie verschieden ist sie von *Ewig!* Das innige und tiefe Gefühl, das sich bei dieser stets zeigt und ihr diese hohe Lieblichkeit gibt«, sei bei Marie, wie er seiner Schwester Charlotte schrieb, nicht vorhanden. »Immer mehr fühle ich, daß nur Elisa mein Herz besitzt und besitzen kann. Wolle Gott es mir doch endlich zuführen!!!«

Er war einsam in seinen leeren Räumen. Wie sehr er eine »Häuslichkeit« vermißte, erfährt man aus seinem Schreibkalender. »Du stehst allein in der Welt, kein Herz gehört mehr Dir an. Es ist mir, als wäre dann ein Loch an der Stelle des Herzens, so wie ja in meinem Leben nun einmal diese entsetzliche Lücke entstanden ist!!« Ein Besuch in Posen

20 *Emilie von Brockhausen,*
Geliebte von Prinz Wilhelm in den
Jahren der Entscheidung

wurde vom Vater nicht genehmigt. Was blieb, waren kleine Billetts mit Grüßen, so gepreßt wie die Blumen, die sie begleiteten. Das galt auch für Elisas briefmarkenkleine Nachrichten und die wenigen Worte, die sie heimlich an den Rand
mütterlicher Nachrichten kritzelte. »Ach bitte, grüßen Sie
d e n recht treu von mir, dem Sie die *lapis* Nadel geben werden«, so an Prinzessin Marianne. »Wann wird die Zeit kommen, wo ich ohne Angst seiner erwähnen werde!«

In dieser schwer erträglichen Lage erneuerte Wilhelm eine
Bekanntschaft, die nicht so harmlos und auch keineswegs
so folgenlos war, wie er es seiner Schwester Charlotte weismachen wollte. Es handelte sich um eine junge Dame, die
ihm schon lange schöne Augen machte. Emilie Constanze

Adelaide war die Tochter des Staatsministers Carl Georg Freiherr von Brockhausen, dessen elegantes Haus, wie der Stadtplan von 1822 zeigt, unmittelbar am Brandenburger Tor lag – eine vornehmere Adresse gab es nicht. Bei ihr fand Wilhelm nicht nur ein offenes Ohr, sondern auch ein mitfühlendes Herz. Die Hofdame war ein großes, schlankes Mädchen von einundzwanzig Jahren, mit blonden, zur Krone aufgesteckten Haaren, die sie noch größer erscheinen ließ. »Die beiden einzigen jungen Damen, mit denen ich über Elisa spreche«, teilte er seiner Schwester mit, seien Emilie von Brockhausen und Fräulein von Senden. »Es sind beides ein paar gebildete, bescheidene und gefühlvolle Wesen.«
Trotz aller Geheimhaltung drangen Gerüchte über die blonde Emilie bis Posen. »Elisa läßt Dir sagen, daß alles, was man ihr erzähle, sie nicht irre machen könne«, schrieb ihre Mutter plötzlich an Wilhelm, »wenngleich sie im Vergleich mit so vielen liebenswürdigen und schönen Frauen, die Du kennengelernt, weit zurückstehe.« Elisa fühle deutlich, wiederholte sie ein andermal, »daß sie das Ideal nicht ist, zu welchem Du sie erhebst, daß Deine Wahl eine viel schönere, geistreichere, höhere in jeder Hinsicht hätte treffen können, deren Besitz durch kein Opfer, keine kummervollen Tage und Jahre Dir erschwert worden wäre – das alles soll ich Dir sagen.« Sollte sie es ihm wirklich sagen? Oder lag dieser Andeutung eine gewisse Berechnung zugrunde? Stimmte es, daß Elisa »beim Sternbild der Kassiopeia« stets an ihn dachte?

Am 10. März, dem Geburtstag der Königin Luise, schickte Wilhelm ein Lorbeerblatt nach Posen, das noch immer im Umschlag mit der Aufschrift »An Elisa« liegt. »Am Tage der ach! nur zu früh verklärten, ewig unaussprechlich teuren Mutter hielt ich dies Blatt in Händen. Mag dasselbe ein stummer Bote des Gebetes sein, dessen Inhalt Sie wohl erraten ... denn unsere Gefühle und Herzen, die sich so oft

21 *Das Berliner Schloß um 1825*

gleichlautend nahe sind, waren es gestern gewiß auch – wie
überhaupt an diesen ereignisreichen Jahrestagen!« Elisa war
die einzige, die von der Königin Luise noch gekannt, gestrei-
chelt und gelobt worden war. Diesen Vorzug besaß keine
andere Frau.

Von ihr erhielt er eine dunkelblonde Haarsträhne. *»Eine
Locke von Elisa für Prinz Wilhelm«*, steht auch heute noch
auf dem gefalteten Blatt. Zu einer blauen Blume hatte Elisa
ihm das Gedicht »Amors Grotte« abgeschrieben:

>»Vereinigt glüht hier Herz und Sinn,
>Zieht uns zur Liebe immer hin
>Das Rasengrün, der Wasserfall,
>Der Silberklang der Nachtigall …«[27]

Mit brüderlichem Eifer hatte sich der Kronprinz in alte Fo-
lianten vertieft und die Geschichte des Hauses Hohenzollern studiert, sogar Raumers daumendickes Gutachten gelesen und sogleich als undiskutablen »Wisch« verworfen,

mit dem man dem König nicht unter die Augen treten kön-
ne. »Der Kerl soll w i d e r l e g e n o d e r d a s M a u l h a l t e n!«
schrieb er wütend an Onkel Georg. Wilhelm, der Raumers
Darstellung ebenfalls mangelhaft fand, gab die Schrift mit
der Bemerkung zurück, sie sei »im anmaßenden Ton der
Rechthaberei« verfaßt und unbrauchbar. »Es kommt hier
auf das Lebensglück von Menschen an!« schrieb er an den
Rand. Aufgebracht versprach Wittgenstein eine bessere
Schrift.

Das neue Gutachten erschien nach fünf Monaten und bestand aus zwei Teilen, wobei der erste direkt gegen Savigny
gerichtet war. Man könne zwar Savignys Voraussetzungen
folgen, nicht jedoch den daraus gezogenen Schlüssen. Falsch
sei nämlich die Behauptung, daß eine Ehe zwischen einem
Preußenprinzen und einer Radziwill standesmäßig sei, weil
die Fürsten Radziwill durch die von Kaiser Maximilian I.
und Kaiser Karl V. verliehene Würde sie zu Reichsfürsten
erhoben habe. Die Radziwills gehörten lediglich zum titulierten und landsässigen Fürstenstand, auch wenn es in der
Vergangenheit tatsächlich – wie Savigny richtig erforscht
habe – hohe Verbindungen mit dem Hause Brandenburg gegeben habe.

Savigny ließ diesen Schlag nicht auf sich sitzen und kündigte Gegenargumente an.

Der zweite Teil umfaßte nicht weniger als 52 Paragraphen,
wobei der Schluß den Sachverhalt wie eine mathematische
Dreisatzgleichung behandelte: a) »Ehen zwischen dem erlauchten Stande und den landsässigen Fürsten sind Mißheiraten. b) Das Fürstliche Haus Radziwill gehört zu den landsässigen Fürstlichen Familien. c) Es findet daher zwischen
demselben und dem erlauchten Stande keine ebenbürtige
Ehe statt.« Diese kurze Schlußfolgerung gefiel dem Kronprinzen noch weniger als alles Vorangegangene. Nichts sei
beweiskräftig, schrieb er Wittgenstein, er werde es persönlich mit einer eigenen Arbeit widerlegen.

Man hatte somit noch zwei weitere Stellungnahmen zu erwarten.

Wilhelm, der Mitte August zur Kur nach Doberan fuhr, machte Station in Schloß Freienwalde – an jenem Ort, an dem er die sechzehnjährige Elisa zum ersten Mal geküßt hatte. Von Gefühlen überwältigt, schilderte er Prinzessin Marianne in einem bisher unveröffentlichten Brief seine Empfindungen beim Wiedersehen der schönen Räume: das Balkonzimmer, in dem Elisa gemeinsam mit seiner Schwester Alexandrine geschlafen hatte, den Tanzsaal, in dem sie das blaue Kleid trug. »Jeder Augenblick jenes Aufenthalts vor 3 Jahr, wo noch alles g u t und o h n e M i ß v e r s t e h e n stand, steht mir vor Augen! Jedes Zimmer erinnert an einen solchen Augenblick, jede Promenade birgt ihre Erinnerungen – vor allem bei dem Frühstücks-Tisch heute morgen, und gestern Abend die erleuchteten Zimmer, ganz magisch hinsichtlich der Rückerinnerung!« Wie sehr hatte sich Elisa nach der »zigeunerhaften« Regenwanderung über den erleuchteten Speisesaal gefreut! Dann beichtete er seine Sorgen. Es gebe am Hof gewisse »Ärmelbläser«, die dem König suggerierten, er habe eine Affäre mit Emilie Brockhausen, sein Gefühl für Elisa sei erkaltet. Nein, rief Wilhelm nahezu beschwörend, »mein Herz gehört n u r i h r!!!«.

Die Absicht, dem Bruder zu helfen, ließ den Kronprinzen nebenbei zu einem Kenner der preußischen Geschichte werden. Im August 1823 war seine Ausarbeitung fertig. Sie unterschied erstmals zwischen politischen und moralischen Gründen, doch seine subjektive Einstellung blitzte aus jeder Zeile hervor. Er befürworte die Ehe seines Bruders mit Elisa in jeder Hinsicht, schrieb er, zumal es in der Vergangenheit an »altadligen, mächtigen, berühmten« Familienverbindungen nicht gefehlt habe. In den Quellen zur polnischen Geschichte hatte er wohl auch entdeckt, daß der letzte König von Polen aus der Jagiellonen-Dynastie, Sigismund II. August, Prinzessin Barbara Radziwill zur Frau nahm. Die Radziwills hatten sich im Lauf der Jahrhunderte mit großen deutschen Namen verbunden: mit der Familie von Sayn-Wittgenstein, den Grafen Dönhoff und den Fürsten von Anhalt-Dessau. Die geplante Ehe sei also für das preußische Königshaus ganz unbedenklich, verkündete der Kronprinz energisch und ließ das Manuskript an Onkel Georg senden.

Dabei konnte er die üblichen Seitenhiebe nicht unterlassen. Es sei unfaßbar, wie unkundig sich das Hausministerium bisher über polnische Geschichte ausgelassen habe, monierte er. Noch deutlicher wurde er bei Fürst Wittgenstein, dem er seine Ausarbeitung am 4. August 1823 mit der Bemerkung sandte, er habe sich deshalb viel Mühe gemacht, »da ich nun von der seltenen Vortrefflichkeit meines Bruders wie von der hohen, echten Liebenswürdigkeit von Elisa durch Erfahrung belehrt und durchdrungen bin«. Er möge dem König ausrichten, endlich Ja oder Nein zu sagen. »Ist nun der König entschieden dagegen, dann um Gottes Willen keine Untersuchung, keine Fragen mehr!« Wittgenstein nahm die kronprinzlichen Bemerkungen zum Anlaß, sich beim König gründlich über den jungen Mann zu beschweren.

Friedrich Wilhelm III. befand sich in einer wenig erfreulichen Lage. Er gestand seiner Tochter Charlotte die eigene Hilflosigkeit ein: »daß ich aber immer noch nicht weiß, wie dies alles enden soll.« Würde er der Heirat zustimmen, wären die Folgen unabsehbar, würde er ablehnen, machte er seinen Sohn unglücklich und den Kronprinzen wütend. In dieser Situation unterbreitete ihm Wittgenstein das Angebot, ein unparteiisches Gutachten von einem auswärtigen Juristen einzuholen. Der Vorschlag wurde angenommen.

Die Bewerbung des Kronprinzen um die niedliche Prinzessin Elisabeth von Bayern war ins Stocken geraten. Wilhelm bemerkte, Preußen sei doch sonst »unter allen Regierungen« tolerant gewesen. »Und nun in dem aufgeklärten 19. Jahrhundert, wo fast die Hälfte unserer Untertanen katholisch sind, sollen zwei Herzen getrennt werden aus Intoleranz?« Abwechselnd wandten sich zwei unglückliche Brüder an »Tante Marianne«, die als Beraterin in Herzensangelegenheiten nach Fouqués *Zauberring* den Namen »Minnetrost« trug. Die achtunddreißigjährige Mutter von vier Kindern war ihrem Neffen Wilhelm besonders zugetan. Nach ihrem Tod schrieb er gerührt an seine Schwester Charlotte: »Was verdanken wir alle ihr nicht?? Und namentlich ich!! Was war sie für mich in den schweren Jahren von 1822–26! Wer ist ihr wohl jemals genaht, der nicht etwas Wohltuendes von ihr empfing?« Marianne war, wie die umfangreiche, im Staatsarchiv Darmstadt bewahrte Korrespondenz zeigt, mit der Fürstin Radziwill eng befreundet, und Elisas Schicksal lag ihr am Herzen, als wäre es ihre eigene Tochter.

War das Hindernis in Wilhelms Fall ein Politikum, so beim Kronprinzen und zukünftigem König Friedrich Wilhelm IV. ein Problem der unterschiedlichen Konfessionen. Er war protestantisch, die bayrische Prinzessin streng katholisch und allenfalls bereit, sich in der fremden evangelischen Religion unterweisen zu lassen. Zu diesem Zweck wurde Bischof Eylert nach Bayern geschickt. Er scheint in Glaubensdingen nicht viel erreicht zu haben, dafür entwarf er vom Charakter der Prinzessin ein so überwältigendes Bild, daß der König die Werbung offiziell genehmigte.

Zur besseren Verständigung reiste auch die energische Oberhofmeisterin Gräfin Reede nach Bayern, mit mehr Erfolg: der Kurier mit dem Jawort traf in Berlin ein. Überglücklich umarmte der Kronprinz, der seit vier Jahren auf diesen Augenblick gewartet hatte, den ins Zimmer tretenden Wilhelm mit den Worten: »Gott gebe Dir ein gleiches Glück!«

22 *Kronprinz, später preußischer König*
Friedrich Wilhelm IV., Wilhelms Bruder.
Ölgemälde von Franz Krüger, um 1845

In Wilhelms Affäre wurden unter der Hand weitere Auskünfte eingeholt. Sogar der bisher zurückhaltende Fürst Radziwill wurde aktiv, woran sich ermessen läßt, wie sehr ihn die Diskriminierung seines Hauses getroffen hatte. Er reiste nach Sankt Petersburg, um bei Zar Alexander zugunsten seiner Tochter zu intervenieren. Varnhagen wußte zu berichten, daß der Zar Prinzessin Elisa zur Herzogin von Kurland erheben wollte – eine Annahme, die sich nicht bestätigen läßt. Der Jurist Karl Friedrich Eichhorn hatte für Radziwill eine Denkschrift verfaßt: »Das Verhältnis des Hochfürstlich Radziwillschen Hauses zu den Fürstenhäusern Deutschlands«. Der Fürst konnte, wieder in Berlin zurück, dem Kronprinzen zwölf Dokumente überreichen, die seine Ebenbürtigkeit als europäisches Fürstenhaus belegten, während es dem Hausministerium jedoch nur auf den Nachweis der *deutschen* Reichsstandschaft ankam.

Die Beleidigungen des Kronprinzen hatten Fürst Wittgenstein auf die Palme gebracht. Er schickte ihm ein umfangreiches »Gehorsamstes Promemoria«, das der Kronprinz wiederum mit spöttischen Randglossen versah. Darüber noch weit mehr verärgert, verfaßte Wittgenstein für den König »Ehrerbietigste Äußerungen«, in denen er den Kronprinzen ironisch zu widerlegen suchte. Friedrich Wilhelm III. wartete jedoch ungerührt auf das Gutachten, das Friedrich August Schmelzer, Professor der Universität Halle, anfertigen würde. Der Gelehrte hatte bei einem konspirativen Treffen mit Wittgenstein die Erklärung erhalten, daß es eine »königliche Angelegenheit« und somit streng geheim sei. Bei dieser Konsultation tauchte zum ersten Mal auch das Thema »Adoption« auf, das noch eine Rolle spielen wird.

Im Herbst 1823 geschah ein Wunder: der König genehmigte seinem Sohn Wilhelm den Besuch bei Charlotte in Sankt Petersburg. »Denk nur«, jubelte Elisa im Brief vom 23. September an Lulu von Kleist, »morgen ist mein Freund in Posen. Da ist kein Commentar nötig!«
Im russischen Gatschina sah Wilhelm seine Schwester »im Kreise ihrer einzig hübschen Kinder« wieder. Es waren der fünfjährige Sascha, später Zar Alexander II., und seine kleinen Schwestern Maria und Olga. Beseligt notierte Wilhelm, Charlotte habe mit ihm sogleich über Elisa gesprochen. Weder Zar Alexander noch dessen Mutter Maria Feodorowna hätten etwas gegen die polnische Prinzessin einzuwenden, deren Porträtminiatur er im Portefeuille bei sich trug. »Kaum daß die ersten Worte gewechselt waren, fiel ihr Blick auf Elisas so überaus liebliches Bild«, schrieb er eifrig an Prinzessin Marianne. »Sie begreift die wenigen Schwierigkeiten nicht und ist überzeugt, daß wir das Ziel unserer Wünsche

noch erreichen werden. Leben Sie recht wohl, teuerste Tante, sagen Sie tausend Herzliches an Elisa, und wie innig ich ihrem Bild morgens und abends einen Gruß bringe; es ist gar zu lieblich!« Wie hätte er ahnen sollen, daß sich die erfreuliche Zustimmung der Zarenfamilie zu seinem Heiratsplan mit veränderter Situation rasch ins Gegenteil verwandeln würde!

Aus Sankt Petersburg gratulierte er Elisa zu ihrem zwanzigsten Geburtstag, wobei er bedauerte, daß wieder ein Jahr vergangen sei, »ohne daß ich imstande war, unseren Hoffnungen die erwartete Entscheidung zu verschaffen«. Aber hatte er genug dafür getan? Sie sandte ihm eine Blüte, gepflückt »am Abend des 28ten Octobers Nachts um 3 Uhr nach dem Balle«. In ihrem Brief ein gezeichneter Anker. »Ich habe nun den Grund gefunden, der meinen Anker ewig hält. Der bleibt fortan mein Symbol.«

Er bewundere Elisas Charakter, ließ Wilhelm in einem unveröffentlichten Brief aus Gatschina Prinzessin Marianne wissen, denn sie werde niemals bitter, »... schließlich hätte ich auch eine andere Wahl treffen können. Aber unter den Vielen, die ich kennen lernte, fand ich auch k e i n e einzige von einem Werte, der der Auserwählten gleich käme. Und fände ich auch jemals eine zweite Engelsseele – würde sie dann auch zum zweiten Male die ganze Macht und das Zauberische der e r s t e n L i e b e wiedergeben?«

Er hätte auch eine andere Wahl treffen können. Es gab in den regierenden Häusern Europas etliche Anwärterinnen, und auch am Berliner Hof lebte eine junge Dame von Stand, die sich gerne näher mit ihm befaßt hätte.

Ihre Stunde schlug, als sich Kronprinz Friedrich Wilhelm am 29. November 1823 mit Prinzessin Elisabeth von Bayern vermählte. Elisa und ihre Mutter waren den Feierlichkeiten trotz einer Einladung ferngeblieben. Wilhelm schilderte der Schwester die Kanonenschüsse vom Lustgarten her, die Festaufführung von Goethes *Hermann und Doro-*

thea im Schauspielhaus, den Ball im Weißen Saal des Schlosses, der bis drei Uhr morgens dauerte. Er fand die neue Schwägerin Elisabeth aus Bayern, wie er Charlotte schrieb, »liebenswürdig und hübsch und hat meinen ganzen Beifall«. Einem Vergleich mit Elisa hielt sie natürlich nicht stand. Bei der feierlichen Zeremonie dachte er in dem Augenblick, in dem sein Bruder der Braut den Ring an den Finger steckte, nur an sie. »Trauung durch Eylert. Ringwechselung – *Elisa*! – Cantate. Zug zum Souper im Rittersaal. Zug zum Fackeltanz. Gott segne das teure, ausgezeichnete Paar mit seinem reichsten Segen.« Der Wunsch vom »reichsten Segen« ging allerdings nicht in Erfüllung. Das Kronprinzenpaar bekam keine Kinder.

Was Wilhelm wohlweislich verschwieg: Den ersten Walzer tanzte er mit Emilie von Brockhausen. Daß sie mehr für ihn empfand als Sympathie, hatte ihm die Einundzwanzigjährige längst zu verstehen gegeben, und es dauerte nicht lange, bis sie – wovon freilich niemand etwas erfahren durfte – seine Geliebte wurde. Von Vorteil war, daß Emilie als Hofdame der Kronprinzessin im Königlichen Schloß wohnte, wo man sich jederzeit unbemerkt treffen konnte. Hedwig von Staegemann, bei der Kronprinzenhochzeit zugegen, meldete Lulu von Kleist: »Etwas Lieblicheres, Jugendlicheres und zugleich so Edles kannst Du Dir kaum denken.« Auch Hofchronistin Caroline von Rochow konnte nicht umhin, Fräulein von Brockhausens Vorzüge angemessen zu würdigen. Sie sei »eine durchsichtige Lichtgestalt, gegenwärtig die Schönheit des Hofes«. Doch da ihrem Scharfblick kein Fleck entging, folgte auch Kritik. »Fräulein von Brockhausen besitzt bei aller Lieblichkeit eines reizenden Gesichtchens, bei fast kindlichem Lächeln doch jene Störrigkeit in Blick und Haltung, wie man sie bei verwöhnten Kindern antrifft.« Die sichtbare Auszeichnung durch Prinz Wilhelm, die »Tändelei romantisch gestimmter Seelen«, wie man sie hier praktiziere, monierte sie, stehe im starken Kontrast zur

23 *Königin Elisabeth von Preußen,*
geb. Prinzessin von Bayern,
Wilhelms Schwägerin.
Gemälde von Karl Wilhelm Wach

»unwandelbaren Treue früherer Gefühle«. Womit sie natürlich die ferne Elisa meinte.

Wilhelm fand sich zu diesem Zeitpunkt freilich weniger
untreu als unglücklich. Der König hatte eine Entscheidung
versprochen, sich jedoch geärgert, daß sich der Kronprinz
»durch heftige und unziemliche Schreibereien und Schimp-
fen« eigenmächtig in die Gutachten eingemischt habe. Das
hatte man Wittgensteins Intrigen zu verdanken! Wilhelm
entschuldigte den Bruder in einem Brief, der außer der Verteidigung noch einen weiteren Zweck verfolgte: Er machte dem Vater Eröffnungen von solcher Tragweite, daß der
König schier außer sich geriet. In genealogischen Fragen inzwischen geschult, teilte Wilhelm mit, daß schon im Jahre

1600 Prinzessin Elisabeth Sophie von Brandenburg Fürst Johann VI. Radziwill geheiratet habe. Das war aber noch nicht alles. Wilhelm führte aus, daß Kronprinzessin Elisabeth, des Königs neue Schwiegertochter, in direkter Linie von Radziwills abstamme, und zwar durch Ludowika Radziwill, Tochter von Fürst Boguslaw. Sie war unter der Vormundschaft des Kurfürsten von Brandenburg aufgewachsen und hatte jung seinen Sohn geheiratet, sich nach dessen Tod mit Kurfürst Karl Philipp von der Pfalz vermählt; ihre Tochter Franziska, Gattin des Landgrafen Friedrich von der Pfalz, war die Stammutter aller bayrischen Könige.

Die unwillkommene Belehrung versetzte den König in Zorn, als sei es ein Affront gegen seine eigene Person. Er bedeutete Wilhelm »in höchstem Affekt«, er und sein Bruder seien gegen ihn aufgehetzt worden, er habe die Sache endgültig satt, eine Kommission werde das letzte Wort sprechen.

Es wurde »ein trostloses Weihnachten«, zusätzlich fatal durch das nunmehr zweiundzwanzigste Gutachten, das Professor Schmelzer aus Halle Fürst Wittgenstein übergeben hatte. Unter dem Titel: »Mißheiraten des deutschen Hochadels« wurde in 26 Paragraphen zum Fürstenhaus Radziwill erläutert: »Dieses alte, begüterte, berühmte und seit Jahrhunderten mit dem reichsfürstlichen Titel beehrt gewesene Geschlecht ... gehört nicht zu den souveränen Dynastien. Unleugbar ergibt sich hieraus: Die Vermählung eines Königlichen Prinzen von Preußen mit einer Prinzessin Radziwill ist eine Mißheirat.«

Damit war jedoch das letzte Urteil in dieser Angelegenheit noch nicht gesprochen.

Königlicher Besuch

»... küßte mich wieder und drückte mir die Hand.«

Am 1. Januar 1824 hatte Wilhelm in seinen grünen Schreibkalender eingetragen: »Kummervoll, ohne Hoffnung auf ein häusliches Glück, ohne Dich, Elisa, besitzen, beglückt zu sehen, beginnt das Jahr!« Einen Monat später hieß es: »Brief an den König abgeschickt!! *E!*« Dazwischen lag ein Entschluß, den er allein wohl nicht gefaßt haben würde: Ein Drohbrief an den König.

Was war vorgefallen? Die Art, wie mit Wilhelm umgegangen wurde, hatte den Kronprinzen vollends in Rage gebracht. Der Vater habe den Bruder »mit beispielloser Unfreundlichkeit« behandelt, schrieb er an Onkel Georg von Mecklenburg, Wilhelm befinde sich in einem »entsetzlichen Zustand«, man könne das Unglück nicht länger mit ansehen. »Wilhelm ist wie vernichtet.« Bemerkenswert ist die Prägnanz, mit der der Kronprinz seinen Vater als streng und gefühlsscheu charakterisierte. Man sei auf manches gefaßt gewesen. »Aber die Art! Die Art! Der König hat auf die gereizteste Weise mit ihm gesprochen, hart und aufgebracht«, ohne eine Spur von Teilnahme habe er sich an Lieblosigkeit selbst noch übertroffen. Ein dringendes Schreiben von Wilhelm an den unnahbaren Monarchen sollte die Entscheidung erzwingen.

Unwillig gab Wilhelm sein Einverständnis, »da mein Alles von demselben abhängt, meine Liebe, mein Glück, meine Zukunft!«. Vor der übermächtigen Vatergestalt schreckte er schreibend aber wieder zurück. Sein Brief zeigt abermals den ängstlichen, gehorsamen Sohn. Er habe ja nie an eine Heirat mit Elisa geglaubt – mit derartigen Zugeständnissen fällte er sich fast selbst das Urteil. Er begreife durchaus »die Kollision des Vaterherzens mit den Rücksichten des

Königs«, dennoch rechne er mit väterlicher Zustimmung, »sobald die obwaltenden Hindernisse aufgeklärt und hinweggeräumt sein würden«. Seine einzige Bitte: Keine Kommission! Sie beleidige die befreundete Familie und bringe Elisa in eine unangenehme Situation. »Wie muß sich ihre Zukunft gestalten«, fragte er, wenn sie auf diese Weise diskreditiert werde! Schließlich habe sie noch andere Bewerber, und zwar »von erlauchten Häusern, welche in der allerneuesten Zeit an sie gegangen sind«. Darin lag der Vorwurf, daß man die preußischen Skrupel anderswo nicht teile. Zum Schluß die Versicherung, daß er sich selbstverständlich jedem väterlichen Befehl unterwerfen werde. Er könne überhaupt nur glücklich sein, »wenn ich in Verhältnisse trete, die Ihren väterlichen Wünschen genehm sind!«. Mit anderen Worten: Ohne Zustimmung des Vaters wäre ein Leben mit Elisa nicht denkbar. »Ihr Sie zärtlichst liebender gehorsamer Sohn Wilhelm.«

Fürstin Luise Radziwill, von der der Kronprinz ebenfalls ein dringliches Schreiben erwartete, sträubte sich keinen Moment. Ihre Verbitterung über die Impertinenz der Hofschranzen gegenüber ihrer Tochter, die »sichtlich magerer« geworden sei, übersteige jede Vorstellung, erklärte sie zornig. »Posen, den 5. Februar 1824. Allergnädigster König! Nach zwei bangen Jahren fühle ich mich veranlaßt, ein Stillschweigen zu brechen, welches ich mir aus Pflichtgefühl und treuer inniger Verehrung für Eure Majestät auferlegt hatte.« Absichtlich erwähnte sie die schon im ostpreußischen Exil entstandene Kinderfreundschaft von Wilhelm und Elisa, um daran zu erinnern, daß sie es war, die der schwer erkrankten Königin Luise in unglücklicher Lage beigestanden hatte. Lange habe sie sich zurückgehalten, zumal Seine Majestät ihr auch dann, als Wilhelm in ihrem Hause ein und aus ging und die Romanze »Gegenstand allgemeiner Aufmerksamkeit« wurde, weiterhin befohlen habe, »nichts in meinen Verhältnissen mit dem Prinz zu ändern«. Mußte sie nicht glauben, er sei mit der Liebe seines Sohnes einverstanden? Sie erwarte endlich eine eindeutige Willensäußerung. »Ersparen Sie uns die fremde Beurteilung einer Commission, die nur kränkend für uns ausfallen könnte.« Das Schreiben schloß formelhaft: *Eurer Königlichen Majestät untertänigste treu gehorsamste Cousine und Dienerin Luise von Preußen Prinzessin Radziwill.*

Der König, auf dessen Antwort man gespannt war, schwieg wie gewohnt, was möglicherweise auch an »Januskopf« Wittgenstein lag, der geschickt lavierte und gegen die Fürstin, die ihn für ihren Freund hielt, intrigierte. Schon vor einem Jahr hatte er dem König boshaft suggeriert: »Ew. Königlichen Majestät ist der Verstand und der Geist der Frau Mutter der Prinzessin Elisa Radziwill hinreichend bekannt, daß auch von dieser Seite alles geschieht, um den Prinzen Wilhelm K. H. in seinen Ansichten und Absichten zu bestätigen.« Mit anderen Worten, die ehrgeizige Fürstin wolle ihre Tochter nur so günstig wie möglich verheiraten. Kein Wunder, wenn der König ihren Brief nicht ohne Argwohn zur Kenntnis nahm.

In einer nach wie vor ungeklärten Situation meldete Wilhelm im März 1824 seinem Vetter Friedrich von Oranien eine Neuigkeit, die ihn zur Verzweiflung treibe. Der König wolle sich erst dann entscheiden, wenn der Kronprinz Söhne habe. Was, wenn der Bruder nur Töchter bekäme, fragte er erregt, oder gar keine Kinder! Das Fazit laute doch: »Also wird E., wenn sie die meine würde, immer mit einem unangenehmen inneren Gefühl angesehen werden.« Auch Charlotte klagte er: »Welche Ungewißheit! Es kann ja erst eine Tochter kommen oder mehrere. Ein Sohn kann auch wieder sterben!« Daß der Kronprinz keinen Nachwuchs zeugen konnte, war zu diesem Zeitpunkt offiziell noch nicht bekannt. Er wisse nicht, so Wilhelm, ob er mit Elisa in Verbindung bleiben dürfe »oder ob jede Annäherung intime-

·r e r Art unterbleiben solle«. Offenbar benötige er selbst bei privatesten Dingen Anweisungen von oben.

An seinem siebenundzwanzigsten Geburtstag notierte Wilhelm: »Zwölf Uhr beim König, sehr herzlich und gnädig, aber er versteht mich nicht!« Der Vater habe ihm zum Kommandierenden General des III. Armeekorps gemacht, was ihn mit Stolz erfülle. Sein Aufgabenpensum sei gewaltig. Er habe sich um Ausstattung, Formation und Finanzierung des Heeres, militärische Instruktionen, Feldmanöver, Belagerungsübungen und Truppeninspektionen zu kümmern, sei außerdem im Kriegsministerium Präsident der Kommission, die das Exerzierreglement der Infanterie bestimme. »Du begreifst, daß die Garde und das Vertrauen des Königs mich so glücklich machen muß«, so an Charlotte. Obwohl der Vater ihm sein Lebensglück verweigerte, war er ihm für jede Gunstbezeugung dankbar – nichts zeigt seine Gespaltenheit deutlicher.

Fürst Wittgenstein war immer auf dem Posten. Von einer Kommission riet zwar auch er ab, doch nicht etwa der Fürstin Radziwill zuliebe, sondern aus ureigenen Erwägungen. Er ahnte, daß es nicht klug war, die bestehenden Gesetze durch seine und »Höchstdero Minister« Urteile in Zweifel zu ziehen. Wilhelm müsse verzichten lernen. Wo käme man hin, wenn man in jeder Regierung nach Lust und Laune neue Anordnungen treffen wollte! Was würde aus der Tradition? »Mit dem Hohen Stand eines Königlichen Prinzen sind große Vorzüge, aber freilich auch Entbehrungen verbunden, und diese Vorzüge«, erklärte Wittgenstein diktatorisch, »fordern auch einige Opfer, die im Privatstand nicht notwendig sind, und hierunter gehört ganz vorzüglich die Beschränkung der Wahl der Gemahlinnen.« Wilhelm brauche deswegen nicht Junggeselle zu bleiben, »es gibt mehr als dreißig evangelische souveräne Fürstenhäuser, aus denen gewählt werden kann«.

Da der König noch zögerte, schritt Generaladjutant von Witzleben zur Tat. Er warnte entschieden vor einer Kommission, weil »die Gegenpartei« – Savigny, Stolberg, Bernstorff, der Kronprinz und Radziwills – vom Resultat ohnehin nicht zu überzeugen wäre. Doch er erreichte nichts. Mit Kabinettsorder vom 23. Juni 1824 berief der König die Kommission ein. Sie bestand neben Wittgenstein und General Graf Gneisenau aus den Ministern von Altenstein, von Kircheisen, von Schuckmann, Graf Lottum und Graf Bernstorff. Gneisenau war in den Sitzungen vom 26. und 29. Juni 1823 der einzige, der das Heiratsverbot als »nicht rechtsbegründet« zurückwies.

Wilhelm war zur Kur nach Teplitz gefahren, als er von der Kommission erfuhr. Angstvoll wartete er auf das Ergebnis, das er noch kurz vor der offiziellen Verlobung seiner jüngsten Schwester Prinzessin Luise mit Vetter Prinz Friedrich von Oranien erhielt. Nach der Lektüre war er fast erleichtert. »Etwas Schwächeres und Seichteres als der Ministerbericht, der kaum vier Seiten, groß geschrieben, enthält, ist mir noch nicht vorgekommen!«, lautete sein Kommentar. Er hätte »eine gediegene, mit vielen Gründen belegte, sorgfältig ausgearbeitete Schrift erwartet«, hier aber gebe es nur »Meinungen und Ansichten«. Er warte auf ein Wort seines Vaters.
Der König aber befand sich auf dem Weg ins Hirschberger Tal und ließ sich bei der Fürstenfamilie Radziwill melden.

Elisa war froh, daß man aus der turbulenten Stadt Posen, der Hauptstadt des Großherzogtums, wieder in das entzükkende Schlößchen Ruhberg gezogen war, das ihr Vater samt Meierei und den dazugehörigen Wirtschaftsgebäuden von der Tochter des Ministers von Hoym erwerben konnte. Elisa liebte das Haus mit seinen in Resedagrün und Lavendelblau eingerichteten Privaträumen, den Park mit den hohen Tannen und Buchen, liebte die Vögel, die vor den Fenstern unter einem hochherrschaftlichen Himmel sangen. Bei gutem Wetter stieg sie auf den Ministerhügel, auf dem ihre Bank stand. »Jeder hat hier sein Plätzchen erhalten«, berichtete sie Lulu von Kleist. »Das meinige ist sehr schattig, von hohen Linden und Ahorn umringt, auch Buchen und Tannen begrenzen den Ort. Es ist so still, so heimlich hier, wie zum stillen Nachdenken oder Beschäftigen geschaffen, mit Aussicht auf das Tal und die sich majestätisch erhebende Koppe.« Sie besuchte ihre Freunde im Hirschberger Tal, die Stolbergs in Peterswaldau und die Gräfin Friederike Reden in Schloß Buchwald. Gräfin Reden war die Witwe des Bergbauministers, der einst Goethe in die Geheimnisse der schlesischen Bergwelt eingeweiht hatte. »Gräfin Reden selbst liebe ich sehr und schätze und bewundere sie besonders«, meldete Elisa. »Das Haus ist höchst *confortable* und besitzt manch hübsches Bild und eine schöne *bibliotheke.*«

Besucher fanden sich ein. Es kam der berühmte Dichter Friedrich de la Motte Fouqué mit seiner Gattin, der viel gelesenen Schriftstellerin Caroline, deren historische Romane *Die Vertriebenen, Das Mädchen aus der Vendée* und *Lodoiska,* die die französische Revolution behandelten, Elisa mit Vorliebe las. Die elegante Schriftstellerin, die Varnhagen als »weiblichen Apoll« belächelte, berichtete von ihrem merkwürdigen Lebensschicksal. Geboren als einzige Tochter des Rittergutsbesitzers von Briest, war sie jung an den Offizier Friedrich von Rochow verheiratet worden, der sich als leidenschaftlicher Spieler entpuppte. Wegen seiner hohen Schulden verwettete er sogar sie, seine Frau und Mutter seiner Söhne, an den Kontrahenten Graf Lehndorff. Später kam ein weiteres Kind, Tochter Clara, zur Welt. Rochow nahm sich 1799 durch einen Pistolenschuß das Leben. Die

24 Abendgesellschaft in Ruhberg,
Zeichnung von Elisa Radziwill, 1830

junge Witwe heiratete den berühmten Fouqué, Lieblingsdichter der Prinzessin Marianne, die seine nordischen Heldensagen im Schloß als »Lebende Bilder« aufführen ließ.

Die Ruhberger Sommergeselligkeit wird in einem Brief Wilhelm von Humboldts an seine Frau anschaulich geschildert. Der Diplomat und Universitätsgründer hatte in Schlesien seinen Landsitz Ottmachau besucht, der ihm vom König als Dotation für seine Verdienste geschenkt worden war. Von dort aus machte er sich im August 1824 auf den Weg zu seinen Freunden. Er schilderte seiner Frau Caroline, wie er von Schmiedeberg zu Fuß nach Ruhberg gepilgert sei, um Radziwills zu überraschen. »Sie wurden erst zu Tisch zurückerwartet. Ich ging auf einen kleinen Berg hinterm Hause, wo oben eine Ruine gebaut ist, und wartete sie dort ab. Sie haben mich mit der zuvorkommendsten Güte und Freundschaft empfangen.« Luise Radziwill habe »ihren gewöhnlichen Scherz« mit ihm getrieben und viel gelacht, abends wurden mit Prinzessin Marianne, Prinz Wilhelm »dem Älteren« und Fräulein von Kalb Kupferstiche besprochen und Porträts gezeichnet. Ihm fiel besonders der schöne Garten auf, der einen unmittelbaren Blick auf die Schneekoppe und die bezaubernden Berge biete. »Die Prinzessin Elisa ist, wie sonst, sehr gut, und soviel man sehen kann, auch verständig, aber nicht mehr, finde ich, so hübsch. Die Zartheit hat abgenommen, und die Züge, die dazu doch nicht hübsch genug sind, sind stärker geworden.«

Am folgenden Sonntag war Humboldt nach dem gemeinsamen Gottesdienst mit allen Radziwills nach Erdmannsdorf gefahren, um Gneisenau abzuholen, dessen stille Tochter Ottilie zu Humboldt in die Kutsche stieg. Der Ausflug führte zum Kochelfall und zur mittelalterlichen Burgruine Künast, wo man nach einem ausgedehnten Picknick im Freien »auf einem schönen Fußsteig am Bach Kochel« durch den Wald wanderte. Ein köstliches Abendessen bei Gneisenau beschloß den Tag, der »hübsch und unterhaltend« war. Am anderen Morgen eilte Humboldt wieder zu Radziwills, um sie nach Fischbach abzuholen. Wieder sei Elisa überaus herzlich und reizend gewesen, berichtete er. Sie habe auf dem Quersitz der Kutsche gesessen, Wanda auf dem Bock, »so machen sie es immer, so gehen hier alle Landpartien vor sich«. Ihre Mutter war die Liebenswürdigkeit selbst, »obgleich gewiß vieles sie drückt«. Daraus läßt sich schließen, daß die Fürstin dem Freund aus Königsberger Tagen ihre Sorgen anvertraute. Die Nacht verbrachte er im alten Renaissance-Schloß Fischbach bei Prinzessin Marianne. »Ich hatte ein überaus hübsches Zimmer, in dem die Großfürstin Charlotte wohnen soll, gewölbt, nach dieser Architektur gemalt und mit den 12 Kupferstichen aus den Stanzen geziert. Was man nur von hübschen Details in Wohn- und Schreibsachen wünschen kann, war im Zimmer. Gneisenau war auch da, und man setzte meist alle Scherze des Abends fort.«[28]

Die von Humboldt erwähnte Prinzessin Charlotte, nunmehr Großfürstin Alexandra von Rußland, wurde in Ruhberg erwartet. Nach 16tägiger Schiffsreise von Kronstadt bis War-

25 *Das Renaissance-Schloß Fischbach in Schlesien,*
Sommeraufenthalt von Prinz Wilhelm »dem Älteren«
und seiner Frau Marianne

nemünde stand ihr Eintreffen bei Radziwills unmittelbar bevor.

Der Monarch hatte ein Familientreffen im Hirschberger
Tal angeordnet. Offizieller Grund waren die Manöver des
V. und VI. Armeecorps in Schlesien. Radziwills erwarteten
daher die gesamte königliche Familie. »Ihre Ankunft könnte wohl etwas E n t s c h e i d e n d e s mit sich bringen, und ich
würde es gewiß glauben, wenn ich nicht schon so oft ge-
täuscht worden wäre«, hatte Elisa an Lulu von Kleist geschrieben. Der König hatte sie lange nicht gesehen, und es
war nicht auszuschließen, daß er den Ort auch ihretwegen
gewählt hatte, um die Dauergeliebte des Sohnes persönlich
in Augenschein zu nehmen. Während Zimmerfrauen und Be-
dienstete, Köche und Gärtner, Kammermädchen und Kut-
scher in Bewegung gesetzt wurden, um die Vorbereitungen

für die hohen Gäste und ihr Gefolge zu treffen, hoffte Elisa auf Wilhelm. Doch ausgerechnet er konnte wegen der Manöver in Breslau und Liegnitz an der Zusammenkunft nicht teilnehmen.

Elisas Bericht an Lulu über die schlesische Begegnung ist von Begeisterung über die erlebten Tage erfüllt. »Es war der 2te September 1824, ein schöner, sonnenheller Tag. Versetze Dich auf einen Bergesrücken, der den Horizont des Schmiedeberger und Hirschberger Tales bildet und von welchem der Wanderer ausruhend den letzten Abschiedsblick auf die schöne, friedliche Gegend wirft. Dieser Bergesrücken, Kapellenberg genannt, war an jenem Tage mit einer Ehrenpforte geschmückt, und neben ihr standen die erwartenden Mitglieder einer Familie, die ich nicht zu nennen brauche. Eine holde Erscheinung, *Blancheflour* mag sie heißen, sollte am Abend das Tal begrüßen ...« Sie erwartete Prinzessin Charlotte, Herzensfreundin seit Kindertagen; einen Brief von ihr hat Elisa im Tagebuch aufbewahrt: »Bleib Deiner Blanchefleur ewig treu, wie sie Dich ewig lieben wird«, steht darin. Es fällt auf, wie sehr sich Elisa um eine sachliche Schilderung bemüht, so als erfinde sie eine möglichst objektive und dennoch poetische Geschichte.

»Die Sonne war unter-, der silberne Mond besänftigend aufgegangen. Der Wagen rollte heran. Die liebliche Stimme rief jauchzend herab – sie lag in unsren Armen. Ihr liebes Gesichtchen sah ich so deutlich im Mondenschein, als sie es küssend mir entgegen neigte ...«

Elisas Freundin und leidenschaftliche Befürworterin des Heiratsprojekts, Prinzessin Charlotte von Preußen, im Familienkreis »Blanchefleur« genannt, war eigens früher gekommen, um Elisa alleine zu sprechen. Es war fast dunkel, als sie aus dem Wagen stieg, »aber feenhaft leuchteten in der Tiefe die hell erleuchteten Häuser der Stadt Hirschberg«. Charlotte nahm Elisa den Hut ab, um ihr trotz der einfal-

26 *Eine Seite aus Elisas Tagebuch: Notizen und*
eingeklebte Blüten. Privatbesitz

lenden Dämmerung in die Augen zu blicken. Das war Elisa
peinlich. Sie sei zwar äußerlich die alte, bemerkte sie, aber
innerlich sehr verändert – Wilhelm werde sie ganz anders
wiederfinden als früher. Am folgenden Tag trank man im
Schweizerhaus Tee, unternahm abends »eine höchst romantische Mondscheinpromenade vom Falkenstein hinab in
das Tal«. Elisa war in Hochstimmung. »Vier Tage nachher
begann der Tag, wo die übrigen Fürsten mit dem Könige an-
langten.«

»Die übrigen Fürsten« bestanden aus Wilhelms Brüdern Carl
und Albrecht, Kronprinz Friedrich Wilhelm und Kronprinzessin Elisabeth, die sich auf Anhieb mit Elisa verstand. Die
zukünftige Königin von Preußen, wie sah sie aus? Lulu brannte darauf, Einzelheiten zu erfahren, und Elisa ging bereitwillig darauf ein. »Sie hatte einen weißen Hut mit Federn. Ein
grauer Staubmantel bedeckte ein carmoisin-seidenes Kleid.«
Als sie aus dem Landolett kletterte, einer offenen eleganten

Kutsche, »sah man ihre glänzenden Augen und die schönen weißen Zähne. Ich band ihr den Mantel los und sah ihr dabei in die dunkelblauen Augen, die lang geschlitzt und von langen, dunkelen Wimpern beschattet, einen eigentümlichen Ausdruck haben, der auf mich einen eignen Zauber auswirkte. Die Augenbrauen sind schön und marquirt, der *teint* sehr weiß und rosig. Der liebe Prinz Carl war auch mit. Nach dem Diner fuhren alle fort.

Am andern Morgen schlugen unsere Herzen, zweifelhaft, ob der König wohl nach Ruhberg kommen würde. Es erscholl der Ruf ›Der König fährt vor!‹ Ich trat heran, er gab mir die Hand und umarmte mich wie gewöhnlich. Sein Gleichmut und seine Heiterkeit halfen Mama und mir bedeutend. Er sprach eine halbe Stunde lang über Schlesien, das ihm sehr gefallen, über Berlin und dessen Verschönerungen, über Doberan, und nahm dann Abschied. Oft aber ruhte sein Auge auf mich, wie forschend, und es ist nicht Einbildung: in Fischbach bemerkten es nachher mehrere, und beim Diner und Souper begegneten unsre Blicke sich oft.«

Ehrlich gestand Elisa der Freundin, daß sie alles getan hatte, um dem König zu gefallen. Sie habe ihr schlichtestes und doch schönstes Kleid angezogen, »ein weißes Kreppkleid mit goldenen Streifen besetzt und kurzen Ärmeln und nichts in den Haaren«. Albertine von Boguslawski, Hofdame von Prinzessin Marianne, hatte früher ihre Eitelkeit bemängelt. Tatsächlich spielen in ihren Briefen an die Freundinnen Haarschmuck und Juwelen, seidene Schuhe und die Farbe der Kleider eine nicht unerhebliche Rolle. Ihr Ziel schien Elisa jedenfalls erreicht zu haben: Dem Monarchen ging bei ihrem Anblick das Herz auf.

Mit dem König schritt man durch den Park zum Schweizerhaus, um den Tee einzunehmen, als ein Landregen niederging. Fürst Radziwill holte seine Gitarre, Elisa sang Lieder von Goethe, *Ich ging im Walde* und *Im hohen Schilfe, grün und dicht.* Zum Abschied habe sich der König verbeugt, schrieb Elisa, »küßte mich wieder und drückte mir die Hand, indem er sie rasch wegzog, sich wandt' und die Stube verließ«. Als er weg war, wich die Spannung, die Freundinnen fielen sich erleichtert um den Hals, man lachte und weinte. »Wir bogen uns zum geöffneten Fenster hinaus und sahen in die sternhelle Nacht hinein. Der liebe Kronprinz und Carl kamen hinzu und drückten mir die Hand. Die Wolken hatten sich zerstreut, und die Berge standen wieder riesenhaft wie Gespenster im Mondlicht.«

Der Kuß, das rasche Wegwenden – was hatte es zu bedeuten? Welche Folgen würde das Wiedersehen haben? Elisa erfuhr nie, wie sehr sie den König beeindruckt hatte. Er bemühte sich in Berlin persönlich um eine Lösung des Problems; ihm lag daran, die Verbindung seines Sohnes mit der schönen polnischen Prinzessin doch noch zustande zu bringen. Zu seinem Sinneswandel mag noch ein anderer Entschluß beigetragen haben. Niemand wußte bisher, daß der vierundfünfzigjährige Monarch wieder heiraten wollte.

Die Adoption

*»Wenn sich meine Zukunft immer
mehr zu verhüllen scheint ...«*

Wie meist in schwierigen Fällen, rief Friedrich Wilhelm III.
auch diesmal Großherzog Georg von Mecklenburg-Strelitz
zu sich. Der Schwager sollte seinen Kindern schonend die
Nachricht beibringen, daß ihr Vater eine zweite Heirat be-
absichtige. Da er nach dem Weggang der jüngsten Tochter
einsam sei, brauche er eine liebevolle Gefährtin, lautete die
Begründung. Auserwählt war die vierundzwanzigjährige
Gräfin Auguste Harrach.
Onkel Georg entledigte sich der Aufgabe mit Noblesse. Er
benachrichtigte zuerst den Kronprinzen, dann die übrigen
in Schloß Charlottenburg versammelten Kinder des Königs:
die Söhne Wilhelm, Carl und Albrecht, die Töchter Charlotte, Alexandrine und Luise sowie die anwesenden Ehemänner
Großfürst Nikolaus von Rußland, Herzog Paul von Mecklenburg-Schwerin und Prinz Friedrich der Niederlande. Staunend erfuhren sie, daß der König schon oft an eine neue
Heirat gedacht habe, schon 1814, als er sich in das »Madon-
nengesicht« der reizenden, leider allzu jung gestorbenen Gräfin Zichy verliebte. Nun habe er die passende Frau gefunden,
eine Gräfin aus habsburgisch-böhmischem Adelsgeschlecht.
Charlotte saß bei dieser Nachricht wie versteinert, Alexandrine konnte das Unmögliche nicht fassen, Luise weinte,
Wilhelm schwieg. Obwohl ihre Mutter seit vierzehn Jahren
tot war, lebte das Andenken der Königin Luise, zum My-
thos verklärt, unvermindert weiter.
Wilhelms Notiz vom 4. November 1824: »Zuhaus, als Fritz
(der Kronprinz) unerwartet zu mir kam. Und was hatte er
mir zu sagen? daß Papa heiraten will, und wie ich erriet,
die Gräfin Harrach! Wie vom Donner gerührt!! Zu Charlotte und Nicolaus, wo der Großherzog Georg von Strelitz

27 Fürstin Auguste Liegnitz,
geb. Gräfin Harrach, zweite Frau von
König Friedrich Wilhelm III.
Nach einem Gemälde von Franz Krüger

die Eröffnung gemacht hatte!! Die Gründe des Schrittes
sind, daß sonst sein Humor sehr leiden würde – und 1000
andere Gründe ... aber dennoch standen wir wie vernichtet, als wir an die ewig unvergeßliche Mutter dachten!! Gott
gebe seinen Segen, und daß der Vater nie Ursache haben möge, diesen Schritt zu bedauern, worauf der Großherzog uns
in einer langen Auseinandersetzung die Enthüllung machte ...«
Onkel Georg hatte geschickt behauptet, der Vater suche beileibe keine neue Königin – niemand könne den Platz der
gestorbenen Königin Luise jemals ausfüllen –, sondern lediglich einen Ersatz für die Töchter, die nacheinander das
Haus verließen. »Dumpfes Brüten unserseits, bis der König
zwischen uns trat. Welch ein Augenblick! Heiße, aber ehrfurchtsvolle Umarmung! *E!* Er unterbreitete ängstlich unter
1000 Tränen seine Gründe, denen wir von Neuem beistim-

men mußten, aber e i n e Träne konnte nicht gestillt werden! O Mutter!! sieh herab! Gott erhöre uns und lasse keine neue Prüfung für den Vater daraus entstehen!!! – *Elisa!*«

5. November 1824: »In Charlottenburg durch Mamas Toiletten-Cabinett, wo ich nicht wieder seit damals gewesen war, und nun gerade zu solchem Anlaß durchmußte!! Welch Gefühl! Zum Mausoleum, um den Segen der teuren Mutter, Ruhe und Stärkung zu gewinnen und Gottes und ihren Segen über den Vater zu erflehen. *Elisa!!*«

Am folgenden Tag lernten die Kinder ihre neue Stiefmutter kennen. Gräfin Auguste Harrach, dreißig Jahre jünger als der König, war klein und dunkelhaarig, bescheiden und unauffällig. Ihre Briefe zeigen in kindlicher Handschrift eine anspruchslose, fast naive Lebenseinstellung. Als sie zu den wartenden Geschwistern ins Zimmer trat, brach sie vor Aufregung in Tränen aus und mußte erst von Charlotte beruhigt werden, bevor sie ein Wort herausbrachte.

Drei Tage später wurde in der Kapelle von Schloß Charlottenburg im kleinsten Kreis durch Bischof Eylert die Trauung vollzogen. Auguste Gräfin Harrach, deren Mutter eine Bürgerliche war, wurde vom König zur Fürstin zu Liegnitz und Gräfin von Hohenzollern erhoben. Doch trotz des klangvollen Namens stand sie im Rang hinter seinen Kindern. »An der Tafel saß sie ganz unten«, in der Öffentlichkeit behandelte sie der König, um sich angesichts des erheblichen Altersunterschieds nicht lächerlich zu machen, einigermaßen lieblos. »Er sah sie im Beisein Anderer nie an, geschweige daß er mit ihr gesprochen hätte.«[29]

Auguste Harrach ertrug diese Behandlung scheinbar mit freundlichem Gleichmut. Die Bevölkerung, an die langjährige Treue des Herrschers gewöhnt, war mit der Eheschließung jedoch nicht einverstanden, zumal die Braut katholisch war, im protestantischen Preußen ein Affront. Hofdame Albertine von Boguslawski spottete, die weibliche Jugend sei gekränkt gewesen, »den Heros männlicher Treue so herabsinken zu sehen!« Jurist Eichhorn nahm die morganatische Ehe des Herrschers zum Anlaß, noch einmal zu betonen, daß tatsächlich »in früheren Zeiten ein Hohenzoller eine Radziwill freien konnte«, was in der Gegenwart jedoch nur noch »morganatisch« möglich sei.

In Schloß Ruhberg wurde Elisa am 28. Oktober 1824 ein-undzwanzig Jahre alt. Freunde kamen, auch Caroline von Rochow, die sich als interessierte Chronistin ihre Notizen machte. Oldwig von Natzmer stellte seine junge Frau vor, Clausewitz und Gneisenau kutschierten aus Erdmannsdorf herüber, Stolbergs mit ihren zwölf Kindern, Gräfin Reden und Henriette von Prittwitz waren da, schließlich auch ein hoher Gast aus Paris: Fürst Valentin Radziwill, ein Bruder von Elisas Vater, kaiserlich-russischer Kammerherr, Mal-teserritter und Staatsrat. Man besichtigte die umliegenden Landsitze, wanderte in die Berge. Elisa sang Arien aus Mo-zarts *Don Giovanni* und unternahm ihre Ausritte »in einem schwarzen Spenzer und langem weißen Rock«. Der Land-aufenthalt tat ihr gut. »Wilhelm wird nicht mehr das kindi-sche Wesen wieder finden, das er damals liebte«, schrieb sie seiner Schwester Charlotte, sie sei verändert – aber bei ei-nem Wiedersehen mit ihm, fügte sie fröhlich hinzu, werde sie doch »kindisch toll sein vor Freude.«[30]

Daß sie ihre frühere Ängstlichkeit verloren hatte und zu ei-ner gefestigten Persönlichkeit geworden war, geht aus dem Gutachten eines unbekannten Graphologen hervor, dem ihre Handschrift vorgelegt worden war. »Dieser Brief ist geschrieben von einer jungen, sicherlich nicht verheirateten Frau«, beginnt das Gutachten. »An sich ein offener, herz-licher und mitteilsamer Charakter. Sehr philanthropische Veranlagung. Vielleicht ein wenig zu weltfremd, trotzdem aber in allen freundschaftlichen und erotischen Dingen über-aus fraulich eingestellt. Sehr anschmiegsam und gern be-mutternd. Ein Typ, den man oft in kleinen Städten und in pastoralen Kreisen findet. Ein Überzeugtsein von der eigenen Persönlichkeit liegt in ihrer Schrift und eine – ich möchte beinahe sagen – mimosenhafte Empfindsamkeit, wie sie häufig in alten Adelsgeschlechtern zu finden ist. Gute Handlungen entsprechen ihren guten Eigenschaften, aber sie ist für Lob außerordentlich empfänglich und erwartet Anerkennung. Angegriffen oder in ihren persönlichsten Gefühlen verletzt, könnte sie scharf, mindestens spitzig werden. Im übrigen aber sehr liebenswürdig, freundlich von Herzen. Liebevoll.

Ein vorherrschend sanguinisches Temperament, durchaus lebensbejahend und in keiner Hinsicht sparsam, ohne indessen leichten Sinnes zu sein. Sehr bestimmt im Gefühl für Form und Sprache, gediegen künstlerisch, Sinn für ›Rundung‹. Die geistigen Qualitäten lebhaft, wach, rege, die geistigen Anlagen nicht übernormal, aber von ihren psychischen Werten hoch überragt. Ihre Gedankengänge und Ideenassoziationen gehen über die ihr gezogenen Grenzen nicht hinaus, sind aber darin gut, klar und scharf.«[31]

Vermutlich hatte Fürst Wittgenstein als erster den Gedanken geäußert, Prinzessin Elisa durch Adoption die Zugehörigkeit zu einem Haus der deutschen Reichsstandschaft und damit den Rang zu geben, der eine Ehe mit Prinz Wilhelm möglich machte. Der intrigante Schilden hatte den Plan zwar sofort als »unglückselige Idee« verworfen, schließlich könne der Sohn nicht seine adoptierte Schwester heiraten, doch das war auch gar nicht beabsichtigt.

Das Projekt erschien auf den ersten Blick leicht durchführbar, war dann aber komplizierter als gedacht. Unter der Hand gab es ein lange verheimlichtes Hindernis. Es handelte sich um die Abstammung von Elisas Mutter, der geborenen Prinzessin von Preußen. Bisher war dieser Punkt unter dem Schleier der Höflichkeit verborgen und nie ans Licht gezogen worden. Prinzessin Luise, verheiratete Fürstin Radziwill, galt offiziell als Tochter von Prinz Ferdinand, inoffiziell aber und gerüchteweise hieß es, ihr Vater sei in Wirklichkeit Graf Schmettau, der Freund ihrer Mutter. Das hatte schon Friedrich der Große behauptet. Wie käme sein unkünstlerischer, immer kränkliche Bruder, hatte er ausgerufen, an derart talentierte Kinder wie die geistvolle Tochter Luise und den hochbegabten Prinzen Louis Ferdinand! Mit diesen Worten hatte er gegen die »Schmettausche Brut« gewettert: »cette maudite raçe de Schmettau!« Mithin bestand die Gefahr, sich im Falle einer Adoption doppelt zu kompromittieren. Das Gerücht einer unehelichen Geburt hatte sich weder bestätigen noch widerlegen lassen – verstummt war es nie.

Friedrich Wilhelm Carl Graf von Schmettau, bei der Geburt von Prinzessin Luise siebenundzwanzig Jahre alt, scheint nach allem, was man von ihm weiß, eine Ausnahmeerscheinung gewesen zu sein: General und Heerführer, Weltmann und Kavalier, Kunstkenner und Jäger, Topograph und »Freund der Wissenschaften« in einer Person. Berühmtheit erlangte er durch die von ihm initiierte und organisierte topographische Erfassung preußischen Territoriums, das »Schmettausche Kartenwerk«, das bis heute als bahnbrechende Leistung gewürdigt wird. In den Erinnerungen der Fürstin Radziwill tritt er als Freund der Eltern auffallend häufig in Erscheinung. Offenbar wußte sie nicht, welches Gerücht ihre Herkunft und die ihres genialen Bruders Prinz Louis Ferdinand, dessen Musikbegabung sogar Beethoven bewundert hatte, umrankte. Sie schildert Schmettau als unentbehrlichen Hausfreund, dem auch bei der Kindererziehung bemerkenswerte Befugnisse eingeräumt worden seien. So habe ihr Bruder Prinz Louis Ferdinand vom Grafen Schmettau 15 000 Taler mit hohen Zinsen geliehen, die der verschwenderische junge Mann unpünktlich oder gar nicht zahlte, so daß der Graf ihn nicht nur scharf zur Rede stellen, sondern ihm auch Festungshaft androhen durfte: »Graf

Schmettau war der Überzeugung, daß dies das notwendige und einzige Mittel sei, um meinen Bruder von seinem Leichtsinn zu heilen.« Ohne Schmettau hätten ihre Eltern keine wichtigen Entschlüsse gefaßt. Als Dreizehnjährige habe sie den Vater sorgenvoll erlebt: Er konnte ohne Schmettau, der sich bei der Jagd verwundet hatte, den Verkauf von Schloß Friedrichsfelde an den Herzog von Kurland nicht bewerkstelligen. Schmettau wurde überall gebraucht. Für die Eltern verwaltete er den Nachlaß von Prinz Heinrich, der in hohem Alter in Schloß Rheinsberg gestorben war, in alle Privatangelegenheiten war er eingeweiht. Ohne Schmettau, behauptete die Fürstin, wäre auch ihre Vermählung mit Anton Radziwill nicht zustande gekommen, »indem ich ihn bat, seinen Einfluß auf meine Mutter zu unsren Gunsten geltend zu machen«. Die Mutter sei nur Schmettau zuliebe zur Hochzeitsfeier erschienen. Der Graf habe auch den komplizierten Ehevertrag zwischen beiden Familien ausgefertigt, wonach dem jungen Radziwill die exorbitante Summe von 30 000 Talern jährlich zur Verfügung gestellt worden sei.[32]

Graf Schmettau war 1806 als preußischer Generalmajor seinen schweren Verletzungen erlegen – in der gleichen Schlacht bei Jena und Auerstedt und im gleichen Jahr wie sein Zögling, der begabte, erst vierunddreißigjährige Prinz Louis Ferdinand.

Die Begegnung in Ruhberg war nicht folgenlos geblieben. Friedrich Wilhelm III. war von Prinzessin Elisa so eingenommen, daß er nach einem Ausweg suchte: die Adoption als Lösung müsse erwogen werden. Oberregierungsrat Kamptz erstellte sofort ein sechsundzwanzigstes Gutachten: »Die Adoptionen im erlauchten Stande betreffend.« Die Bedingungen waren günstig: Bei einer Frau genüge die Genehmigung des Königs, lautete sein Fazit. Im gleichen Sinne äußerte sich Historiker Raumer, welcher im siebenundzwanzigsten

Gutachten eine Liste der fünf historischen Adoptionen in Europa erarbeitete. Der König übergab seinem Schwiegersohn Großfürst Nikolaus ein Gesuch, worin er den russischen Zaren Alexander bat, Prinzessin Elisa Radziwill zu adoptieren. Zusätzlich erläuterte Wittgenstein in einem »Memorandum« die bisherige Problematik.

Der Zar lehnte das Ansinnen umgehend ab. In einem persönlichen Handschreiben, das der König am 19. Dezember 1824 erhielt, erklärte er, eine Adoption sei ihm schon deshalb nicht möglich, weil er damit seinen Bruder Konstantin vor den Kopf stoße, dessen unebenbürtige Gemahlin er ebenfalls nicht adoptiert habe, wodurch Konstantin die Thronfolge einbüßte. Die Ablehnung wurde von einer seitenlangen diplomatischen Denkschrift begleitet. Sein Vorschlag, das Haus Radziwill in den Deutschen Bund aufzunehmen, stieß auf Widerspruch. Auch eine Adoption in Österreich wurde erwogen und wieder verworfen. Historiker Raumer wandte sich scharf dagegen, weil seitens der Habsburger unliebsame politische Schlüsse zu erwarten seien. Statt dessen schlug er in einem weiteren Gutachten vom 28. Dezember vor, Fürst Anton Radziwill zum Herzog von Krakau zu ernennen, um dadurch die Ebenbürtigkeit zu erreichen. Der Vorschlag stieß allgemein auf Ablehnung. Man bat Kamptz um eine Stellungnahme. »Ganz gewiß ist, daß eine Adoption 50 Prozent mehr Sicherheit gewährt als Unebenbürtigkeit«, lautete sein salomonisches Urteil.

Inzwischen hatten auch Elisas Eltern von dem Projekt erfahren. Es traf das selbstbewußte Paar hart. Eine Adoption war das Eingeständnis, daß die uralte polnisch-litauische Fürstenwürde dem jüngeren Preußenadel nicht gleich stand – eine Demütigung des Hauses Radziwill. Noch bevor sie sich äußern konnten, bat der König um ihre Mitwirkung. Prinz August, der Bruder der Fürstin, habe sich bereit erklärt, seine schöne Nichte zu adoptieren. Elisas Mutter war entgeistert. Schon lange lag sie mit diesem Bruder, den sie wegen seines bekanntermaßen anrüchigen Lebenswandels verachtete, im Erbschaftsstreit. Sie hatten seit Jahren nicht mehr miteinander gesprochen.

Prinz August von Preußen, ein fünfundvierzigjähriger Junggeselle, Chef der preußischen Artillerie, war der reichste Grundbesitzer des preußischen Staates. In den Befreiungskriegen vom König zum General der Infanterie ernannt, war er als Lebemann bekannt, Liebhaber vieler Frauen und Vater von elf unehelichen Kindern. In Kenntnis seiner fragwürdigen Person kam der Radziwillsche Familienrat Weihnachten 1824 im Posener Statthalterpalais zusammen. Die Sache war in jeder Hinsicht peinlich. Doch Elisas Zukunft hatte Vorrang. Wie war sie zu bedauern! Es fiel auf, daß sie stiller und ernster war als früher. Fern von ihren Freundinnen, die sich nacheinander verlobten – Hedwig von Staegemann mit Ignaz von Olfers, Lili Parthey mit Bernhard Klein, Blanche von Wildenbruch mit Fritz von Roeder und Luise von Kleist mit Georg Graf Stosch –, lebte Elisa wie in der Verbannung.

Je länger das Warten dauerte, desto intensiver widmete sie sich neben ihren Zeichen- und Gesangsstunden der Religion, in der sie ein Gegenmittel gegen Herzklopfen, Unruhe und steigende Nervosität fand. Gräfin Reden, die in Buchwald eine Bibelgesellschaft gegründet hatte, war bemüht, ihr durch pietistische Erbauungslektüre und die Herrnhuter »Losungen« die Gewißheit zu vermitteln, daß es noch andere Seligkeit gebe als das irdische Glück, und schließlich war da auch keine andere Instanz, an die Elisa sich hätte wenden können. Wie hatte es Wilhelm ausgedrückt? »Gebete sind schließlich der höchste Trost, den uns die Religion gewährt«, hatte er gesagt.

Ihre Mutter rang sich schweren Herzens dazu durch, das Angebot des exzentrischen Bruders zu akzeptieren. Nur im

Familienkreis ärgerte sie sich maßlos über die arrogante Unverschämtheit, mit der dieser notorische Frauenheld sie behandelte. Trotz aller Bitterkeit willigte sie in das peinliche Unterfangen ein, und der geschmeichelte August unterbreitete ihr Ende Dezember 1824 immerhin die großzügige Offerte einer Mitgift für Elisa von 20 000 Talern.

Derjenige, der davon nichts ahnte, war Wilhelm. »Wenig Hoffnung bleibt mir seit den letzten Tagen! Gottes Wille geschehe! Er sei mit der geliebten *E.* Ewiglich!« Mit diesen Worten im Schreibkalender begann für ihn das neue Jahr. Dann erfuhr er von der geplanten Adoption. Seine Entrüstung, daß dieser Schürzenjäger mit seinem stadtbekannten Harem die engelsgleiche Elisa adoptieren sollte, war grenzenlos. Doch zu seinem Staunen konnte ihm Hausminister von Wittgenstein stolz die schriftliche Zustimmung der Fürstin Radziwill unterbreiten. Daraufhin erklärte Wilhelm sein Einverständnis.

Jetzt aber trat ein Gegner auf den Plan, mit dem niemand gerechnet hatte: der Kronprinz persönlich. Empört über die Wahl des Prinzen August, der sich vor dem Porträt der halbnackten, von zahllosen Männern umschwärmten Französin Juliette Récamier hatte malen lassen, bestürmte er seinen Vater mit Vorwürfen. Diese Adoption zerreiße die »heiligsten Bande der göttlichen Ordnung«, unter keinen Umständen dürfe die Ehe »der zwei armen Herzen« durch einen stadtbekannten Hallodri zustande kommen. Was werde die Öffentlichkeit zu dem Skandal sagen? Es müsse andere Möglichkeiten geben.

Unzufrieden ließ Wittgenstein wieder Professor Schmelzer aus Halle kommen. Der Jurist bezog am 1. Februar 1825 nahe Wittgensteins Dienstsitz Unter den Linden 13 eine Wohnung. Dort wollte er ungestört und im Geheimen die Richtlinien einer Adoption und deren Folgen erarbeiten.

Heimliche Verlobung

*»Ich fühlte mich wie im
Brautstand.«*

»Nachricht, nach Posen zu gehen!« Wilhelms Jubelruf war
seiner Schwester Charlotte zu verdanken. Sie hatte um seine Begleitung auf der Fahrt nach Petersburg gebeten, der
Vater hatte es genehmigt. Dann aber hatte er es ängstlich wieder untersagt – also keine Reise nach Posen! Kein Wiedersehen! Nur der List des Generaladjutanten von Witzleben
war das Unternehmen gelungen. Während der Besprechung
hatte er dem König zugeraunt, wenn Wilhelm seine Angebetete jahrelang nicht gesehen habe, sei es doch höchst zweifelhaft, ob er sie überhaupt noch liebe. Sollte man es nicht
auf eine Probe ankommen lassen, ob die Gefühle des Prinzen nicht abgekühlt wären? Das klang überzeugend. Der
König sah die Maßnahme ein. Schließlich war die Adoption
juristisch noch nicht unter Dach und Fach, der Kronprinz
ohne Nachwuchs und Wilhelms Beziehung zur Brockhausen kein Geheimnis – eine Entscheidung mußte so oder so
herbeigeführt werden. Der Sohn möge in Gottes Namen reisen.

Wilhelm fuhr mit fliegenden Fahnen ab. Was würde ihn in
Posen erwarten? Sie hatten sich drei Jahre nicht gesehen.
Elisa hatte Erlebnisse gehabt, von denen er nichts wußte,
Freunde, die er nicht kannte – ein Wagnis war es auf jeden
Fall. Vor seiner Ankunft kam ihm schon Fürst Radziwill ent-
gegen: Schwiegertochter Helene liege mit Scharlach im Statt-
halterpalais, Wilhelm müsse wegen der Ansteckungsgefahr
bei General von Roeder übernachten.

Notiz vom 7. Februar 1825: »Fast gar nicht geschlafen. Welche Erwartung, sie wird gerufen! Jetzt kommt er (der Vater),
läßt mich aussteigen und führt mich in die Zimmer vor die
Tante und Elisa! Welch ein Augenblick!«

Sie standen sich gegenüber, der Prinz in Uniform, Elisa in weißem Musselin mit goldenem Gürtel, die Fülle der Haare kaum gebändigt, keine Juwelen, kein Schmuck an den Armen. Als er ihr die Hand gab, stotterte er: »Nach drei schweren Jahren der Prüfung.« Dann umarmte er sie. Wie ernst und liebevoll sie ihn ansah! Wie schön und faszinierend sie war! Wie reizend ihre Stimme klang!

Sechzig Jahre nach jenem Wiedersehen, am 7. Februar 1885, schickte Wilhelm, zum Kaiser Wilhelm I. ernannt, seiner Schwester Alexandrine – der einzigen von seinen Geschwistern, die noch am Leben war – ein Telegramm mit dem Inhalt: »Heute vor 60 Jahren kam ich mit Charlotte nach Posen, wo nach drei Jahren das Wiedersehen stattfand, das einen nur zu kurzen Brautstand darstellte.«

Notiz vom 8. Februar 1825: »Welch Erwachen! Gebet! Dank, daß ich hier in ihrer Nähe bin. Um halbzehn zur Tante. Elisa!!! Die Andern! – welch Gefühl! Gemeinschaftliches Frühstück. Mit E. gesprochen. In ihr Zimmer! Album, Zeichnungen. Erinnerung! Seelig! – Sie ist auch durch die Prüfungszeit gereift! Auch in Herz Gemüt Seele! – Sprachlos, als Elisa meine Hand in der ihrigen hielt! Welch ein Ausdruck, welche Haltung! Es ist überstanden mit Gottes Hilfe!!! Welche bangen Jahre waren das! – ich war in Fieberzittern! Nun welches Glück sie so zu finden! Innerlich, äußerlich! ... Freudentränen brachten mich zu mir selbst! Gebet! O Gott wie preise ich deine undeutbaren Wege! Amen!«

Noch am gleichen Abend schrieb er »im Gefühl des höchsten Glücks« einen Brief an seinen Vater. Abgekühlt? Im Gegenteil! Zwar sei Elisa verändert, »unverändert aber ist ihr herrlicher, liebevoller, frommer Sinn. Jetzt sie zu sprechen, wo unsere Zukunft sich zu vergewissern scheint, wir uns also ohne Rückhalt über so vieles unterhalten können, er-

28 Elisa im Alter von 25 Jahren.
Gips-Medaillon für die königliche
Eisengießerei nach einem Entwurf
von Leonhard Posch

füllt mich mit einem Glück, was ich mir kaum in der Idee träumen konnte! Sie ist in den drei Prüfungsjahren gereift an Verstand und Erfahrungen – Nie kann ich es Ihnen genug danken, mir die Reise hierher erlaubt zu haben.«
Elisa habe ihm ihr Herz geschenkt, schrieb er voll Glück an Charlotte. Später würde er klagen: »Ich gab Elisa zurück, was sie mir gegeben – ihr Herz.«

Nachdem er seine Schwester noch bis Slubca begleitet hatte, kehrte er sofort um. Er wußte jetzt, daß Elisa sich auf das Zusammensein ebenso freute wie er. Sie fand ihn, der vor Begeisterung strahlte, liebenswürdiger denn je. »Zurück nach Posen, 3 Uhr dort. In Elisas Zimmer. Erste lange Un-

terredung mit ihr über die Vergangenheit, über das Glück.«
An Charlotte, die das junge Paar beobachtet hatte, schrieb
er zur Erklärung seines Glücks, daß er, der doch weiß Gott
nicht romantisch, sondern eher »reell« veranlagt sei, »mit
einer gewöhnlichen Lebensgefährtin nie hätte zufrieden sein
können«. Eben weil er Realist sei, brauche er »eine so idea-
lische Liebe«.

In seiner Begeisterung war er nicht zu bremsen. »Was nun
Elisas Äußere betrifft, so tut es mir ordentlich leid, daß Du
sie nur im Sammetkleide sahest. Nach dem letzten Mittag
hatte sie ein weißes Atlaskleid mit weißem Schwanenbesatz,
was ihr so unvergleichlich stand, daß ich hätte niederknien
mögen.«

Elisa im Schwanenflaum. Ihre Gestalt, als sei sie für ihn gemacht – schön zum Niederknien. Wilhelm liebte schöne Frau-
en, aber das Aussehen allein genügte ihm nicht, es mußte
hinzukommen, was der Schönheit Sinn und Inhalt gab. Als
er Marie von Hessen wiedersah, später um die entzückende
Cecilie von Schweden warb, war Schönheit das erste, was
ihm auffiel, doch dem Vergleich mit Elisa hielt keine von
ihnen stand. Nur bei ihr fand er »die unbeschreibliche Anmut im ganzen äußeren Erscheinen, die der Abglanz einer
so schönen Seele und eines so herrlichen Gemüts sind«. Wie
würde er beim Anblick von Prinzessin Augusta, die schließlich seine Frau wurde, sagen? »Sie ist schön, aber sie läßt
mich kalt.«

Wilhelm trug jetzt nicht nur die Tage, sondern auch die Stunden in seinen Schreibkalender ein. 12. Februar 1825. »Halb
elf gemeinschaftliches Frühstück wie gestern. Den ganzen
Morgen mit Elisa zusammengeblieben. Bis 3 Uhr im Cabinett der Tante. E. zeigte noch einige Andenken nebst Zetteln
und Briefen von ihrer Mutter.«
Elisas Mutter war, was den sichtlichen Überschwang der

beiden jungen Leute betraf, skeptisch – sie hatte vor Sorgen nicht schlafen können. »Meine geliebte Marianne! Mir ist so wohl, wenn ich W. zufrieden neben E. da sitzen sehe, und sie so innerlich froh, wie sie seit Jahren nicht war. Ich schreibe, während W. mit E. schwatzt und sie ungestört es tun können, da sie mich beschäftigt sehn. Und doch plage ich mich allein mit Hypochondrien.« Da sei Elisas Adoption durch ihren liederlichen Onkel August, da ängstige sie eine Bemerkung von Wilhelms Lehrer Brause, »Elisas ruhiges stilles Wesen passe nicht für W., der der Aufheiterung und Zerstreuung bedarf«. Wittgenstein habe ihr versichert, der König zögere nur deshalb, weil er fürchte, sein Sohn würde mit Elisa nicht glücklich. Sie habe die ganze Nacht überlegt, »wie E. in Berlin so streng wird beurteilt werden von diesen Hofmenschen, die sie critisiren werden«. Hofschranzen hatte sie eigentlich schreiben wollen. Wilhelm lege Wert »auf élegance und aimabilität in einer Art, die E. nicht hat. Eigentlich lustig ist sie auch nicht von selbst, sondern nur durch die Brüder, und da mag ihr wohl so manches mangeln, was ich selbst nicht ahnde.« Elisa sei aber fest überzeugt, ihren Bewerber glücklich zu machen. »Darum spreche ich nicht aus, wovon doch mein Herz so voll ist.«

Die Sorgen der Mutter schienen unbegründet. Wilhelm war selig »im Bewußtsein des sicheren Besitzes!«. Diesmal hatte er »ohne Rückhalt« gesprochen und Elisa einen regelrechten Heiratsantrag gemacht. Er hatte ihr Jawort erhalten. »Keine Feder vermag das zu schildern, was ich in den drei Tagen in Posen empfand, diese vertraulichen Unterhaltungen mit einem Wesen, das man so lange still, aber so innig und von ganzer Seele geliebt hat, wo Vertrauen und Zutrauen mit jeder Stunde wuchs und man sich von Neuem kennen lernte«, so an seine Schwester Charlotte, »diese Augenblicke muß man erlebt haben, um sie zu verstehen und zu begreifen!«

Seit er Elisa mit *Du* ansprechen durfte, fühlte er sich mit ihr verlobt. Noch nach Jahrzehnten sagte er, daß es »die schönsten Tage waren«: »Wir haben uns vollständig als Brautleute betrachtet, weil mit ihr mein Leben zum Leben ward, wie ich es nie gekannt!«

Lulu von Kleist erfuhr von Elisa alle Einzelheiten. Als man ihr Wilhelm gemeldet habe, schrieb sie, »da war es, als wenn eine eiserne Hand mein Herz packte, zusammendrückte und dann wieder los ließ, denn es wurde zu groß und drohte den Raum zu zersprengen«. Als der Wagen in den Hof rollte, sei sie mit Herzklopfen der Mutter in die für ihn vorbereiteten, durch Alabastervasen erleuchteten Zimmer gefolgt. Erst danach habe sie sich gefühlt »wie von Fesseln befreit«. »Er flog auf Mama zu, nachher gab er mir die Hand. Wir zitterten heftig. Wir haben uns auch umarmt, aber ganz wie sonst. Die ersten Worte, die er herausbrachte, waren: ›N a c h d r e i s c h w e r e n J a h r e n d e r P r ü f u n g.‹ Deine Freundin war ganz stumm und konnte erst wieder sprechen, nachdem sie sich im andern Zimmer ausgeweint.« Hier brach sie das Schreiben ab, beendete es zwei Tage später: »Ich bin unaussprechlich glücklich! Gott segne Dich und Deine teure Mutter. Denkt an Eure glückliche Elisa.«

General von Roeder schilderte seiner Tochter nicht ohne Humor die kostspielige Anwesenheit der hohen Herrschaften in seinem Haus und das entstandene Chaos, »da ich die Masse Fürstl. Radziwillscher Kammerdienerschaft und Lakaien im Hause hatte, und so hoch geehrt und beglückt ich mich auch durch diese zufällig mir zuteil gewordenen hohen Gäste fühlte, so gestehe ich doch aufrichtig, daß ich herzlich froh war, wie sie weiter mußten. Was für mich aber von wahrhaft unschätzbarem Wert ist, das ist, daß Prinz Wilhelm und unsere Prinzeß Elisa zum ersten Mal nach jahrelanger kummervoller Trennung sich unter meinem Dach und in unserer roten Wohnstube glücklich wieder gesehen haben, wodurch diese Stube eine Art Tempel für mich geworden ist; denn … es läßt sich doch nichts anderes denken, als daß der König seine Einwilligung zur Verbindung dieses einander so ganz würdigen Paares nicht mehr vorenthält. Du kannst dir denken, welche unaussprechliche Freude diese erwachten Hoffnungen über das Fürstliche Haus verbreiten und wie das ganze hiesige Publikum, in welchem Elisa allgemein so sehr beliebt ist, den wärmsten und lebhaftesten Anteil daran nimmt.«

Wilhelms Abreise war für den Abend des 13. Februar geplant. Da Elisa nicht in den Gesellschaftsräumen war, lief er zu ihrem Zimmer, um sich zu verabschieden. Thekla von Gumpert berichtet, daß Wilhelm durch die langen Gänge des Schlosses lief, die Suite der Wohnzimmer durchquerte, durch das Schreibzimmer der Fürstin bis zu Wandas Stube kam, um von dort durch das Toilettenzimmer ein paar Stufen abwärts zu Elisas Zimmer zu eilen. Schon wollte er die Treppe mit einem Satz nehmen, als er mit dem Kopf gegen die niedrige Verbindungstür stieß, und zwar mit solcher Wucht, daß er eine Gehirnerschütterung erlitt. Der Arzt Dr. Gumpert, Theklas Vater, machte ihm einen Eisumschlag, doch Kopfschmerzen und heftiger Schwindel setzten ein. Wilhelms Abfahrt mußte verschoben werden. Sein Kalendereintrag: »Kopf und Ellenbogen verbunden. 9 Uhr Frühstück. Den ganzen Abend von Elisa, der Tante und Wanda gepflegt. Welch schöne Stunde erlebte ich so noch, und so unerwartet, mit der teuren Elisa! Unbeschreiblich glücklich in diesen Stunden noch!!!« Freundin Thekla berichtete, die Fürstin habe ihrem Vater erklärt, das Unglück sei um so bedauerlicher, »da ich und wir alle einem so großen Glück entgegengehen«. Demnach war die Verlobung für sie bereits eine beschlossene Sache.
Gegen ärztlichen Rat trat Wilhelm anderntags die Heim-

reise an, damit man ihm nicht etwa Pflichtvergessenheit vorwerfen könne. »Abgereist. Elisas letzter Blick ruht bangend auf uns! Gott segne sie und alle – und nun fort! Der Abschied war so schmerzlich! – «

»In Berlin. Eisumschläge. Blutegel gesetzt.« Aderlässe und 24 Blutegel waren die Mittel, die dem Arzt bei solchen Fällen zur Verfügung standen. Wie seine Mutter, die Königin Luise, der man noch kurz vor ihrem Tod zu viele Blutegel gesetzt hatte, fiel auch Wilhelm nach dem zweiten Aderlaß in Ohnmacht. 23. Februar 1825: »Druck in den Augen, Schwindel und Übel beim Bücken. Aderlaß am Fuß verordnet. Besuch von Carl.« Nach den in den Zeitungen veröffentlichten Bulletins rechnete die Bevölkerung mit seinem Tod. War der Schlag am Türsturz auch ein Schicksalsschlag? Die Gehirnerschütterung bewirkte, daß er sich wochenlang nicht um die geplante Adoption kümmern konnte. Die Zeit arbeitete gegen ihn.

Elisa hatte sich übernommen. Mit einer eitrigen Mandelentzündung und hohem Fieber lag sie im Bett, man habe auch ihr Blutegel setzen müssen, meldete die Mutter Prinzessin Marianne. »Elisas Nerven waren so angegriffen, sie glaubte sich sehr schlecht und schied mit Tränenströmen vom s c h ö - n e n Leben. Nach einer guten Nachricht über Wilhelms Befinden fühlte sie sich aber besser.« Die Liebenden tauschten sich über Bücher und Musik aus, Elisa las *Corinne* von Germaine de Staël, Wilhelm las Schillers *Wallenstein* und *Don Carlos*. Er dankte für ihren Brief: »Die letzten drei Verse rufe ich Elisa zu: w e i l   m i t   i h r   m e i n   L e b e n   z u m   L e b e n w a r d ,   w i e   i c h   e s   n i e   g e k a n n t! Wahrer, bestimmter und kürzer läßt sich's nicht fassen ... Ich fühle nun erst ganz, was es heißt, lieben und geliebt zu werden, und was es sagen will, füreinander zu leben.« (19. Februar 1825) Elisa antwortete Wilhelm direkt. »Der Friede Gottes ist über mir, die Stimmen, die mich umgeben, sind die der Erde und der irdischen Leidenschaft.« Das war recht kühn, denn was »irdische Leidenschaft« bedeutete, wußte auch er nur zu gut.

Die Neuigkeit, daß der König seinen Sohn zu Prinzessin Elisa schickte, verbreitete sich mit Windeseile in der Öffentlichkeit. Jetzt war klar, daß aus der Affäre eine Liebe geworden war, der die Hochzeit bald folgen würde. Hedwig von Olfers frohlockte bereits »über die endliche Entscheidung meiner unsäglich liebenswürdigen Prinzeß Elisa, wie glücklich wird sie sein! Und wie lieblich wird das Glück aus diesen Augen, von diesen Lippen strahlen.« Es war geschehen, was man kaum für möglich hielt: der Prinz hatte sich gegen die Intriganten durchgesetzt. Niemand zweifelte mehr an der bevorstehenden Vermählung. Von einer neuen Hofhaltung wurde vielerorts gesprochen, zahllose Bewerbungsschreiben trafen sowohl bei Prinz Wilhelm als auch bei Radziwills ein und mußten beantwortet werden. Es meldeten sich Anwärter auf einen Posten, Kammerfrauen, Diener, Hofdamen, Köchinnen und Garderobenmädchen wünschten eine Anstellung. Wilhelm wie Elisa waren fest überzeugt, spätestens im Herbst heiraten zu können. Von seinem Bruder angefeuert, beschäftigte sich Wilhelm bereits mit Plänen zu einem eigenen Haus, das bei Potsdam »vis-à-vis von Glienicke« liegen sollte, »die Babelsberge als Park, wohin eine Fähre etabliert würde«. Zehn Jahre später würde er hier tatsächlich ein Haus oder besser: ein Schloß errichten lassen, aber nicht für Elisa, sondern für Augusta von Sachsen-Weimar.

Auch Elisa malte sich fröhlich ihren neuen Hausstand aus. Sie brauche keine italienische Villa, um glücklich zu sein, ihr und Wilhelm genüge die Pfaueninsel. »Noch gestern Abend wandelte ich im Geist an seinem Arm durch jene wohlbekannten Fluren«, schrieb sie an Lulu. »In einem Kahne fuhr ich mit W. und noch andern nach der Pfaueninsel, aber schon vom Schlosse an. Unter den Zimmern des Kronprinzen stiegen wir ein. Ich glaube, wir waren schon verheiratet, denn W. nannte mich Du und nahm sich schon die Freiheiten eines Ehemannes heraus. Er eilte mich, als wir in der Insel landeten, damit ich nicht zu spät zu Tisch erscheinen mögte, und lobte mich sehr herablassend, als ich wirklich erschien. W. war außer sich vor Freude über meine contenance und lobte mich den ganzen Tag, worüber auch ich erfreut war.« Sie sah sich glücklich als verheiratete Frau und eifrige Gastgeberin. »Was wird das für eine Wonne sein, wenn ich meine Eltern, meine Geschwister, meine Freundinnen bewirten werde! Wenn Du den Platz an meiner Seite einnehmen wirst, an unserm Tisch, in unserm Hause!«

Wilhelm hatte ihr aus Schloß Paretz, dem Lieblingsaufenthalt der Königin Luise, einen regelrechten Liebesbrief geschrieben. Das vermehrte ihre Sehnsucht. Sie ließ ihm ein Schmuckstück aus Lapislazuli anfertigen und eine in Perlmutt gestickte Tasche, die Prinzessin Marianne ihm überreichen würde. »Ach bitte grüßen Sie den recht treu von mir, dem Sie die *lapis* Nadel geben werden.« »Ich hatte kaum gekostet, wie süß es war, versprochen, verlobt, geliebt zu sein, so mußt' ich es wieder entbehren.« Das Wort »verlobt« hatte sie schnell wieder durchgestrichen – der Rest blieb. Brautbriefe wurden gewechselt; von Elisa fand sich ein Blatt, worauf sie schrieb: »Ich musst ihn ehren, darum liebt ich ihn«, um dann seine Worte zu wiederholen: *Ich muß ihn lieben, weil mit ihm mein Leben zum Leben ward, wie ich es nie gekannt.*

Wilhelm wurde am 22. März 1825 achtundzwanzig Jahre alt. »Ja! meine teure liebe Elisa, erkennen wir es ewig, was Gott für uns tat! Er hat uns vereint nach langer, bedeutungsvoller Trennung. Er wird uns durchs fernere Leben vereint führen, wenn wir Ihm treu bleiben. Ewig der Ihrige W.«

»Neues Leben in mir durch sie!« steht klein im Schreib-kalender. Obgleich es ihr nicht erlaubt war, antwortete sie ihm persönlich und schickte ihr Porträt. »Gottes Segen über Sie, mein lieber Wilhelm, nehmen Sie mein Bild gütig auf und gönnen Sie ihm eine Freistatt in Ihrem Lieblingszimmer.«

Der König, von dem sich Wilhelm zum Geburtstag die offizielle Bekanntmachung der Verlobung gewünscht hatte, berief statt dessen eine neue Konferenz ein. Die in der Stadt kursierenden Hochzeitsgerüchte hatten ihn aufgeschreckt. Varnhagen berichtete, die Minister seien zu dem Schluß gekommen, die Ehe sei nicht erwünscht, »wenn auch sonst nicht durchaus verwerflich«. Herr von Kamptz wußte zu vermelden, daß auch Adoption keine Ebenbürtigkeit verleihe. Das Gutachten von Schmelzer, auf das Wilhelm händeringend wartete, stand immer noch aus. Der Professor leide am grünen Star, hieß es, die Sache verzögere sich. Eine neue Anfrage des Königs nach einer möglichen Mitgliedschaft des Fürstenhauses im Deutschen Bund wurde von den Herren Bernstorff, Ancillon und Raumer einhellig negativ beantwortet: Das führe nur zu politischen Komplikationen.

Fürst Anton Radziwill fand es an der Zeit, seinen Standpunkt deutlicher als bisher zu vertreten. Schließlich ging es um seine Familie und um seine Ehre. Er hatte deshalb den berühmten Göttinger Staatsrechtslehrer Eichhorn gebeten, »über die persönlichen Verhältnisse des Radziwillschen Hauses« ein Gutachten zu erstellen. Die Schrift, die in polnischer Sprache gedruckt erschien, wurde vervielfältigt und vom Fürsten an alle maßgeblichen Personen verteilt. Professor Eichhorn bescheinigte Radziwill auf zweihundert Seiten Folio die jahrhundertealte Territorialhoheit seiner Familie: »Abkunft von uraltem litauischem Fürstenstamm, Ebenbürtigkeit durch Verleihung der Reichsfürstenwürde, Verbindung mit den ersten Geschlechtern des deutschen Fürstenstandes.« Die Darlegungen, über die es zwischen Radziwill und Wittgenstein zu einem erbitterten Streit kam, wurden in einem dreiunddreißigsten Gutachten durch Kamptz widerlegt, der erklärte, daß das Haus Radziwill »lediglich zum landsässigen zweiten Untertanenstand Litauens« gehöre.

Endlich lag auch die lange erwartete Expertise des augenkranken Schmelzer vor. Seine Angaben zur Rechtslage im Falle einer Adoption waren seitenlang und überaus kompliziert. Voraussetzungen für eine rechtsgültige Adoption waren: Thronverzicht aller erbberechtigten Prinzen und ihrer Nachkommen, Einberufung eines Familienrats, Vertretung der minderjährigen Prinzen durch Vormünder, Entlassung der Prinzeß Elisa aus dem Familienverband durch rechtsbündigen Emanzipationsakt, Vertrag zwischen ihren Eltern und Prinz August sowie Bekanntmachung der Adoptionsurkunde und Vollziehung des Ehevertrags unter Einbeziehung sämtlicher Prinzen des Königlichen Hauses.

Raumer verwies energisch darauf, daß jeder Prinz schließlich nur für seine eigene Person, nicht aber für seine Nachkommen auf den Thron verzichten könne. Professor Schmelzer habe das Preußische Landrecht zugrunde gelegt, doch hier sei das deutsche Staats- und Fürstenrecht zu beachten. Nach endlosen Debatten erklärten die Minister, daß eine Adoption, ganz gleich durch wen, das Blut nicht ersetzen könne.

Wittgenstein, vom Kronprinzen mit Mißtrauen bedacht, mit Fürst Radziwill zerstritten und in der Öffentlichkeit der Doppelzüngigkeit bezichtigt, war durch einen französischen Zeitungsartikel, der ihn als Intriganten bezeichnete, so beleidigt, daß er alles hinschmeißen wollte. Der Mann, der Wilhelms Angelegenheit nun in die Hand nahm, war der preußische Generalstabschef Friedrich Carl Ferdinand Freiherr von Müffling, Ehrenmitglied der Akademie der Wissenschaften, Träger des Schwarzen Adlerordens mit Brillanten,

Mitglied der von Scharnhorst gegründeten »Militärischen Gesellschaft« und Mitglied des Staatsrats. Er befürwortete Elisas Adoption bei Einwilligung aller lebenden Thronanwärter. Zwar hatten schon zwei von ihnen, der Bruder und der Neffe des Königs, ihre Ablehnung bekundet; sie mußten noch überredet werden. Wenn Elisa erst durch Prinz August adoptiert sei, könne mit vollem Recht »ein Prinz von Preußen eine Prinzessin von Preußen heiraten«.

Elisa war seit dem Wiedersehen mit Wilhelm sprühend heiter, beschwingt, lebenslustig und witzig. Sie hatte im Komponisten Kienlen einen hervorragenden Musiklehrer gefunden, vollendete unter Anleitung von Zeichenlehrer Rösel das Porträt ihrer Schwägerin Helene Radziwill und beteiligte sich an den Vorlesungen der Gräfin Pauline Néale, Hofdame ihrer Mutter, die schon seit einem Vierteljahrhundert im Hause war. Fröhlich gratulierte sie Lulu von Kleist zur Verlobung mit dem zwar älteren, dafür aber wohlhabenden Gutsbesitzer Graf Georg von Stosch, den sie »schön, reich, vornehm« fand: Graf Stosch war Herr auf den Gütern Manze, Reysau, Rosswitz, Sadewitz, Kaltenhaus und Glofenau.

Elisas Glückwunschbrief vom 4. Mai 1825 ist ein Spiegel des eigenen Glücks, das sie erwartete. Bei einer Wanderung habe sie kürzlich in schönster Gegend ein unbekanntes Schloß entdeckt und an Wilhelm gedacht, der sich in Schlesien einen Besitz wie Schloß Lomnitz wünsche. Adressiert waren ihre Briefe zwar an Lulu in Berlin, gedacht aber waren sie für Wilhelm, der sie von der Freundin bekam und in der Tasche bei sich trug. Elisa war sehr stolz darauf. »Mit Rührung sehe ich dieses Blatt und diese Schriftzüge an, da sie durch D e i n e in S e i n e liebe Hand kommen sollen! Ich will es vorher noch küssen – so, und nun lebe wohl.«

Prinz Carl und Prinzessin Marie

»Auf den Trümmern von
Wilhelms Glück«

Das Gemunkel über Wilhelms Liaison mit der schönen Emilie von Brockhausen war nicht verstummt. Elisa wußte nicht, was sie davon halten sollte. Noch nie hatte sie Grund zur Eifersucht gehabt. Ein Traum sollte dem Geliebten sagen, daß sie von seiner Affäre wußte. »Ich habe geträumt heute, wir wären in Berlin, und der Hof käme zum *déjeuner* zu uns«, schrieb sie in einem gespielt heiteren Brief an Lulu von Kleist, der den eigentlichen Adressaten wohl erreichen würde. In ihrem Traum traten erst die Prinzessinnen Alexandrine und Luise, dann das Kronprinzenpaar »in das schöne blaue Zimmer«, schließlich die Hofdamen, auf die es ihr ankam. »Ich kann nicht leugnen, daß die Brockhausen am hübschesten war«, schrieb sie. Die naive Erzählung sollte Wilhelm sagen, daß sie Bescheid wisse. Doch seine Antwort war so gereizt, daß sie sich entschuldigte. Sie habe ihn nicht kränken wollen. »O! verzeihen Sie mir! Eh mein Herz diese Gewißheit nicht erlangt hat, wird es nicht aufhören zu bluten.« Ihr aufrichtiges Wesen war zu keiner Täuschung fähig. »Wilhelm! Das Ende Ihres Briefes war so schön! Ich ergreife die Hand und sage: ›es ist alles beim alten‹, und meine Liebe möchte wachsen, wenn es nur möglich wäre, denn sie hat den Gipfel schon erreicht.« Sie werde in Emilie von Brockhausen zukünftig eine Freundin sehen. Wilhelm war gerührt, wollte aber der Brockhausen nichts davon sagen, »denn soweit geht unsere Intimität doch nicht«.

Während Elisa weiter auf die Entscheidung des Königs warten mußte, heirateten nacheinander alle ihre Freundinnen. Hedwig von Staegemann hatte sich mit dem Juristen Ignaz von Olfers, Blanche von Wildenbruch mit dem Offizier Fritz

von Roeder vermählt. Wilhelms jüngste Schwester, die siebzehnjährige Prinzessin Luise von Preußen, war ihrem Vetter Friedrich von Oranien angetraut worden, der sie zur Königin der Niederlande machen würde. Oldwig von Natzmer, den Armen der hochmütigen Julie von Brandenburg entflohen, hatte ein Fräulein von Richthofen gewählt, die Posener Freundin Adele von Sartoris hieß jetzt Adelka von Hintzmann und die geliebte Lulu von Kleist wurde im Oktober 1825 Gattin des wohlhabenden Grafen Georg von Stosch, mit dem sie fünf Kinder bekam.

Wilhelm nahm an Lulus Hochzeit in Berlin teil, während Elisa, die nicht nach Berlin fahren durfte, weinend die Diamantohrringe verpackte, die sie für die Braut hatte anfertigen lassen. Die Trauung vollzog Hofprediger Sack, der Elisa konfirmiert hatte – und der sie auch beerdigen würde. Bald nach der Hochzeit muß die frisch verheiratete Freundin Klagen über den sexuellen Vollzug der Ehe angedeutet haben, denn Elisa antwortete, für eine Frau sei dazu »entweder die allergrößte Liebe oder die siegende Pflicht« nötig. » M i r wird Liebe auch unumgänglich nötig sein«, setzte sie hinzu. »Ach, was brächte man nicht einem treuen Manne wie W. für Opfer?« Sie litt, wenn sie das Glück der anderen bedachte. »Ich verlor Freund und Heimat zugleich«, klagte sie, man habe ihr »sowohl die J u g e n d s t a d t wie auch den J u g e n d - f r e u n d« geraubt. Immerhin war sie sicher, mit Wilhelm »im Winter vereint« zu sein.

Es gab neuen Ärger. Prinz Wilhelm hatte bei Radziwills sein Erscheinen angekündigt, dann aber zurücknehmen müssen: der geplante Kuraufenthalt in Warmbrunn nahe Ruhberg, den der Arzt Hufeland verordnet hatte, war vom König verboten worden. Wilhelm mußte die Kur im entfernten Teplitz absolvieren. »Wie mir nach Elisa bangt, kann ich gar nicht sagen; ohne ihr ist mir alles einerlei jetzt«, so an die Schwester Charlotte. »Ich schwärme in der Rückerinnung jedes schönen Augenblicks von damals. Es war eine unglaubliche Zeit nach dreijährigem Kampf und Ungewißheit – so im sicheren Hafen eingelaufen, im ganz neuen Verhältnis! Es war nur mit dem Worte: unglaublich zu bezeichnen!«
Da der Vater ihm nicht erlaubt habe, Elisa zu besuchen, nütze die ganze Kur nichts, schrieb er aus Teplitz zornig an Natzmer, »da jetzt mehr meine Nerven als mein Rheumatismus aufgeregt sind«. Im übrigen sei er wütend auf Wittgenstein, der sich plötzlich gegen die Adoption ausspreche. »Ich dachte, ich sollte aus der Haut fahren! Gibt es etwas Unwürdigeres? Darf ich, darf Prinzeß Luise und Elisa, selbst der König so das Spielwerk der Intrigen und Cabalen sein?« Klagen, Jammern, Warten. Nicht zum erstenmal sah er sich

selbst als »Spielwerk« – der Mann, der um sein Glück kämpfte, war Wilhelm nicht. Später, an der Seite einer ungeliebten Frau, muß er sich gefragt haben, warum er nicht energischer vorgegangen war.

Zurück in Berlin, kam er seinen militärischen Pflichten ebenso pünktlich nach wie den Anforderungen bei Hofe. »In Paretz.« »Ball bei der Königin.« »Oper Alcidor.« »Jagd im Grunewald.« »Manöver in Magdeburg und Düben.« So steht es in seinem Kalender. Unterredungen mit Ministern, Beratern, Untergebenen, nie aber mit dem König direkt, der sich durch eine Barriere aus Unnahbarkeit und Strenge vor unliebsamen Appellen zu schützen verstand.

Elisa erlebte ein eigenes Erschrecken. Die Tücke des Geschicks hatte ihr einen vertauschten Brief in die Hände gespielt. Er stammte von Lulu von Kleist und war an Prinzessin Caroline von Hessen gerichtet. Der Inhalt bestand in einer vertraulichen, nur für Caroline bestimmten Mitteilung – den Umschlag aber hatte sie versehentlich an Elisa adressiert. Lulu äußerte darin ihre Zweifel, ob Elisas Heirat mit Wilhelm je zustande kommen würde. Die Öffentlichkeit wisse es nämlich anders, man beurteile die Sache allgemein als hoffnungslos.

Elisa las das Schreiben und antwortete scheinbar ruhig: »Was die Leute glauben und nicht glauben, kann mein Schicksal kein Fingerbreit ändern.« Die Meinung der Menge kümmere sie nicht. »G o t t selbst wird entscheiden.« Doch unmerklich ging eine Veränderung mit ihr vor. Die erschreckende Nachricht brachte ihr die eigene Lage unmißverständlich zu Bewußtsein, und ihr Lebensgefühl verlor den glücklichen Schwung, der sie seit Wilhelms Besuch beseelt hatte.

Sie wurde jetzt zweiundzwanzig Jahre alt. In Wilhelms Kalender liest man: »Elisas Geburtstag! Alle Andenken an Elisa angesehen und gelesen. Gebet! Stunde der Andacht gehalten! Herr Gott Dein Wille wird geschehen! – Brief an Prinzeß Luise!!! – Diner in Charlottenburg. – Zu Tante Marianne. – *E.*«

Er schickte ihr ein sehnsüchtiges Schreiben. »Berlin, den 28. Oktober 1825. Seitdem wir die schönen Tage des Februars erlebten, vermögen zwischen uns Worte das nicht mehr auszusprechen, was unsere Herzen empfinden ... gedenken Sie der schönen Stunden, die uns vereint fanden, und der Gefühle, die uns in jenen wenigen Augenblicken durchglühten, dann werden Sie wissen und verstehen, was ich Ihnen zu sagen habe – Ewig Ihr treuer Freund Wilhelm.«

Gefeiert wurde Elisas Geburtstag zum ersten Mal im neuen Schloß Antonin, das Fürst Anton Radziwill im Kreis Ostrowo in der Provinz Posen durch Karl Friedrich Schinkel, den besten Architekten Preußens, hatte erbauen lassen, ein Jagdschloß, das seinen Namen trug: »Antonin«. (Das Schloß dient heute als Hotel). Auf achteckigem Grundriß war ein symmetrischer Holzbau mit vier gleichmäßigen Anbauten entstanden, bekrönt durch ein hohes, ebenfalls achteckiges Zeltdach. Die Mittelhalle, in der eine riesige Säule die Decke zu tragen schien, reichte durch alle vier Stockwerke bis zum Dach. Diese Säule war jedoch kein Schmuckelement, sondern enthielt zwei gewaltige Kamine, an deren Feuer sich die Jagdfreunde abends zu versammeln pflegten. In den vier Flügelanbauten befanden sich die Schlafgemächer und die Zimmer der Gäste. Hier logierten der Großherzog von Sachsen-Weimar, der russische Zar und Alexander von Humboldt. Im Hausinneren mündeten die vier Flügelanbauten in umlaufende offene Galerien, von denen man, wie von Sängerkanzeln herab, Musik erklingen lassen konnte. So war es auch bei der Vermählungsfeier von Blanche, wobei von den inneren Galerien herunter die Hochzeitschöre erschallten.

Antonin lag inmitten weiter Wiesen. An Bächen und Holzbrückchen vorbei führten gewundene Wege zu einem ver-

*30 Schloß Antonin bei Posen, Jagdschloß des Fürsten
Anton Radziwill, erbaut von Karl Friedrich Schinkel*

steckten Teich, in dessen Mitte auf einer Insel das Grabdenk-
mal für die früh gestorbenen Kinder Helene und Luise stand.
Schinkel hatte nahe beim Schloß auch ein Gartenhaus, ein
Forsthaus und ein sogenanntes Schweizer Haus errichtet,
in dem Elisa ihre Briefe schrieb. Ihr Vater sei glücklich unter seinen Bauern, meldete sie Lulu, sie selbst habe sich zu
einer regelrechten Landwirtin entwickelt, »so daß die Bauern mich für die echte Polka anerkennen«.

Derweilen besuchten Wilhelm und sein jüngerer Bruder Carl
das thüringische Weimar. Die Reise erfolgte auf Wunsch
des Königs: die beiden Brüder sollten die Prinzessinnen des
Hauses Sachsen-Weimar, die sechzehnjährige Marie und
ihre jüngere Schwester Augusta, kennenlernen. Was Carl betraf, so entflammte er auf der Stelle für die hübsche Marie,
wollte sie am liebsten sofort heiraten und war glücklich, daß
der Vater diesmal keine Einwände machte. »Endlich einmal
eine Verbindung ohne Verdruß«, lautete die Zustimmung

des Königs, der mit Maries Großvater, dem »Goetheherzog« Carl August, befreundet war. Die offizielle Werbung folgte auf dem Fuße. Doch zur Verblüffung aller Beteiligten blieb die erwartete Antwort aus Weimar aus.

Jetzt galt es, Erkundigungen einzuziehen. Der bewährte General von Müffling wurde auf den Weg nach Weimar geschickt. Das Ergebnis der Unterredung: Herzog Carl August ließ wissen, es sei für sein Haus wenig erstrebenswert, Prinzessin Marie mit einem »drittgeborenen Prinzen« zu vermählen, »dessen Existenz, ohne daß nicht ein Wunder geschehe, sehr mittelmäßig und unbedeutend bleiben werde«. Seine Enkelin habe nämlich Aussicht »auf Erben beträchtlicher Landstriche«. Ferner sei, wie jeder wisse, die Zukunft des zweitgeborenen Prinzen Wilhelm noch unklar. So lange aber an eine Ehe gedacht werde, »durch die die Nachkommen der Prinzessin Radziwill erbfolgeberechtigt würden«, halte man es nicht für ratsam, Prinzessin Marie dem Prinzen Carl zu geben.

Das war ein herber Schlag! Man atmete erst auf, als die Mutter der Prinzessinnen, Erbgroßherzogin Maria Pawlowna, Schwester des russischen Zaren und Charlottes Schwägerin, die preußischen Brüder im Spätherbst 1825 zur Jagd nach Weimar einlud. Hatte sie einen Wink aus Petersburg erhalten? Wilhelm war überrascht, mit welch ausgesuchter Zuvorkommenheit man sie aufnahm. Carls Vorhaben schien in Fahrt zu kommen. Doch dann erklärte Maria Pawlowna, wenn er, Wilhelm, auf einer Ehe mit Prinzessin Elisa Radziwill bestehe, und wenn diese unebenbürtige Dame wie eine Königliche Prinzessin der künftigen Gattin Carls vorangestellt werde, könne von einer Heirat ihrer Tochter Marie leider nicht die Rede sein. Die geborene Russin empfand die Einheirat einer polnischen Familie in das Haus Hohenzollern offenbar als unzulässig. Auf jeden Fall, erklärte sie hinhaltend, sei noch das Einverständnis ihres Bruders, des russischen Zaren Alexander, einzuholen. Jetzt wurde »Januskopf« Wittgenstein nach Weimar entsandt. Er sollte klarstellen, daß in Wilhelms Angelegenheit das letzte Wort noch nicht gesprochen sei.

Daraufhin geschah etwas Unvorhergesehenes. Während man in Berlin noch wartete, wurden in Weimar verschiedene Varianten erwogen. Großherzogin Maria Pawlowna war eine kluge Frau. Mit der Weisheit einer vorausschauenden Mutter erklärte sie nach Rücksprache mit ihrer Petersburger Familie, das Glück von Tochter Marie dürfe nicht auf den Trümmern desjenigen von Prinz Wilhelm gegründet werden. Schließlich solle die Ehe nicht mit einem Eklat beginnen.

Unverzüglich wandte sich Friedrich Wilhelm III. an Zar Alexander, bat ihn im Namen seines vierundzwanzigjährigen Sohnes Carl um die Hand von Marie und wiederholte mit Nachdruck, daß in Hinsicht auf Wilhelms Eheprojekt »noch keine Bestimmungen getroffen sind«.

Das war der Augenblick, der dem erschrockenen Wilhelm die Augen öffnete, daß entweder sein Glück oder das des Bruders auf dem Spiel stand.

Die Katastrophe

»Ich hatte kaum gekostet, wie es
war, geliebt, verlobt zu sein.«

Im Dezember 1825 starb unerwartet der russische Zar Alexander I. Aus Angst, bei einer gegen ihn gerichteten Verschwörung ermordet zu werden, war er auf die Krim geflohen, war dann schwer erkrankt und nach Taganrog gebracht worden. Er besaß keinen Sohn, seine einzige Tochter war gestorben, sein Bruder Konstantin hatte eine unebenbürtige polnische Gräfin geheiratet und auf die Thronfolge verzichten müssen, Bruder Nikolaus würde die Nachfolge antreten. Der Tod des erst fünfzigjährigen Zaren stürzte Rußland in eine innenpolitische Krise. Als anstelle von Konstantin, dessen Thronverzicht nie öffentlich bekannt geworden war, plötzlich Nikolaus zum neuen Zaren ausgerufen werden sollte, meuterte die Garde, die ihm den Fahneneid schwören mußte. Zwei Kompanien rebellierten. Der Gouverneur, der die Rebellen auffordern wollte, sich zu ergeben, wurde erschossen. Das Regiment Moskau stand angriffsbereit auf dem großen Senatsplatz, auf dem hoch zu Roß Großfürst Nikolaus erschien. Wenig später ergab sich das aufständische Regiment. Es waren vor allem adlige, aber auch polnische Offiziere der russischen Armee, die den Eid verweigert und damit ihren Protest gegen das autokratische Zarenregime, Polizeiwillkür, Zensur und Leibeigenschaft bekundet hatten.

Zar Nikolaus I., Charlottes Ehemann, nahm die Untersuchungen gegen die Verschwörer persönlich in die Hand. Er ließ sechs Anführer hängen, unter ihnen Oberst Pestel, der eine neue russische Verfassung ausgearbeitet hatte. Die Aufrührer wurden nach Sibirien transportiert, zu zwanzig Jahren Zwangsarbeit und lebenslanger Haft verurteilt. Charlotte lehnte die Härte seiner Maßnahmen zwar ab, hielt aber

31 *Prinzessin Wanda Radziwill,*
Elisas Schwester, verheiratete Fürstin
Czartoryski, mit einem Korn-
blumenkranz im Haar. Nach einem
Gemälde aus Schloß Ruhberg

dennoch treulich zu ihrem »Niki«. Die Aufständischen, nach
dem Monat Dezember fortan als »Dekabristen« bezeichnet,
waren die ersten, die eine bewußt gegen Mißstände und
zaristische Autokratie gerichtete Revolution in Rußland ent-
fesselt hatten.

Wilhelm wurde vom König ausersehen, in Begleitung seines
neuen Adjutanten Leopold von Gerlach nach Sankt Petersburg zu reisen, um ein genaueres Bild der Lage zu liefern.

Am Jahresbeginn 1826 erhielt er ein Schreiben von Elisa – in seinem Schreibkalender mit vielen Ausrufungszeichen vermerkt: Noch nie hatte er einen Brief bekommen, der so offen einer Liebeserklärung glich. »Ich kann das scheidende Jahr mit seinen süßen Erinnerungen nicht zu Ende gehen sehen«, hatte sie geschrieben, »ohne Ihnen noch einen Gruß der Liebe und ein Wort des Dankes zu senden ...« Am folgenden Tag reiste er ab. Sein Weg würde über Posen führen, ein Besuch im Statthalterpalais wurde huldvoll genehmigt. Sofort schickte er Radziwills eine Depesche des Inhalts, er wolle weder durch den kommandierenden General begrüßt werden noch überhaupt Truppen sehen. Sein Ziel war bekannt. »Ich drücke Elisas teure Hand in Gedanken, bald aber wirklich!«

Am 8. Januar 1826 sprang er vor dem Statthalterpalais aus dem Wagen, jagte die Treppe hinauf. »Schon an der Treppe auf der Hälfte Tante und Elisa!!!« steht im Schreibkalender. »O Gott, welch ein Augenblick des frohen Wiedersehns!!!!!!!« Er verbeugte sich, sah das dunkelblonde, in Flechten gelegte Haar, das in Ostpreußen, als sie noch ein Kind war, wie ein Mantel um ihre Schultern gelegen hatte. Elisa war so schön, daß er sich Mühe geben mußte, die Augen abzuwenden. »Wanda, Helma, Wady!« Er begrüßte Elisas Geschwister Wanda und Wladislaw und ihre Hofdame. »Gleich zusammen geblieben.« Während des Soupers sprach man über die Zarin, die nach Jahren des Zerwürfnisses – sie war einer Mätresse wegen von Alexander verlassen worden – neun Tage und Nächte am Bett ihres Mannes gewacht und dem Sterbenden die Hände über der Brust gekreuzt habe. Wilhelm setzte sich mit Elisa an den Kamin. Er gefiel ihr sehr. »Prinz Wilhelm hatte schon damals die hübsche, vornehme Haltung, das verständige Wesen, das stets im Gegensatz zu dem ungebundenen seines älteren Bruders stand«, hat Caroline von Rochow bemerkt.

»Und dann bis 3 Uhr mit Elisa allein geblieben. Ach! welch selige Augenblicke! Vergangenheit, Liebe, Treue, Zukunft. Selige Augenblicke! Erinnerungen an frühere schöne Jahre und Entstehen unserer Liebe – 1818 bis 19 und 19 bis 20.« Ihr Gesicht spiegelte die unerwartete Freude. Er beobachtete ihr herzliches Lachen, das ihm wohltat wie ihre Worte. »Aber unter den Vielen, die ich kennen lernte, fand ich auch k e i n e einzige von einem Werte, die der Auserwählten gleich käme«, hat er gesagt.

Wie lange konnte er bleiben? Zwölf Stunden! Die Zeit war knapp. »Wir fahren heute Nacht schon weiter.« Sie nahm seine Briefe aus der Schachtel, lächelte über das Kleeblatt, das aus dem Umschlag fiel, sah ihn verlegen an, als sei eine Frage noch nicht beantwortet worden. Für kurze Zeit klang ihre Stimme gepreßt. Es gefiel ihr nicht, daß die Entscheidung beim König lag und man selber machtlos war. Von der Dominikanerkirche schlug die Uhr. »Ich allein mit *E.* Hand in Hand bis zur Trennung. So in der Dunkelheit die Geliebte verlassen, während sie zur Ruhe gehend ihr Gebet zum Himmel für mich gewiß sandte, und ich Gott für das unverhoffte Glück dankte! – Kalte Nacht. – Minus 17 Grad. Grenze passiert. *E!* Um Mitternacht in Lowitz den Wagen gebrochen. 6 Std. geruht. Halbzwölf in Warschau.« Wilhelms Bericht an den Vater war so glühend emphatisch, rief so eindringlich den toten Zaren zum Zeugen auf, daß man schon von Stein sein mußte, um nicht weich zu werden. »So verband uns sein Tod auf Augenblicke, da er es im Leben nicht konnte!« Ob sein Jubel den König rührte? »Wie unendlich glücklich ich mich in den wenigen schönen Stunden fühlte, welche ich bei der Tante und Prinzeß Elisa zubrachte, werden Sie nur zu leicht sich selbst sagen können!« schrieb er dem Vater. Es hieß, Friedrich Wilhelm III. besitze unter dem Panzer der Abwehr ein weiches Herz.

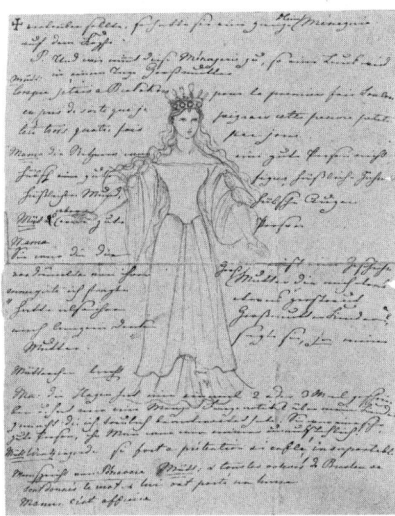

*32 Brief von Elisa an ihre Freundin
Lulu Gräfin Stosch. Entwurf mit
Notizen und einer Bleistiftzeichnung
ihres Kostüms als Undine*

Gleich am nächsten Morgen schrieb Elisa ihrer Freundin
Lulu von Kleist: »Großer Gott, ich weiß nicht, womit ich
anfangen, welchen Eindruck ich Dir zuerst mitteilen soll.
Die Hauptsache ist doch dies: Gestern war mein Wilhelm
hier, gestern erlebte ich mit ihm und durch ihn die süßesten
Stunden. Um Mitternacht reiste er wieder ab, bei einer wirklich furchtbaren Kälte.« Als vom Tod des Zaren und den
Tränen der Zarin die Rede war, habe sie die Fassung verloren. »Nach 12 begleiteten wir ihn zum Wagen. Es war eine
stürmische Nacht und eine Kälte von 15 Grad. Vor der Tür
nahm er noch einmal Abschied und stieg dann ein mit General Thile. Ich hatte meinen schwarzen Pelzmantel nur flüch-
tig über mein dünnes schwarzes Oberkleid geworfen und
war in dünnen Atlasschuhen, so daß die raue Luft mich or-

dentlich eisig anpackte und rüttelte. Wie, dachte ich, wenn sie dir den Tod brächte? Indem fuhr Wilhelms Wagen fort und rollte durch das Tor. Mein Herz wurde weit und ich rief ihm innerlich aufgeregt heimlich zu: ›Nimm mein Leben!‹ Ist das nicht ein Fiebertraum? Und doch so wahr und doch natürlich, denn ich war in einem aufgeregten Zustand und vor Frost bebend.«

Auf der Reise nach Sankt Petersburg, wo Wilhelm von Januar bis April 1826 blieb, wurde der sechsunddreißigjährige Leopold von Gerlach, einer von vier Söhnen des ersten Berliner Oberbürgermeisters, sein Adjutant und Berater auch in persönlichen Fragen. Gerlach hatte nach dem Jurastudium eine militärische Ausbildung bei Scharnhorst begonnen und unter Blücher Karriere gemacht. Später wurde er Generaladjutant von Wilhelms älterem Bruder, König Friedrich Wilhelm IV. Gerlachs Erinnerungen, herausgegeben von seiner Tochter Agnes, sind eine wichtige Quelle der Zeit. Er und seine drei Brüder – der Gerichtspräsident Wilhelm, Ludwig, Gründer der konservativen Kreuzzeitung, sowie der Hof- und Domprediger Otto von Gerlach, wirkten einflußreich im politischen und geistigen Leben Berlins.

Mit seinem neuen Adjutanten besprach Wilhelm den für ihn unerklärlichen Aufstand der russischen Offiziere. Leopold von Gerlach sah eine Ursache der Revolte in den »mißverstandenen liberalen Errungenschaften des Westens«, die in Rußland nicht ohne weiteres anwendbar seien. Ein weiterer Grund liege in der »vorherrschenden unchristlichen Gesinnung« und dem Zweifel am Wort Gottes, der den König eingesetzt habe. Was ihn allerdings stutzig mache, sei die überraschend große Zahl adliger Verschwörer. »Da so viele bedeutende Leute an dieser Verschwörung Teil haben, hat sie offenbar noch eine andere als eine bloß constitutionelle Tendenz«, lautete Gerlachs Überlegung. Viele Dekabristen kamen aus aristokratischen Häusern – die Trubezkojs, die Obolenskijs, die Wolkonskijs –, deren Mitglieder durch Jahrhunderte der Zarenfamilie die Treue gehalten hatten. »Dazu paßt auch ganz der Plan, die kaiserliche Familie, bis auf den kleinen Großfürsten Alexander, zu vertilgen«, notierte er, »denn fremd ist die Deutsch-fürstliche Kaiserfamilie wirklich hier geblieben, fremd in ihren Grundsätzen, Gesinnungen, Neigungen und selbst in ihrem Aussehen.«

An seinem neunundzwanzigsten Geburtstag im März 1826 war Wilhelm so niedergeschlagen, daß seine Schwester Charlotte, jetzt die neue russische Zarin, Mitleid mit ihm hatte. Dem Prinzen sei zugetragen worden, erklärte Gerlach, daß der König die Ehe mit Elisa »nicht convenable« finde. Der alte Herzog Carl August von Sachsen-Weimar hatte eine Heirat mit »Demoiselle Radziwill« »inégal« genannt und dem König ein Ultimatum unterbreitet. Nur wenn Wilhelms »nicht successionsfähige Kinder« auf den Thron verzichteten, dürfe Prinzessin Marie Prinz Carl heiraten. Damit verfolgte der Herzog ein bestimmtes Ziel. Sollte der Kronprinz, wie man ihm gesagt hatte, kinderlos bleiben und Wilhelm die geplante Mesaillance mit »Demoiselle Radziwill« eingehen, bekäme Marie die Chance, ihre eigenen Kinder auf dem preußischen Thron zu sehen.

Auf der Rückfahrt von Petersburg im April 1826 wurde Wilhelm der Besuch in Posen diesmal nicht gestattet. Die Öffentlichkeit spekulierte, Wilhelms amouröses Verhältnis zur blonden Emilie von Brockhausen sei der Grund. Elisa war bestürzt. Kam Wilhelm nicht, weil sich die Meinung der Zarenfamilie geändert hatte? Tatsächlich hatte man sich in Petersburg eines anderen besonnen. Die Prinzessinnen Marie und Augusta in Weimar waren heiratsfähig. Was wäre wünschenswerter, als die beiden Schwestern mit beiden preußischen Prinzenbrüdern zu vermählen?
Der Wink, Radziwills nicht aufzusuchen, konnte natürlich

auch aus Berlin gekommen sein. Man hatte erfahren, daß bei der Dekabristenverschwörung nicht nur russische, sondern auch polnische Offiziere beteiligt waren. Wie, wenn die Revolution ins eigene Gebiet übersprang? »Zar Nikolaus und Prinz Wilhelm reden viel von den Verzweigungen dieser Verschwörung im Auslande«, hatte Gerlach notiert, »namentlich bei uns im Posenschen.« Ein Aufstand in Posen, wo Fürst Radziwill als Statthalter regierte? Derartige Befürchtungen könnten die Erklärung sein, warum Wilhelm »im Posenschen« nicht mehr Station machen durfte.

»Beide Brüder glücklich machen zu können, wäre das wünschenswerte Resultat meiner Bemühungen«, beteuerte der König. Er wiederholte zögernd die Adoptionsidee, wollte sich aber absichern und bat erneut nicht weniger als sechs Staatsminister um ihre Meinung. Altenstein, Schuckmann, Lottum, Bernstorff, Danckelmann und Müffling machten sich daran, in Sachen einer fürstlichen Adoption ihrerseits Stellung zu beziehen.

Als hätte sich das Schicksal gegen Wilhelm verschworen, konnte man in diesen Tagen im *Hamburger Korrespondenten* lesen, daß eine Prinzessin Stephana Radziwill »Ehrenfräulein« am Petersburger Hof geworden sei. Freiherr von Schilden gab unverzüglich der Empörung Ausdruck, daß die Nachricht eine Verunglimpfung des Hauses Hohenzollern darstelle, woraufhin der König seinen Unmut an Tochter Charlotte weitergab: Eine Radziwill als Hofdame – und Wilhelm wollte eine Verwandte dieses Namens heiraten! Der König zürnte. »Wie soll sich das nun vereinen? Ich mache Dich darauf aufmerksam, weil Du von jeher diese Verbindung begünstigt hast.«

Pünktlich zum 1. Mai 1826 lagen die sechs neuen Gutachten mit nahezu übereinstimmenden Ergebnissen vor. Insgesamt enthielten sie die Forderung, eine Adoption müsse nicht nur seitens der majorennen Agnaten, also der erwachsenen

Thronanwärter, sondern auch für deren Nachkommen erfolgen. Danckelmann verlangte sogar die Einwilligung sämtlicher Prinzessinnen. Damit war die Adoption nicht nur erschwert, sondern praktisch unmöglich geworden.

Varnhagen, der wie gewöhnlich das Gras wachsen hörte, wußte schon zu diesem Zeitpunkt von Gerüchten über neue Heiratspläne des Prinzen, wie sie nur durch die Bediensteten, die bei Hofe alles sahen und hörten, nach außen gedrungen sein konnten. Er behauptete, Prinz Wilhelm heirate eine andere.

Während in Berlin noch heftig verhandelt wurde, war die Großherzogin von Sachsen-Weimar als Mutter von zwei Töchtern endgültig zu der Ansicht gelangt, Maries Lebensglück nicht von Wilhelms Vorhaben abhängig zu machen. Eine unabhängige Entscheidung sei der einzig würdige Weg!

Als der König Anfang Juni 1826 seine Minister zur entscheidenden Besprechung rief, hatte man hier noch die Weimarischen Bedingungen vor Augen, die Carls Hoffnungen durchkreuzen würden. Prinz Wilhelm mußte endgültig einsehen, daß es seine Pflicht war, angesichts der Kinderlosigkeit des Kronprinzen für einen Thronfolger zu sorgen und eine entsprechend geeignete Gemahlin zu finden. Konnte eine polnische Prinzessin Königin von Preußen werden? Würde Elisas neue Stellung nicht zur Stärkung der katholischen Kirche beitragen? Konnte ihr Sohn den Preußenthron besteigen? Was würde die »unangenehme Verwandtschaft« unternehmen? Das noch junge, aufstrebende Haus der Hohenzollern durfte nicht an Ansehen verlieren. Was wäre mit Carl und Marie? Weimar hatte bereits mehrfach protestiert! Herzog Carl August hatte sogar ein Ultimatum gestellt! Nichts als Probleme und Querelen.

Der König war es leid. Nach nochmaliger Anhörung der Minister war er mehr denn je dazu entschlossen, Sohn Wilhelm die Ehe mit Elisa Radziwill endgültig zu untersagen. Witzleben wurde aufgefordert, den nötigen Schriftsatz zu verfassen, der von Schilden begutachtet und anschließend vom König in »väterlicher« und »versöhnlicher« Form handschriftlich ins Reine geschrieben werden sollte. Eine Kopie würde an die Fürstin Luise Radziwill gehen.

Es entbehrt nicht einer gewissen Tragik, daß die Nachricht aus Weimar mit der Rücknahme der Bedingungen, die Wilhelms Zukunft – und möglicherweise die deutsche Geschichte – hätte verändern können, nicht rechtzeitig in Berlin eintraf.

Tagebuch von Leopold von Gerlach: »Berlin, Juni 1826, kurz vor unsrer Abreise nach Teplitz. Als ich zum Prinzen hineinkomme, finde ich ihn weinend, den Brief des Königs vor ihm. Er sagte, ich solle nachmittags wiederkommen, er wolle alleine essen.«

Wilhelm war nie derjenige gewesen, der sich aufgelehnt oder eine eigene Initiative ergriffen hatte wie sein temperamentvoller älterer Bruder. Kaum daß er den dicken Umschlag erhalten hatte, worin, wie er wußte, »die seit 5 Jahren mir so teure, teure Hoffnung« zerstört würde, notierte er am 23. Juni 1826: »Ich konnte es nicht glauben und mußte mich sammeln, um zu lesen!! – mit welcher Anstrengung. Ich war vernichtet. Ich glaubte die Besinnung zu verlieren! O Gott! also dahin mußte es kommen!! Er hat es gewollt! sein Wille geschehe auf Erden. Er wird mich halten. Er segne – Elisa! in Ewigkeit. Amen.«

Er schickte eine Sonderstafette mit einer kurzen Ankündigung zu Radziwills nach Posen. »Ich habe keine Fassung. Ich kann nichts sagen, nichts schreiben! Gott! ist es dahin gekommen. Hat seine Allbarmherzigkeit uns doch verlassen!«

Dann erst las er, was sein Vater geschrieben hatte.

»*Mit schwerem Herzen, lieber Wilhelm, ergreife ich end-*

*lich die Feder, um Dein Schreiben vom 12. Februar ds. Js.,
in welchem Du den Antrag gemacht, den agnatischen Konsens zur Adoption der Prinzessin Elisa Radziwill mit voller
rechtlicher Wirkung auf die majorennen Mitglieder unseres Hauses beschränkt zu sehen, zu beantworten.«* Er habe
es *»für nötig erachtet, jenen Antrag zuvor einer genauen
Prüfung zu unterwerfen und denselben mehreren der ersten Staatsbeamten zur Begutachtung vorzulegen. Du erhältst in der Anlage die einzelnen Vota ... und wirst Dich
überzeugen, daß die Sache parteilos und mit ruhiger Überlegung erörtert worden ist.«*
Es folgte in verklausulierten und unpersönlichen Wendungen die endgültige Ablehnung.
*»Wenn hiernach das Resultat nicht günstig für Deine Wünsche ausfiel, wenn ich nach reiflicher Erwägung der von
der überwiegenden Mehrheit ausgesprochenen Meinung
aus eigner Überzeugung und Pflichtgefühl beitrete, und
wenn endlich, ich muß es Dir leider ohne Rückhalt sagen,
so schwer es mir auch wird, die Sache hiermit als völlig erschöpft und beendigt betrachtet werden muß, so hoffe ich,
Du wirst Dich umso mehr mit Ergebung in Dein Schicksal
finden, als ich Dir auf jede Weise bewiesen zu haben glaube, daß ich gern einen angemessenen Ausweg gefunden
hätte, der die Erfüllung Deiner Wünsche zuließe, wenn dabei die Interessen unseres Hauses unverletzt erhalten werden konnten.«*
Verschwiegen wurde, daß es im königlichen Ermessen gelegen hätte, das Hausgesetz zu umgehen und eigenmächtig
zu handeln. Statt dessen betonte der Monarch seine väterliche Güte. *»Ich kann mir höchstens den Vorwurf machen,
daß ich aus Liebe zu Dir ... die definitive Entscheidung immer von Neuem verzögerte«* ... Und das, weil es *»einen Gegenstand betraf, der Deiner würdig war«* – damit war Elisa
abgetan.
»Ich teile von ganzem Herzen Deinen Schmerz, aber ich

hege auch zu Dir das feste Vertrauen, daß Du ihn bekämp-
fen und, durch Standhaftigkeit und Resignation die Macht
der Verhältnisse respektierend, den Kummer mindern wirst,
den ich bei dieser Gelegenheit selbst empfinde. Prinzessin
Luise werde ich von meinem Entschluß selbst in Kenntnis
setzen und sende dir anliegend eine Abschrift dieses Brie-
fes. Gott stärke und tröste Dich! F. W.«

Empört las Gerlach am Nachmittag »die höchst elenden
Antworten der Minister« und den Brief des Königs, »der
sehr freundlich und natürlich von seinen Ansichten als König und Vater sprach, aber auf die Sache nicht einging, sondern sich nur auf die Autorität der gefragten Staatsmänner
stützte«. Das hatte er richtig erkannt. Der König schob »die
Macht der Verhältnisse« vor, um seine Hände in Unschuld
zu waschen, sprach von Staatsräson und Sohnespflicht. Damit erreichte er sein Ziel, denn statt sich aufzulehnen, wie es
der Kronprinz unweigerlich getan hätte, blieb Wilhelm auch
dann der gehorsame Sohn, als er sein Lebensglück zerstört
sah. *»Berlin, den 23. Juni 1826. Mit dem innigsten Gefühl*
kindlicher Liebe, aber auch mit tief erschüttertem Herzen
ergreife ich in diesem schmerzlichen Augenblick die Feder.
Sie haben, teuerster Vater, die Entscheidung für mein Schick-
sal gegeben ... Ihre väterliche Gnade, Liebe und Milde,
Ihre liebevolle Teilnahme bei dem schweren Geschick, das
mich trifft, das Vorhalten meiner Pflichten in meinem Stan-
de, die Anerkennung und Würdigung des Gegenstandes,
dem ich meine Neigung geschenkt hatte« – dies alles habe
ihn mit Dankbarkeit erfüllt. *»Denn Ihre väterliche Liebe*
war nie größer als in der Art der schweren Entscheidung.
Ewig Ihr Sie zärtlichst liebender gehorsamer Sohn Wil-
helm.«

Anders konnte der Prinz, von früh an gedrillt und geschult,
nicht schreiben. Als Siebzehnjähriger hatte er bei seiner Kon-

firmation in der Schloßkapelle von Charlottenburg das Gelöbnis vorlesen müssen: »Für den König, meinen Vater, hege ich eine ehrfurchtsvolle und zärtliche Liebe. Ihm zur Freude zu leben, will ich mich auf das angelegentlichste bemühen. Seinen Befehlen leiste ich den pünktlichsten Gehorsam. Den Gesetzen des Staates und der Verfassung unterwerfe ich mich in allen Stücken.«

Wilhelms Tagebuch vom 24. Juni 1826. »Hitze. Entschließung zum Abschiedsbrief für Elisa – Prinzeß Luise geschrieben!« Es wurde ein feierlicher, pathetischer, an Mutter und Tochter gerichteter Abschiedsbrief.

»Gottes Wille tut sich auf Erden kund durch die Entscheidungen und dadurch herbeigeführten Schicksale der Menschen! Vor mir liegt der Brief geöffnet, der über Elisa, über mich entscheidet! Niedergeschmettert und tief, tief erschüttert ergreife ich die Feder – zu welch einem Brief! Der Herr wird mir Kraft geben, das Schwerste in meinem Leben auszusprechen!

Gelöst ist das Band auf Erden, das Elisas und mein Herz vor Gott geschlossen hatten! Wo ist eine Liebe jemals reiner, zarter, standhafter gewesen als zwischen uns? ... Gottes Wille ist geschehen! Ich trete in diesem Augenblick im Geiste vor Elisa und gebe ihr zurück – ihr Herz, welches durch die reinsten und höchsten Gefühle mir gehörte! Ich reiß' es von dem meinen los, weil es das unerbittliche Schicksal so will; aber ihr Bild bleibt ewig unauslöschlich in meinem Herzen! ... In diesem ernsten verhängnisvollen Augenblick stehe ich vor Gott; Er sieht und kennt mein Herz, und mein Gewissen ist ruhig, denn keiner Schuld bin ich mir bewußt, wodurch ich mich gegen das Wesen vergangen hätte, das mir Alles war! ... ich sollte es sein, der ein schweres, finsteres Geschick über Elisa, über Sie alle bringen sollte! ... Dies ist die größte Gnade, die mir Gott erweist, daß ich diese Überzeugung vor Elisa haben kann, ja, daß

Er auch mir ein empfängliches Herz für die himmlischen Wahrheiten und Tröstungen gegeben hat.

Wie schwach lautet in seinem so schweren Augenblick das Wort des Dankes! Und doch muß ich ihn aussprechen. Mit zerrissenem Herzen trete ich vor Elisa und stammle ihr den Dank für die unaussprechliche Wonne, die ich durch den Besitz ihres Herzens genoß. Sie war es, der ich die höhere Richtung meiner selbst verdanke, sie also hat mein wahres Seelenheil bewirkt – können dafür wohl Worte einen Dank aussprechen?! Dank ihr für jeden unaussprechlich teuren Augenblick, den ich ihr verdanke; oh! es war die schönste Zeit unsres Lebens, die nun hinter uns liegt! Öde und freudeleer liegt die Zukunft vor mir ...

So nehme ich denn Abschied von Ihnen, von Elisa, aus (ist) mein Verhältnis, das das Glück meines Lebens bisher machte! Das Band der Liebe ist zwischen Elisa und mir gelöst – möge ihre Freundschaft mir bleiben – bis zum Tode!«

Wilhelm war verzweifelt. Es gab niemanden, an den er sich hätte wenden können. Im Schloß traf er Emilie von Brockhausen. Jetzt brauchte er sie, bereitwillig nahm er, was die Geliebte ihm gab, Nähe und Wärme. Der König fürchtete schon, der Sohn könne sich übereilt »mit dem gefährlichen Gegenstand« in einer morganatischen Ehe verbinden – wie er selber es vorgemacht hatte, als er die unebenbürtige katholische Gräfin Harrach morganatisch zur Frau nahm.

Wilhelm suchte Trost. Die drei Menschen, die ihm etwas bedeuteten – sein alter Lehrer Brause, Fürstin Luise Radziwill und Charlotte – waren fern. »Liebe, teure Charlotte!« schrieb er an die Schwester in Petersburg, »Ach! warum kann ich nicht bei Dir sein in diesem schrecklichen Augenblicke. Alles ist vorbei! – Bist Du nicht allein, so lese diesen Brief nicht weiter! Ja! Das lange Befürchtete, das Schrecklichste, es ist geschehen!! – wie ein Blitz aus heiterer Luft traf mich gestern das Entsetzliche – begleitet von einem Brief, wie ihn ein Vater vielleicht noch nie seinem Kinde schrieb, so gnädig, liebevoll, zärtlich – aber bestimmt! Bis ins Innerste erschüttert, stand ich da, meinem Sinn nicht trauend, daß ich am schrecklichen Ziele stehe. Ich antwortete gleich gestern Papa aus der Fülle des Herzens, aber mit zerschmettertem Herzen, – und heute vor Tische kam ich her und sprach ihn ... Ich gab Elisa zurück, was sie mir gegeben – ihr Herz – und nahm Abschied aus dem bisher teuren Verhältnis, – indem es gelöst ist! Also dahin ist es gekommen für so lange Ausdauer!? Oh! Das Herz blutet bei der Anbetung Gottes!!« Als ihn der König auf der Pfaueninsel umarmte, waren Vater und Sohn in Tränen ausgebrochen. Trotz allem waren sie froh, daß man auch weiterhin »unerbittert gegeneinander stand«.

Jahre später würde Wilhelm Charlotte nach vielen Schicksalsschlägen versichern: »Eine der guten Folgen der schweren und schmerzlichen Erfahrung meiner Jugendliebe ist die gewesen, daß sie mich gegen Erbitterung in allen meinen Lebenslagen geschützt hat.«

In seiner Verzweiflung nahm Wilhelm alles, was er von Elisa besaß – die Lapisnadel, das Album, die Zeichnungen, Briefchen, Zettel und gepreßte Blumen, ihre Haarlocke und den Ring »In Treue fest« –, und legte es in einen schwarzen Holzkasten mit Lapislazuli, der von Charlotte stammte. Nur Elisas Bild blieb vor ihm auf dem Schreibtisch. Am Abend ritt er in den Charlottenburger Park, um am Sarg der Mutter zu beten. Aus diesem Park hatte ihm die achtzehnjährige Elisa eine Rose geschickt.

Da er nicht wußte, wohin mit seinem Jammer, wandte er sich in einem unveröffentlichten Brief an Prinz Friedrich der Niederlande. »Ich habe Tage erlebt, die mehr als menschliche Kräfte verlangen, um sie auszuharren! In Deiner Gesellschaft, bester Fritz, hoffe ich einigen Trost zu finden«,

33 *Das Brandenburger Tor um 1820*

schrieb er in fast kindlicher Verzweiflung. »Verlaß Deinen treuen Freund nicht in der unglücklichsten Zeit seines Lebens.« Am nächsten Tag schrieb er in einer fahrigen und aufgewühlten Schrift auch an Eugen von Roeder, den späteren Generalfeldmarschall, er habe ein Wesen verloren, »wie es wenige auf der Welt gibt«.[33]

Schließlich sollte auch Oldwig von Natzmer alles erfahren. Er habe nie verheimlicht, »wie ungewöhnlich diese gewünschte Verbindung wäre und wie viel sich gegen sie sagen ließ«, schrieb Wilhelm, und er habe sich dennoch dem Ziel nahe gesehen. Er werde nicht an Gott zweifeln, »aber das Herz ist tief erschüttert«. Die Wunde sei nicht heilbar. »In den ersten Tagen war ich wie zerschmettert.« Jetzt empfinde er bitter den Kontrast zwischen seinen heißen Gefühlen und der großen inneren Leere. »Ich ängstige mich ordentlich für das Einsame in meinem Berliner Zimmer, und doch sehne ich mich nach Hause. Stets Ihr treuer Freund Wilhelm.«

Fast mitleidiger als an Wilhelm hatte der König an Elisas Mutter geschrieben. Er wisse, welchen Kummer er ihr wie auch seinem Sohn bereite, der auf ein Glück verzichten müsse, »welches ich ihm so gern gegönnt hätte. Ich habe der Persönlichkeit und den liebenswürdigen Eigenschaften der Prinzessin Elisa volle Gerechtigkeit widerfahren lassen.« Immer werde er ihr mit Achtung und Freundschaft begegnen. Es sei nicht möglich gewesen, Wilhelms Wunsch zu erfüllen, »ohne Verletzung von Rechten und ohne die inneren und äußeren Verhältnisse unseres Hauses zu stören. Ihrer Königlichen Hoheit ergebener Diener und Vetter Friedrich Wilhelm.«

Die Fürstin antwortete dem König mit einem vor Enttäuschung bitteren Anklagebrief, in dem sie mit Vorwürfen nicht sparte. »Euer Majestät sind König und Vater – Sie haben entschieden, wir müssen uns Höchst Ihrem Willen, wenngleich mit blutendem Herzen, unterwerfen. Sie sind, allergnädigster König, ein zärtlicher Vater, aber verzeihen Sie mir, es Ihnen zu sagen: den Schmerz des mütterlichen Herzens können Sie doch nicht begreifen.« Er sei der Urheber des ganzen Unglücks. »Gott wird sich in Gnaden unseres armen Kindes annehmen; ich hab noch nicht die Kraft gehabt, sie mit ihrem Schicksal bekannt zu machen. Die ganze Provinz ist in diesem Augenblick hier versammelt, wir sind von Menschen umringt, und ich erwarte nur die Möglichkeit, auf dem Lande zu gehen, wo meiner Tochter Schmerz keine Zeugen hat.«

Elisa wurde die Katastrophe zunächst verschwiegen. Erst als die Familie aus Posen in das stille Jagdschloß Antonin übergesiedelt war, gab die Mutter ihr die Briefe. Wie Seifenblasen zersprangen ihre Träume von einem gemeinsamen Leben mit Wilhelm, zerstört war die Aussicht auf Tätigkeiten und Pflichten, die sie in ihrem neuen Leben erwartet hatte.

Sie wurde buchstäblich aus allen Himmeln gerissen, stürzte aus hochfliegenden Plänen an den Rand des Abgrunds und weinte tagelang.

Ihren Antwortbrief an Wilhelm schrieb sie am 28. Juli 1826.
»Nur wenige Worte wie am Rande des Grabes – das Grab unserer Liebe ist es ja auch – werden mir doch noch vergönnt sein? In diese wenigen Worte möchte ich alles hineinlegen, was mein Herz erfüllt: Dank für Ihre treue mich beglückende Liebe, für den Abschied, den einer Ihrer teuren Briefe seit der Entscheidung enthielt! Wie unaussprechlich selig machen Sie mich durch die Versicherung, daß ich Einfluß auf das Heil Ihrer teuren Seele gehabt habe! Mehr kann ich ja nicht verlangen von Gottes Gnade ... Um Ihre Freundschaft bitte ich auch und verspreche Ihnen die meinige, sie soll aus dem Grabe unserer Liebe entstehen, wie die Seele sich emporschwingt zu dem Herrn, nachdem man unsere Körper begraben hat. Möge dieses das letzte sein, was Sie zu den übrigen Andenken tun – das wurde mir doch sehr schwer, die Stelle zu lesen, wo Sie von dem Trennen des Ringes, der Haare, des Zeichens sprechen – das war sehr bitter ... Leben Sie wohl! Elisa.«

Ihre Familie fing sie auf. Die Briefe dieser Zeit sprechen von einem großen Zusammengehörigkeitsgefühl. »Selig, wer solche Geschwister hat wie ich«, schrieb Elisa an Lulu von Kleist, »selig, wer einen solchen Freund besessen hat! Was habe ich in diesen fünf Jahren bei allen bittern Stunden doch für Augenblicke erlebt, was ist's, das ich nicht in diesem Leben schon gekostet hätte? Nun ist's genug, nun Herz, wende dich zu dem, was Dir nie entrissen werden kann! Und auch das, was ich gehabt habe, kann man mir nicht mehr nehmen.« Es folgte der bittere Nachsatz: »Ich habe es gehabt, Lulu, aber nun ist es vorbei, und das ist doch ein schmerzlich vernichtender Gedanke!«

Wie sie empfand, was sie dachte, findet sich in ihrem Tagebuch. »Man lebt, wenn man das Glück hat, mehrere Freunde zu besitzen. Es bilden sich mannigfaltige Kreise von Zärtlichkeit und Freundschaft, die wohl die Gefühle der Liebe zu andern in sich aufnehmen und harmonisch mit ihnen fortschwingen«, ist da zu lesen. »O das ist ja eben das Himmlische der Freundschaft, sich im geliebten Gegenstande ganz zu verlieren und durch diese Liebe Seele zu gewinnen und Seele dem Geliebten zu schenken!« Sie hatte diese Gedanken in Tiecks *Phantasus* gefunden und für sich aufgeschrieben.

In Antonin traf, von der Mutter herbeigerufen, Marie von Kleist ein, zwar ohne ihre Tochter Lulu-Luise, aber mit Sohn Adolph, der Bücher und Noten mitbrachte. Man bemühte sich um jede Art von Ablenkung. Das unglückliche Thema wurde vermieden, so gut es ging, um Elisa nicht neu aufzuregen. An den Abenden wurden Tiecks *Genoveva* und Coopers *Der letzte Mohikaner*, der gerade erschienen war, vorgelesen. Man übte Terzette mit Pianobegleitung ein, spielte Lotto und zeichnete in der Natur. »Es ist sehr friedlich hier in den Wäldern«, berichtete Elisa. »Ich sitze oft am Wasser und ruhe mich an der klaren, blauen Fläche aus. Ich schließe die Augen und denke an Gott. Den ersten Tag habe ich außerordentlich viel geweint. Nun nicht mehr.« Wilhelm habe versichert, er verdanke ihr sein Seelenheil. Das sei ihr ein Trost.

Die Ruhe des idyllischen Aufenthalts hätte heilsam sein können, wäre sie nicht fortwährend durch Post von Prinz Wilhelm gestört worden. Obwohl er den Bruch vollzogen hatte, wollte er den Kontakt unbedingt aufrechterhalten. Wem sonst konnte er sich anvertrauen? Für ihn war »Tante Luise« die einzige, die sich wirklich für ihn interessierte, und er scheute sich nicht, sie auch jetzt noch in seine Herzensangelegenheiten einzuweihen. Mit der ihm eigenen Naivität berichtete er von seinen diversen weiblichen Bekanntschaften und gab sein Urteil über die junge Prinzessin Augusta von Sachsen-Weimar zum besten, worüber Luise Radziwill schlicht empört war. Hatte er es so eilig, eine Nachfolgerin zu finden? Elisa ärgerte sich fast noch mehr. Als sie dann auch noch erfuhr, bei der ominösen Augusta handele es sich ausgerechnet um die Tochter derjenigen, die ihre Trennung verursacht hatte, schrieb sie wütend an Blanche: »Ist dem so? so nehme ich den ersten Besten, der sich anbietet.«

Wilhelms Verhalten war zwiespältig wie zuvor. Er litt, aber er genoß es auch, für sein »Opfer« gelobt zu werden, hatte doch der Vater wahrhaftig zu ihm gesagt: »Mama würde mit Dir zufrieden sein, wenn sie lebte!« Das war ebenso schmeichelhaft wie die Zeilen des Königs an Sohn Carl: »Er (Wilhelm) hat sich so benommen, wie ein gut gearteter, anständiger Sohn sich zu benehmen hat.«
Prinz Carl war der eigentliche Nutznießer des Verzichts. Nach einem vierten Besuch der Brüder in Weimar am 25. Dezember 1826 wurde seine Verlobung mit Prinzessin Marie von Sachsen-Weimar öffentlich bekanntgegeben.

In Schloß Antonin blieb man in der Silvesternacht bis Mitternacht beisammen. »Als nun die gefüllten Gläser hineingebracht wurden, nun auf die Gesundheit der Anwesenden und Abwesenden zu trinken, da überströmte der armen Elisa volles Herz«, schrieb die Mutter an Prinzessin Marianne, »sie bekam einen Weinkrampf und konnte sich kaum beruhigen.« Vielleicht hätte es sie getröstet zu wissen, daß Wilhelm, sentimental, wie er war, in dieser Nacht den Ebenholzkasten mit ihren Briefen geöffnet und einen nach dem anderen gelesen hatte. Sie hingegen war überzeugt, er habe schon eine Nebenbuhlerin gefunden. Die Vorstellung marterte sie. »Nebenbuhlerin, sage ich? Auch dies ist vorbei; ich kann nicht einmal eine Nebenbuhlerin haben, meine Ansprüche sind vorbei.«

Leopold von Gerlach, Wilhelms Adjutant, der die Katastrophe hautnah miterlebt hatte, wartete auf eine Reaktion von Fürst Anton Radziwill. Der Abkomme eines der ältesten Adelshäuser Europas, preußischer Statthalter und Mitglied des Staatsrats, Träger des Schwarzen Adlerordens, Herzog von Nieswiecz und Olyka, Palatin von Wilna und Graf von Mìr würde wohl in punkto Ebenbürtigkeit seine eigenen Ansichten haben. Sollte der mit dem Königshaus verschwägerte Aristokrat diese Kränkung etwa unwidersprochen hinnehmen?

Im Geheimen Staatsarchiv zu Berlin befindet sich ein Handschreiben des Fürsten, gerichtet an Prinz Wilhelm von Preußen, verfaßt in einer Mischung aus Verachtung, Wut und Zorn.[34] Er habe in der ersten Aufwallung wütende Episteln aufgesetzt, schrieb der bisher väterliche Freund in seiner großzügigen, elegant geschwungenen Handschrift. Er habe, um seine Bitterkeit und Verzweiflung nicht laut werden zu lassen, seine Anklagebriefe sämtlich wieder zerrissen. Zutiefst beleidigend sei beides, die Herabwürdigung seines Hauses wie das Unglück seiner Tochter, die über Jahre hingehalten wurde, bis sie »als Dank für ihre Standhaftigkeit einer abschlägigen Antwort gewürdigt wurde«.

Von diesem Zeitpunkt an vergiftete die Verbitterung über die Kränkungen und der Kummer über die Krankheiten der Kinder Radziwills Leben. Er sollte daran zugrunde gehen.

Prinzessinnenschau

»Eine Elisa wird er nicht
wieder finden.«

Prinz Wilhelm von Preußen, neunundzwanzig Jahre alt und von den sieben Kindern des Königs der einzige außer dem Jüngsten, der noch unverheiratet war, sah sich der heiklen Aufgabe gegenüber, unter den hochwohlgeborenen Töchtern des Landes die passende Frau zu finden. Aristokratisch mußte sie sein, gesund und aus souveränem Hause, andere Eigenschaften waren höchstens eine erfreuliche Zutat. Schließlich gebe es genügend souveräne Häuser im In- und Ausland, hatte Wittgenstein den traurigen Prinzen in seiner üblichen Taktlosigkeit wissen lassen, welche nur darauf warteten, von Seiner Königlichen Hoheit erhört zu werden. Wer das nicht als Chance begreife, sei nicht bei Verstand.

Friedrich Wilhelm III. drängte. Die Kinderlosigkeit des Kronprinzen war ein wichtiger Grund, sich um den Fortbestand der Hohenzollerndynastie zu sorgen – schon deshalb sollte sein Zweitgeborener keinesfalls eine Ehe »zur linken Hand« eingehen. Der König war bei aller Zurückhaltung nicht so blind, als daß er des Sohnes zartes Verhältnis zur schönen Hofdame nicht bemerkt hätte. Sollte Eifersucht im Spiel sein? Wie die aufmerksame Gräfin Bernstorff beobachtete, hatte der König kurz nach seiner Vermählung mit Gräfin Auguste Harrach der Hofdame Emilie von Brockhausen mit einem äußerst charmantem Lächeln bedeutet, »daß es nur an ihr gelegen hätte, jetzt an Stelle der Fürstin zu sein«.[35] Wenn das ein Scherz sein sollte, so war er gründlich mißlungen.

Die blonde Emilie, die Elisa schon im Traum erschienen war, genoß weiterhin das Privileg, zur Favoritin aufgestiegen zu sein. Alle Welt wußte es, während Wilhelm es vor aller Welt verborgen glaubte und seine Schwester Charlotte bestürzt meldete, die ganze Stadt spreche davon, »daß ich Emilie Brockhausen heiraten wolle. Wie ein solches Gerücht möglich ist, begreife ich nicht. Daß ich sie immer schon auszeichnete, weißt Du.« Daß es mehr als nur zu tröstende Worte gegeben hatte, gestand er der Schwester nur zögernd ein. »Seit der Katastrophe im Juni, als ich Emilie Brockhausen zuerst im August wieder sah, bewies sie zu mir eine so rührende Teilnahme an dem, was mich betroffen hatte«, daß er seither viel mit ihr über Elisa gesprochen habe. Schließlich beichtete er: »Daß sie mich interessiert, leugne ich keinen Augenblick.« Unter dem Datum des 27. Februar 1827 liegt in Wilhelms Taschenkalender eine gepreßte Rose mit der Beschriftung: »*Mardi gras* (Fastnacht) beim Herzog Carl. EB. Eine Rosenknospe«. Bei der reizenden Emilie konnte er sein Herz über »den Gegenstand«, den er verlor, ausschütten, und sie war eifrig bemüht, seinen Schmerz durch seelisches Mitempfinden und körperliche Anteilnahme bedeutend zu erleichtern. So kam es, daß Emilie, deren Name mit demselben Buchstaben begann wie der seiner Immernoch-Geliebten, in den Aufzeichnungen häufig neben dem von Elisa erscheint. »22. März 1827: Mein Geburtstag!! – Gebete! *E!* – EB. – Gratulanten-Cour. Déjeuner – EB. Blumen.«

Hofchronistin Caroline von Rochow spöttelte bereits über die vergeblich geheim gehaltene Liaison. »Prinz Wilhelm huldigte mehreren jungen Mädchen aus der Gesellschaft, besonders den Freundinnen von Elisa Radziwill, deren Zahl groß war«, schrieb sie in ihrem Erinnerungsbuch. »Die Beziehungen begannen damit, daß er sie zu Vertrauten seines Geschicks machte, dies aber mit soviel Aufmerksamkeiten verband, daß er sie mehr erregte, als er ahnte oder beabsichtigte. Den höchsten Grad erreichte dies in dem jahrelangen Verkehr mit der schönen, blonden Emilie B., denn es entwikkelte sich ein hoher Grad indomptierter Leidenschaft, trotz einer gewissen äußerlich ruhigen Haltung. Mit einem sehr stolzen, eigensinnigen Charakter begabt, war sie gutem Rat und Teilnahme wenig zugänglich. Gestützt auf einen ähnlich gearteten Vater, mochte bei ihr und bei ihm wohl der Gedanke einer morganatischen Heirat aufgetaucht sein. Es bleibt dahingestellt, wie sehr Emilie v. B. den Prinzen liebte. Der alte Brockhausen, ehemals Staatsminister, lebte mit einer Person geringen Standes, hatte mehrere natürliche Kinder von ihr. Es wurde behauptet, daß er die Liaison seiner Tochter sehr begünstigte.«

Doch von einem königlichen Prinzen verlangte die Pflicht eine passende, das hieß: ebenbürtige Frau. Oldwig von Natzmer nannte den Vorgang schlicht »Prinzessinnenschau«. Eine Einladung von Erbgroßherzog Carl Friedrich von Sachsen-Weimar wurde schon aus diesem Grund sehr begrüßt. Wilhelm solle Carl nach Weimar begleiten, wo es bekanntlich nicht nur die eine, sondern noch eine zweite heiratsfähige Prinzessin gab.

30. Januar 1827: »In Weimar. Marie und Auguste wieder gesehen!« Wilhelms knappe Notiz bezeugt sein Desinteresse an der kleinen, dünnen Augusta, die ihm mit ihren fünfzehn Jahren und dem schnippischen Wesen ziemlich gleichgültig war. Sie hatte keinen Charme, keine Ausstrahlung. »Sie ist lieb, und sonst nichts!« meldete er Charlotte. Am 31. Januar 1827 vermerkt der Taschenkalender: »Thée dansant. Außerordentlich herzlich, charmant bis 5 Uhr.« Vermutlich merkte jetzt auch Wilhelm, wie überaus zuvorkommend er von Augustas Eltern behandelt wurde. Vor allem die Mutter, Erbgroßherzogin Maria Pawlowna, gab sich enorme Mühe, dem eleganten Prinzen, der sich vielleicht auch dank ihres Einspruchs aus der polnischen Umstrickung gelöst hatte, Avancen zu machen. Doch Wilhelm, von jeder zärtlichen Ge-

fühlsregung weit entfernt, ging – sehr zum Leidwesen seines Vaters, der die Angelegenheit mit großem Interesse verfolgte – nicht auf das galante Weimarer Angebot ein.

1. Februar 1827 in Weimar: »Besuch bei Goethe«. Der Dichter seinerseits notierte in seinem Tagebuch in üblicher Abbreviatur nur »Hof-Visiten«. Der junge Mann scheint keinen besonderen Eindruck hinterlassen zu haben, und über die Enkelinnen seines Herzogs hatte der Dichter sich ohnehin nie anders als wohlwollend geäußert. Die ältere Marie fand er lobenswert, weil sie gut, gescheit und hübsch sei. Über die jüngere Augusta hatte er an Zelter geschrieben: »Sie ist so bedeutend als liebenswürdig«. Da war das Mädchen neun. Die Zwölfjährige nannte er »ein liebenswürdiges und originelles Geschöpf«, mit eigentümlichen Gedanken und Einfällen begabt. Damit wird Goethe recht behalten. Auch in Berlin würde Augusta später mit originellen Einfällen nicht sparen.

26. Mai 1827: »Carl und Marie heiraten!« Wie einsam sich Wilhelm inmitten der riesigen Festgesellschaft fühlte, liest man in seinem Schreibkalender. »Was ich empfand, ein Glück sich bilden zu sehen, das auf den Trümmern des meinigen erbaut wird, können keine Worte wiedergeben!« Wie hatte er noch bei der Heirat des Kronprinzen an Elisa gedacht! Die Träume waren zersprungen wie Glas, und der König reagierte besonders unsensibel, als er während der Gratulationscour trocken bemerkte: »Ich hoffe, Du wirst auch bald so weit sein!« Bei soviel Taktlosigkeit und Kälte seien alle Familienmitglieder zu Eis erstarrt, schrieb Hedwig von Olfers ihrem Mann.

Carl und Marie bezogen das ehemalige Johanniter-Palais am Wilhelmplatz, in dem Elisas Mutter geboren worden war. Er wolle nicht klagen, schließlich sei er vom Schicksal begünstigt, sagte Wilhelm zu Natzmer, und doch wäre es ihm lieber, nicht als preußischer Prinz geboren zu sein! Im Sommer betrat er auf Einladung seines Freundes Wilhelm Radziwill erstmals wieder das bekannte Palais, in dem er die glücklichsten Stunden verbracht hatte. Dachte er daran, daß das Haus seinetwegen seit Jahren leer stand?

Gemeinsam mit Prinzessin Marianne, die ihm ihren gerühmt romantischen Landsitz Fischbach zeigen wollte, reiste Wilhelm im Juni ins Hirschberger Tal. In Wirklichkeit interessierte ihn ihr Schloß weniger. Seinem Kalender ist zu entnehmen, daß er an einen anderen Ort strebte. »25. Juni 1827. Wanderung nach Ruhberg. Welch ein Gefühl! Alle Zimmer durchgangen, an *E*!! gedacht.« Radziwills befanden sich in Posen, das Schloß stand leer, die Läden waren geschlossen, die Räume dämmerig und kühl. Er suchte sein Bild »im blauen Cabinett« – doch es stand nicht mehr auf Elisas Schreibtisch. Aus ihrem Zimmer stahl er eine goldgelbe Immortelle; sie liegt noch heute in seinem Kalender. Vor dem Haus pflückte er vier Federnelken. »Nach Buchwald. Wunderschön. Heimelig. Die Aussicht einzig schön. *E!*« Von der Gräfin Reden auf Buchwald hatte Elisa ihm berichtet. Gerne hätte auch er hier einen Besitz erworben. »Wohl denen, die dies freundliche Tal bewohnen dürfen!« schrieb er wehmütig ins Gästebuch. »Die, welche durch die Macht der Verhältnisse Fremdlinge in demselben bleiben müssen, wissen allein diese Entbehrung zu fühlen!«

Im Berliner Schloß wurde er bereits sehnsüchtig erwartet. »30. Juni 1827. Zu EB. Wichtige Unterhaltung.« Emilie von Brockhausen erwies sich seinen Klagen gegenüber verständnisvoll aufgeschlossen. Am nächsten Tag ließ der Vater ihn kommen; er verlange eine Entscheidung. »Welch ein Kampf in meinem Innern in dieser wichtigen Stunde! O Gott *E*! Mit Witzleben gesprochen. – Undenkbar – Nach Berlin zu Fritz (dem Kronprinzen und Kronprinzessin Elisabeth). Beiden Alles gesagt! ihr Erstaunen! – EB es umgehend gesagt!« 5. Juli

1827: »Immer im Kampf mit mir. Entschluß, <u>nicht</u> zu reisen. König befiehlt Abreise. Abschied von EB. Gott, welche Stimmung. Gebet.« Den eilig hingeworfenen Tagebuchnotizen kann man entnehmen, daß der Vater ihn jetzt, da alle Hindernisse beseitigt waren, energisch drängte, Prinzessin Augusta von Sachsen-Weimar mit gezieltem Interesse zu begegnen.

Schon knapp einen Monat später tat Wilhelm ihm den Gefallen. 20. Juli 1827: »Abreise nach Weimar«. Zum fünften Mal sah er Prinzessin Augusta wieder, diesmal im Schloß Belvedere. Er hätte, wie er dem König gehorsam meldete, schon um sie angehalten, »aber es ist Etwas in mir, was mich vor dieser Entscheidung zurückhält«. Das schrieb er auch ins Tagebuch. Augusta war Maries Schwester, die Frau seines Bruders Carl. Es mag ihm durch den Sinn gegangen sein, daß schon einmal zwei königliche Brüder zwei Schwestern heirateten, nämlich sein eigener Vater, der die Prinzessin Luise von Mecklenburg-Strelitz wählte, und dessen Bruder Ludwig, der die jüngere Friederike nahm. Schreibkalender vom 22. Juli 1827: »Auguste wieder gesehen. Wie immer sehr günstiger Eindruck, aber kein Entschluß ist mir möglich. Sie ist lieb und sonst nichts!«

Lieb und sonst nichts! Zu einer glücklichen Ehe würde das nicht reichen. An Charlotte schrieb er fast entsetzt: »... nichts Schrecklicheres denke ich mir, als gegenseitig aneinander gefesselt zu sein, ohne Achtung vielleicht sogar, oder auch nur Freundschaft – denn an Liebe denke ich doch nicht mehr, – wenigstens nicht an eine solche, wie ich sie kannte.« Für Auguste könne er »keine Passion empfinden«. Ihr Aussehen sei vielleicht für andere anziehend, aber nicht für ihn. »Lieben kann man nur einmal wirklich.«

Charlotte, die in Petersburg an seiner Zukunft feilte, hätte das Band zwischen Preußen und Rußland durch die halbrussische Augusta, Tochter ihrer Schwägerin Maria Pawlowna, gerne noch enger geknüpft. Doch nach Wilhelms ablehnenden Bemerkungen unterbreitete sie ihm einen anderen Vorschlag. Da gab es noch Prinzessin Pauline von Württemberg, ebenfalls mit dem russischen Zarenhaus verwandt. Sie sei bildschön, klug und überaus reizend. Leider habe sie einen Fehler: sie sei in hohem Grade schwerhörig.

Eine weitere Prinzessin im passenden Alter stand zur Verfügung, Cecilie, Tochter von König Gustav IV. von Schweden. Auch sie wurde Wilhelm als bemerkenswerte Schönheit annonciert. So reiste er gehorsam nach Baden, wo sich die zwanzigjährige Prinzessin bei einer Tante aufhielt. Als er ihr gegenüberstand, war er einigermaßen überrascht. Cecilie war nicht nur groß und schlank wie Elisa, sie war auch sanft und weiblich wie sie, glich ihr durch ihr vornehmes Wesen und die Art, beim Sprechen die Augen niederzuschlagen. Wilhelm war wie benebelt. 28. Juli 1827: »Cecilie. Frappiert von ihrer Haltung. Eindruck, den ich nicht fortbringen kann.« Man verabredete ein Wiedersehen, und er fuhr weiter in die Schweiz, an den Zürichsee und nach Friedrichshafen, wo er Prinzessin Pauline von Württemberg kennen lernen sollte. Sie war hellblond und so lieblich »wie ein Rosenknöspchen«, aber derart taub, daß sie als Gattin nicht in Frage kam.

Also an den Tegernsee zur zweiten Musterung der reizenden Cecilie. Allerdings gab es auch hier einen Haken: Cecilies Vater, König Gustav IV. von Schweden, war seiner Geisteskrankheit wegen entmachtet worden; die Mutter hatte sich scheiden lassen und ihre vier Kinder alleine großgezogen. Wilhelms Schreibkalender vom 8. August 1827: »Prinzessin Cecilie zurückhaltend und ernst, ich immer mehr hingezogen. Fesselnd, ich weiß nicht warum. *Ewig!* Ihre Schönheit rührt, aber mir keinen tiefen Eindruck machend! – *E.*« – 9. August 1827. »Abschied auch von Cecilie, die mir sehr wert geworden ist! Ihr letzter Blick beim Abschied! Abfahrt! – Gott lenkt!« Im Bericht an Schwester Charlotte gab er seine Eindrücke wieder, schilderte die Ähnlichkeit der Schwedenprinzessin mit Elisa Radziwill. Er fühle sich zu Cecilie am meisten hingezogen. »Ihre Überraschung, als ich ihrem Blick begegnete … Ja, ich kann es nicht leugnen, daß diese Ähnlichkeit mich deshalb doppelt anzog, – da jene Blicke doch für mich verloren sind! Sie bleibt ewig, ewig unvergeßlich, diese Zeit der ersten Liebe!«

Als fast grotesk muß man es bezeichnen, daß Wilhelm jede seiner möglichen Bräute in ausufernden Schilderungen der Fürstin Luise Radziwill – und damit zugleich Elisa – von Kopf bis Fuß präsentierte. Er, der in der Beurteilung potentieller Gattinnen schon früher eine gewisse Professionalität besaß, gab Alter und Größe, Augenfarbe und Figur der Betreffenden ebenso minutiös an wie ihre spezifischen Charaktereigenschaften. So berichtete er, Prinzeß Cecilie habe zwar ein allzu längliches Gesicht – »der schöne Ausdruck in den Augen macht aber vieles gut, und eine sehr schöne Figur, schlank, eine sehr elegante Taille und edle Haltung«. Prinzeß Pauline war »außerordentlich hübsch, ihr Ausdruck freundlich und lieblich. Sie ist jedoch kleiner und stärker (wenngleich schön gewachsen) als ich glaubte; sie wird nicht so groß wie Elisa sein.«

Am schlechtesten von allen schnitt Augusta von Sachsen-Weimar ab, seine zukünftige Frau. Ungehemmt gab er wieder, wie ihm ihre Nachteile nach einem Besuch der russischen Großfürstin Helene doppelt aufgefallen seien. »Prinzeß Auguste kann sich in keiner Art mit der Großfürstin Helene vergleichen wollen. Sie ist weit entfernt, so schön wie diese zu sein, und ebenso muß ihr ruhiger, ernster Verstand weit hinter dem brillanten von Helene zurücktreten.« Liest man diese äußerst kühle Beurteilung, ahnt man für seine Ehe mit Augusta nichts Gutes. Damit nicht genug, fuhr er in seinem Brief fort: »Je mehr man siehet und wählt, je weniger kommt

man zum Entschluß.« Glaubte er, Elisa mit seinen meist negativen Urteilen über ihre Konkurrentinnen einen Gefallen zu erweisen? »Was nun die drei Gegenstände betrifft, so kennen Sie mein Urteil über Prinzeß Auguste. Vieles spricht für sie, aber fragt man mich nach allem, so muß ich freilich gestehen, daß ihr Äußeres so weit von meinem Ideale (das ich einst fand!) entfernt ist, daß mich dies noch zurückhält.«
Wilhelms seltsame Korrespondenz mit der Fürstin Radziwill über seine potentielle Ehefrau war nur deshalb möglich, weil er sich an Elisas Schicksal unschuldig fühlte – mehr noch, er betrachtete sich selbst als Opfer der Staatsräson. Die unglückliche Macht des Geschicks war es, die sie getrennt hatte, und da Elisas Mutter der einzige Mensch auf Erden war, dem er sich anvertrauen konnte, die einzige auch, die sich wirklich für ihn interessierte, beichtete er ihr alles, was ihn umtrieb. »Verzeihen Sie den Erguß meines Herzens. Aber ich bin so gewohnt, Ihnen alles zu sagen, daß ich in dieser wichtigen und doch für Sie und mich so schweren Stunde nicht schweigen kann.«
Nach dem Tod der Fürstin im Jahr 1836 schrieb er seiner Schwester Charlotte: »Ein solches Herz voll Liebe und Teilnahme für andere, das ganz in und für andere lebte und sich vergaß, findet man überhaupt selten, und wir in unserem Kreis finden es niemals wieder!«

Während Wilhelm mehr oder weniger unwillig die Musterung möglicher Bräute absolvierte, besuchte Elisa ihre Freundin Lulu von Kleist auf Gut Manze in Schlesien. Hier wurde sie umsorgt und geliebt, hier blühte sie auf und gewann neuen Lebensmut. »Unser Gang nach der Felsenburg hin hat ein so poetisches Bild in meinem Gemüt zurückgelassen. Der schöne Abend, das friedliche Dörflein, die fruchtbaren Felder, das hübsche Gärtchen des Doctor Pletschke mit seinen saubern Gemüsebeeten und das Durchstreifen des Sternwäldchens in der Dämmerung, alles schwebt vor meinem

Blick wie eine d i c h t e r i s c h e Welt, die in die Wirklichkeit übergegangen ist. Dazwischen tönt die venetianische Barcarola, die ich mit großer Freude und Wehmut singe.« Lulu habe ihr »eine enthusiastische Liebe eingeflößt«, bekannte sie, um unvermittelt fortzufahren: »Meine Liebe zu Prinz Wilhelm war doch n i e Enthusiasmus, N i e ! Das hat man oft bemerkt und ich habe es mir so oft vorgeworfen und mich darüber geschämt. Er, scheint mir, liebte mich viel mehr, und doch hielt ich unsre Liebe heimlicher und heiliger als er!« Die bittere Bemerkung bezog sich auf die Eile, mit der er eine neue Eroberung plante, während sie treu auf ihn gewartet hatte.

Zurück in Ruhberg, fand sie ihren Bruder Ferdinand »an kaltem Fieber« erkrankt. Es war »Schwindsucht«, wie Lungentuberkulose damals genannt wurde. Ihrem Vater muß es verhängnisvoll, ja fast wie eine Schuld erschienen sein, daß die Krankheit, der seine drei Schwestern zum Opfer gefallen waren – Rose mit fünfzehn, Christine mit zwanzig, die schöne Angelika mit siebenundzwanzig Jahren – nun auch eines seiner Kinder ergriff. Die Lieblingsschwester Angelika, verheiratet mit Prinz Constantin Czartoryski und Mutter des kleinen Adam, war Elisa ähnlich gewesen. »Sie machte mit ihrem edlen, schönen und so rührenden Gesicht geradezu Furore«, schreibt Fürstin Luise Radziwill in ihren Memoiren über diese Schwägerin. »Der sanfte Gesichtsausdruck, der leicht verhangene Blick und der Klang ihrer beim Singen ausdrucksvollen Stimme verliehen ihr einen einzigartigen Charme.«

Fürst Radziwill war beim Ausbruch der tödlichen Krankheit von schrecklichen Vorahnungen erfüllt: Hatte nicht auch Elisa schon mehrfach an Hustenanfällen gelitten? Jetzt war sein Sohn Ferdinand erkrankt; die Kuraufenthalte in Warmbrunn hatten nichts gebracht. Elisa hoffte noch. Sie schrieb am 4. September 1827 an ihre Kusine Blanche: »Ferdinand lebt noch durch Gottes einzige Gnade, meine Geliebteste,

er schläft, und ich benutze die Zeit, um es Dir zu sagen.« Sie
wachte tagelang an seinem Bett, ahnungslos, daß sie sich in-
fizieren könnte. Prinz Ferdinand Radziwill starb am 8. September 1827 im Alter von neunundzwanzig Jahren.

Wie war es um Gottes Güte bestellt? Das fragte Elisa, über
den Tod des Bruders und den Jammer der Mutter verzweifelt, kurz vor ihrem vierundzwanzigsten Geburtstag. Ferdinands Beerdigung brachte sie an den Rand ihrer Kräfte. »Er
hatte sein Hemde an, seine Haare waren schlicht und schräg
über die Stirn gekämmt, 4 Kerzen brannten zu seinen Häup-
ten und Füßen, und ein Kruzifix stand über dem Bette, und
so ganz von Blumen umringt, auch zwei Sträuße vor der
Brust, halb wie ein Ritter, halb wie ein Engel, lag er da.
Ich hatte den Sarg mit Sehnsucht erwartet. Ich weiß nicht,
was ich tat, aber ich war außer mir.« (Ruhberg, 15. September 1827)
Einen Monat später schrieb sie: »Ich bin im Ganzen genommen recht unglücklich, meine Lulu, das heißt, oft in Gott
vergnügt, aber der Erde mögt' ich quitt werden, und einige
Freunde ausgenommen, die ich mit v o l l e m Herzen liebe,
ist mir die ganze Welt gleichgültig. Sie hat keine Freuden
mehr für mich.« (13. Oktober 1827) Ferdinands Tod verfolgte sie lange. Sie dachte an den Abend, bevor sein Sarg
aus dem Haus geholt und in der Gruft versenkt wurde. »Die
Sonne war untergegangen, die Glocken läuteten immer fort.
Ruhberg lag so still, nichts regte sich im Hause. Noch war
keine Lampe im Saal, nur o b e n schimmerte Licht durch die
Jalousien und geöffneten Fenster. Es war dort wie zum Fest
erleuchtet. Da lag er.«

Bewegt hatte Wilhelm der Mutter kondoliert. Von Kindheit
an mit ihm zusammen, habe ihn vieles mit Ferdinand verbunden, »das Schönste und Höchste, was uns hienieden vereinen kann!«. Auch jetzt dachte er nur an Elisa. Sie schickte

einen Brief auch an seine jüngere Schwester, der Umschlag blieb erhalten: *An Ihre Königliche Hoheit Erbgroßherzogin Alexandrine von Mecklenburg zu Berlin.* Wilhelms Zukunft war ihr wichtig. »Meine Adine – von ganzer Seele wünsche ich, daß die W a h l, die er trifft, s e i n H e i l – nicht nur sein irdisches Glück – begründe.« Er solle nicht Cecilie heiraten, nur weil sie ihr ähnlich sei!

Wilhelm antwortete seiner Schwester, er erwarte nicht, »jemals zu finden, w a s i c h e i n s t i n i h r f a n d, i n i h r l i e b - t e«. Elisas Brief legte er zu ihren Andenken in den Lapislazuli-Kasten. »Die Zeit dieser ersten Liebe ist mein ewiges Heil. Eine solche Liebe bleibt ewig.« An die Fürstin Radziwill schrieb er, es sei jammervoll, »daß ein solches Herz mir nicht stets zur Seite stehen darf«. Er hänge nach wie von an Elisa – wie sehr er sie liebe, werde sie erst nach seinem Tod erfahren.

Daß der Vater ihn drängte, eine Frau zu wählen, als handle es sich um ein sachliches Geschäft, empfand Wilhelm als ungeheuerlich. »Welch eine Zumutung mit einemmal! Ich muß Bedenkzeit haben! Denn für keine fühle ich heftig genug.« Andererseits stand man unter Zeitdruck, denn die Bewerbung eines weiteren Kandidaten um Prinzessin Augusta war nicht zu unterschätzen: Es handelte sich um Kronprinz Ludwig von Bayern. Aber Wilhelm wollte die entzückende Cecilie von Schweden noch einmal in Tegernsee treffen, »um dann zwischen ihr und Auguste von Weimar entscheiden zu können«. Er besprach sich darüber mit Emilie von Brockhausen. »EB besucht. Unbestimmt.« Es war eine paradoxe Situation. In lähmender Unentschlossenheit wandte sich Wilhelm erst an seinen Bruder, dann an General von Brause und den ihm freundschaftlich gesinnten Gerlach, bei dessen Sohn er Pate war – »keiner wollte und konnte mir raten, weil das natürlich aus meinem Innern hervorgehen müsse«. Die Angelegenheit war schließlich viel zu intim, als daß Außenstehende sich hätten einmischen wollen.

Die Aufforderung zu einer Reise nach Sankt Petersburg kam Wilhelm in dieser Zeit ebenso gelegen wie dem König, der seinen Sohn auf jeden Fall »von einem ihm gefährlichen Gegenstand« entfernen und unter die Fittiche seiner vernünftigen Tochter Charlotte bringen wollte. Für ihn stellte Prinzessin Augusta von Sachsen-Weimar mit ihrer engen Verwandtschaft zum russischen Hof in politischer wie familiärer Hinsicht noch immer die vorteilhafteste Partie dar. Darum lenkte seine Majestät unter der Hand die Geschicke. Die schwerhörige Pauline kam nicht in Frage. Die schwedische Cecilie war wegen des geisteskranken Vaters suspekt. Dazu ließ der König, nachdem Wilhelm am 22. Dezember 1827 abgereist war, ein weiteres Gutachten erstellen, worin der Mediziner Hufeland bescheinigte, daß die Geistesschwäche des schwedischen Königs möglicherweise erblich und seine Tochter als Mutter künftiger Thronerben nicht geeignet sei.

In Antonin wurde Wanda Radziwill fünfzehn Jahre alt, als Wilhelm, der älteste Bruder, eine neue Schreckensnachricht ins Haus brachte. Seine zweiundzwanzigjährige Ehefrau Helene, die sich lange elend von Kur zu Kur geschleppt hatte, starb drei Monate nach Ferdinand an Schwindsucht. Sie hinterließ eine Tochter, Elisas Patenkind, von ihr bemuttert und heiß geliebt. Das Kind erlag ein Jahr später der gleichen Krankheit.

Wie sollte man sich mit so vielen Schicksalsschlägen abfinden? Die Todesfälle, die gescheiterte Beziehung und der Eindruck, selber nichts zum Gelingen beitragen zu können, führten bei Elisa zu einer intensiveren Hinwendung zur Religion, als es bei der lebensfrohen, zur Freundschaft geborenen, heiteren Frau sonst der Fall gewesen wäre. Es ist aufschlußreich, daß ihre Freundin Lili Parthey, die noch vor ihr an Schwindsucht sterben würde, in ihrem Tagebuch wörtlich dieselben Passagen einer Predigt notierte wie Elisa.

»Zum Frieden mit Gott gelangen wir, wenn wir alles, was er über uns verhängt, Freude und Leid, Wonne und Schmerz, als von ihm gesandt als von dem Vater des Lichts, dankbar annehmen, des festen Glaubens, daß denen, die ihn lieben, alles zum Besten gereichen muß.«

Es war die einzige Möglichkeit, sich mit den Schicksalsschlägen abzufinden. Als Elisa den Tod der Brüder und der Schwägerin erlebte, als die zweijährige Tochter ihrer Posener Freundin Adele von Hintzmann in ihrem Weihnachtskleidchen bestattet wurde, war Glaube der einzige Trost. »Es gab schmerzliche Tage«, schrieb sie an Lulu, »wo der Anblick des vor 2 Tagen lebendig umherlaufenden Kindes, das die ersten Worte zu lallen angefangen hatte und nun marmorbleich und für dieses Leben entschlafen dalag, mein Herz zu zerreißen drohte. Als Kind sah ich meine Schwester sterben und ich glaube Dir gesagt zu haben, daß es damals eine gänzliche Umänderung in mir bewirkte. Es ist doch der Anblick des Todes die größte Erschütterung für einen Christen.« Sie denke oft an die unbeschwerten Tage mit Ferdinand in Antonin, schrieb sie an Freundin Marie von Roeder, »wo wir alle versammelt und so glücklich waren, wie ich es auf Erden nimmermehr sein werde«.

Die Arzttochter Thekla von Gumpert, die in Posen wohnte und bei Radziwills ein und aus ging, behauptete zwar, man habe Elisa das Unglück nicht angemerkt. »Sie malte, zeichnete, schrieb, las, unterhielt sich und war in ihrem Wesen durchaus unverändert.« Elisa besaß ein großes Zeichentalent, so daß ein Verlagsbuchhändler sogar angefragt hatte, ob sie nicht ein Buch illustrieren wolle. Aber gerade in dieser Zeit schrieb Elisa an Kusine Blanche: »Das Leben scheint Mama und mir ein so geliehenes Gut, daß wir jeden Augenblick hinzugeben bereit sind. Ach, das An-der-Erde-Hängen taugt nichts.« Freundin Thekla sah nur den äußeren Schein. Elisa habe bei Abendgesellschaften nie gefehlt, beobachtete

Thekla, »sie tanzte immer mit ihrer bewundernden Grazie die Mazurka, überhaupt alle Tänze mit Offizieren, Beamten, mit Polen, die vom Lande hereinkamen, sie unterhielt sich freundlich wie immer in deutscher und französischer Sprache und sang Lieder von Carl Maria von Weber ergreifend schön«.

Doch die Briefe geben ein anderes Bild. Erstmals erwähnte Elisa offen, daß sie unter Wilhelms Verhalten gelitten habe. »Er ist nicht aufrichtig mit sich selbst und fühlt daher nicht, daß er unentschlossen ist, ein Fehler, den ich in früh'rer Zeit nie, erst jetzt an ihm bemerkt habe«, heißt es in ihrem Brief an seine Schwester Charlotte. »Ich beurteile ihn, Gott weiß es! nicht nach dem Urteil der bösen Welt, und Klatschereien haben nie Eindruck auf mich gemacht (eher das Gegenteil bewirkt). Ich urteile nach seinen Handlungen und aus seinen Briefen. In unseren Angelegenheiten kann ich ihm, Gott sei Dank, weder Mangel an Liebe noch Redlichkeit und Treue vorwerfen – nur daß er, um uns die lange Qual zu ersparen, die Sache, wenn er sie nicht durchsetzen konnte, hätte entschlossen abbrechen müssen. Daß E. B. (Emilie von Brockhausen) an seiner Unentschlossenheit schuld ist, glaube ich fest, sowie daß er sie, ohne es selbst zu wissen, mehr liebt, nicht als er mich geliebt hat, aber als er mich jetzt liebt, gewiß. Bald nach unsres Schicksals Entscheidung sprach aus seinen Briefen ein geteiltes Herz und später, in der letzten Zeit, Unwille gegen uns, weil er uns gegen sich und E. B. ungerecht findet.« Damit war beides ausgesprochen, Wilhelms mangelnde Entschlußkraft wie sein intimes Verhältnis zu Emilie von Brockhausen.

Aus Elisas vorwurfsvollem Brief spricht offenkundig ihre Verletztheit. Möglicherweise war es dieses Bekenntnis, das Wilhelm dazu brachte, ein schriftliches Geständnis niederzulegen, das Elisa aber erst nach seinem Tod lesen sollte. Er wollte zwar nicht seine Unschuld beteuern, ihr aber doch wenigstens erklären, wie sein Verhältnis mit Emilie begonnen hatte. Das Vermächtnis vom 21. Dezember 1828, geschrieben in Potsdam angesichts seiner bevorstehenden Hochzeit, ist erhalten, bricht aber ab, bevor er dazu kam, die Affäre, um die es ging, zu beichten. Es beginnt: »Unser Leben, unsere Schicksale stehen in Gottes Hand! Nichts, nichts trifft uns hinnieden ohne seinen Willen!« Einen Monat nach Elisas Tod – Emilie von Brockhausen war schon vor ihr gestorben – holte er die Blätter wieder hervor und trug das Entscheidende nach: Er habe damals gestehen wollen, »daß ich Emilie von Brockhausen liebte und sie mich, aber erst nach 1826, als man getrennt worden war«. Nun sei die Beichte überflüssig geworden.

Mitten in ihrem Kummer berichtete Elisa ihrer Freundin Lulu von der schönen Zeit, »als ich, ein Mädchen von 15 Jahren, mit keiner Spur von Sorge auf dem Herzen, die große Welt zum ersten Mal betrat. Nach zwei Jahren in Posen reisten wir nach Breslau, um dort die Kaiserinmutter zu empfangen, dann folgte der erste Winter in Berlin.« Das war in jenem Jahr 1817, als Wilhelm an der Treppe des Prinzessinnenpalais auf sie gewartet und geprüft hatte, ob sie für ihn »passend« sei. »Mit welchen neugierigen Augen und überglücklichem Herzen ich zum ersten Mal in das bunte Gewühl schaute, ist mir so gegenwärtig!« An den Rand hatte Elisa gekritzelt: »Einen Trost habe ich doch, zu denken, daß ich n i e an der Heirat gedacht habe, die uns so viel zu schaffen und leiden machte, bis s e i n B e n e h m e n mich ein Jahr nachher dazu brachte.«
Beruhigung bot allein die Musik. Der Vater spielte Kompositionen von Prinz Louis Ferdinand, dem Bruder der Mutter, »nachdem linderte Papa meine Schmerzen durch *Iphigenia* von Gluck. Diese Musik hat mich vom 13ten Jahre an in alle Himmel gehoben«, schrieb sie. »Letzthin spielte Papa auf dem Violoncell mit Wanda eine Sonate von Beethoven – ich dachte, ich würde vergehen.« Aus Posen hieß

es: »Wir haben jetzt eine angenehme Zeit. Papa studiert dem hiesigen Singverein und dem Orchester die Chöre zum Faust ein, und Dienstag werden sie dem Kronprinzen, der morgen erwartet wird, vorgesungen. Man gewinnt die Leute, mit denen man so etwas zusammen singt, ordentlich lieb.« Unter den Mitwirkenden waren Wanda und Wladislaw, die Schwestern Zablonska, Thekla von Gumpert, spätere Frau von Schober, und Elisa selbst. »Musik macht mir am meisten Freude«, versicherte sie.

Wilhelm sandte ihr Grüße zum Neuen Jahr. Er spreche oft mit Charlotte über die Unmöglichkeit, »das Verlorene jemals e r s e t z t zu sehen«. Noch während seines Petersburger Aufenthaltes brach der Krieg Rußlands gegen die Türkei aus. Er bat den Vater, ihn an der Seite von Zar Nikolaus, seinem Schwager, gegen die Türken kämpfen zu lassen. Der König lehnte strikt ab. »Wenn das Vaterland in Gefahr kommt, dann ist es Zeit, daß die Prinzen vom Hause mit leuchtendem Beispiel vorangehen«, antwortete er, aber in fremden Kriegen sein Leben aufs Spiel zu setzen, sei überflüssig. Was übrigens die Brautwahl betreffe, fügte der Vater an, so bitte er, »auf Prinzessin Auguste Rücksicht zu nehmen«.

Diesen Wink verstand Wilhelm sofort. Nahezu aufatmend, daß ein anderer sich um sein Schicksal kümmerte, stimmte er der väterlichen Aufforderung zu, »um nunmehr über meine Zukunft aufgeklärt zu sein«. Das war nicht etwa ironisch gemeint. Er war dankbar, daß der Vater seinem Leben »eine bestimmte Richtung gegeben habe«, wozu er selber nicht in der Lage sei. Gott und der König, das waren die Grundpfeiler, auf denen sein Leben ruhte. »Wie in jeder Ihrer Bestimmungen, die auf mein ganzes Lebensverhältnis Einfluß haben, erkenne ich auch hier wiederum nur Gottes Fügung. Die getroffene Wahl war bestimmt sein Wille.«

Das dachte wohl auch Carl August von Sachsen-Weimar, der als erster informiert wurde. »Das habe ich nun nicht erwartet«, bemerkte der alte Herzog zu General von Müffling, der ihm die Nachricht überbrachte, »ich glaubte, Prinz Wilhelm würde im Cölibat seine Tage vertrauern! Nun möge der Himmel segnen, was Er gewollt und zugelassen hat!« Die offizielle Werbung um Prinzessin Augusta Marie Luise Katharina von Sachsen-Weimar konnte beginnen.

Augusta von Sachsen-Weimar

*»Ich weiß, was ich Ihnen
ersetzen soll.«*

Im September 1828 plante der König anläßlich der bevorstehenden Herbstmanöver ein großes Familientreffen im Hirschberger Tal in der Nachbarschaft von Schloß Ruhberg, wo Radziwills sich aufhielten. Alle königlichen Kinder würden teilnehmen, nur Wilhelm nicht, was verständlich war, denn seine Verlobung stand bevor.

Was die Fürstenfamilie Radziwill darüber dachte, daß sie den Monarchen, der sie vor aller Welt brüskiert hatte, bei sich empfangen sollte, kann man nur ahnen. Vor allem Elisas Rolle war nicht einfach. Sie sollte sich einer Runde präsentieren, zu der sie um ein Haar selbst gehört hätte, sollte sich vor einem König zeigen, der in aller Öffentlichkeit bekannt hatte, daß er sie als Schwiegertochter nicht wünsche. Es gehörte ein gerüttelt Maß an Selbstbewußtsein dazu, mit dieser Situation fertig zu werden. Elisa gelang es. Sie sei »auf Demütigungen gefaßt« gewesen, bekannte sie Lulu von Kleist. »Aber ich hatte mir einen Vorrat an Kräften bei Dem, der sie gerne gibt, für alles gesammelt.« Erleichternd war, daß ihr die gesamte königliche Familie mit ausgesuchter Freundlichkeit begegnete. Mit der bescheidenen, etwas naiven Fürstin Liegnitz verstand sie sich auf Anhieb, auch mit Carls Frau Marie, von der sie derart angehimmelt wurde, daß es fast schon peinlich war. Man habe ihr die schmeichelhaftesten Sachen gesagt, »kurz, ich hatte das Gefühl, allen wohl zu gefallen, selbst dem Könige, und ich möchte wissen, ob das nicht ein Mittel ist, sich behaglich zu fühlen«, meinte sie versöhnlich.

Unterdessen bereitete man sich in Weimar auf Wilhelms Heiratsantrag vor. Vermutlich hatte Maria Pawlowna alles ge-

34 *Prinzessin Augusta von Sachsen-*
Weimar, später Königin und deutsche
Kaiserin, Wilhelms Ehefrau

tan, um ihrer Tochter die Aussicht, Prinzessin von Preußen
und womöglich Mutter des Thronfolgers zu werden, zu ver-
süßen. Wilhelm jedenfalls erfuhr unterderhand, daß man
nichts gegen ihn einwenden werde – unter der Vorausset-
zung freilich, daß er Augusta liebe. »Meine Antwort darauf
kennst Du«, schrieb Wilhelm knapp an Charlotte. »Lieben
kann man nur einmal wirklich. Aber Achtung und Liebe
kann und darf man Auguste nicht versagen.« Anderen gegenüber soll er geäußert haben: »Die Prinzessin ist schön
und klug, aber sie läßt mich kalt.«
Bevor er sich endlich zu einem förmlichen Antrag bequem-
te, öffnete er noch einmal den bewußten Lapislazulikasten
und las Elisas Briefe. »Dann sah ich noch einmal alle Erinnerungen *Ewigs* durch, um gleichsam noch einmal Abschied
von ihr zu nehmen – und nun schrieb ich.« Es war ein recht
illusionsloses Schreiben, das er an die knapp siebzehnjährige
Augusta richtete. »Zwar mit Bangigkeit, aber doch mit der

festen Zuversicht auf Gott, daß er mir in diesem Augenblick nahe sei, nähere ich mich Ihnen vertrauensvoll. Gehen meine innersten Hoffnungen durch Ihren Beschluß in Erfüllung, ist das Glück meines Lebens gesichert.« Damit wollte er eine harmonische Ehe begründen? Hätte er auf sein inneres Warnsystem gehört, wären ihm viele Auseinandersetzungen und bittere Enttäuschungen erspart geblieben.

Die Verlobung in Weimar, dadurch erleichtert, daß Wilhelm der Erwählten mit einigen Komplimenten ihren Fächer in die Hand drückte, ging ohne Kuß, dann aber doch mit gerührtem Händedruck vonstatten. Wilhelm glaubte sich seinem Glück nahe, wie er seiner Schwester schrieb. Doch auch jetzt stand noch immer die ferne Geliebte zwischen den Brautleuten. Augustas erste Worte waren: »Ich weiß, wen ich Ihnen ersetzen soll. Gott gebe, daß ich sie Ihnen nach meinem besten Bestreben ersetzen kann!« Ihre Offenheit verfehlte bei Wilhelm ihre Wirkung nicht, »denn zarter und schöner kann man nicht handeln.«

Von der Idee, Elisa ersetzen zu müssen, scheint Augusta besessen gewesen zu sein. Sie versprach es nicht nur ihrem Zukünftigen, auch Wilhelms Adjutant Leopold von Gerlach notierte ihre Worte. Gerlachs Tagebuch vom 25. Oktober 1828: »Nun die Hauptsache: heut ist die Verlobung des Prinzen mit der Prinzessin Auguste gewesen. Sie hat ein ausgezeichnet hübsches Kindergesicht, sehr schöne Augen und ein herzliches, unbefangenes Benehmen. Sie ist lebhaft und hat heute gesagt, sie wüßte wohl, was sie dem Prinzen zu ersetzen hätte.« Eindrucksvoll scheint eine zweite Begegnung mit dem größten deutschen Dichter gewesen zu sein: »Sonntag, 8. November 1828. Wir gingen zu Goethe, er sprach vom Türkenkrieg. Augusta gab er das Wort mit auf den Weg: ›Mag es ihr wohl ergehen in dem ungeheuer weiten und bewegten Element.‹«[36]

Kritischer als der wohlmeinende Gerlach äußerte sich Caroline von Rochow über die Brautleute, da sie es nicht unterlassen konnte, Wilhelms eigenartige Art der Werbung und Augustas sachliche Reaktion differenziert unter die Lupe zu nehmen. »Der Prinz, mit seinem ernsten, vornehmen Äußeren, dem Nimbus seiner romantischen Liebesgeschichte, die er mit Vertrauen darlegte, wußte ihr Herz zu bewegen; und während sein Gewissen sich mit der vertrauenden Erklärung salvierte, ›solche Liebe könne er nicht mehr empfinden, wohl aber die treuste, innigste Freundschaft‹, erregte er das Selbstvertrauen der achtzehnjährigen Prinzeß. Genug, es kam eine mäßig schöne, aber frische junge Prinzeß hier an, erwartungsvoll dessen, was das Leben ihr wohl bringen würde, an das sie ohne Frage bereits Ansprüche stellte. Daß des Prinzen kühle, abweisende Art sie zurückstieß, ist wohl zweifellos, sie blieb anscheinend hinter den mäßigen Versprechungen seines Gefühls noch zurück.« Dieser wenig schmeichelhafte Kommentar würde sich in der Tat als hellseherisch erweisen.

Wilhelms Hochzeit war für Pfingsten 1829 vorgesehen. Erbgroßherzogin Maria Pawlowna, die Mutter der Braut, wollte von vornherein jeden Mißton in der jungen Ehe ihrer Tochter unterbinden. Sie war, wie ihr Briefwechsel mit Goethe belegt, eine ebenso feinsinnige wie kluge Frau. Ganz Weimar profitierte von den Aktivitäten der Zarentochter, die mit Erbgroßherzog Carl Friedrich von Sachsen-Weimar den unbedeutenden Sohn eines bedeutenden Vaters geheiratet hatte. Die russische Großfürstin stellte ihr Vermögen wissenschaftlichen und sozialen Einrichtungen Weimars zur Verfügung, bezahlte den anspruchsvollen Franz Liszt aus ihrer Privatschatulle und trug zur Kultur des Landes segensreich bei. Mit sicherem Instinkt für die Gewissenslage ihres Schwiegersohns in spe, von dessen Leidenschaft für die polnische Prinzessin ganz Europa wußte, legte sie ihm vor der Hochzeit eine Aussprache mit Prinzessin Elisa Radziwill nahe. Sie wollte verhindern, daß ihre Tochter Augusta ein Leben im Schatten der unbekannten Schönen führen müsse. Der Zauber sollte für immer gebannt, die unendliche Liebesgeschichte bereinigt, das letzte Wort gesprochen werden – kein Vertuschen, kein heimliches Rendezvous, statt dessen Klarheit und Offenheit auf beiden Seiten. Alle Welt sollte wissen, daß die Affäre des Preußenprinzen mit Elisa Radziwill ihren Schlußakkord gefunden hatte.

Radziwills waren im Mai 1829 in ihr Jagdschloß Antonin übergesiedelt, als ihnen buchstäblich von einem Tag zum anderen per Eilboten Prinz Wilhelms Erscheinen angekündigt wurde. »In welche Konfusion die Stafette das ganze Haus versetzt hat, ist nicht zu glauben«, meldete Wanda nicht ohne Humor ihrer Kusine Blanche von Wildenbruch. »Den Kammerfrauen, Bedienten und Kutschern steht der Verstand stille.« Elisa war von der plötzlichen Ankündigung weniger begeistert. »Ich kann dies Wiedersehen nicht auf die leichte Achsel nehmen wie Du«, bemerkte sie spitz zu den leichtfertig vorgebrachten Empfehlungen ihrer Kusine, die gerade eine Tochter namens *Elisa* zur Welt gebracht hatte. In dieser traurigen Angelegenheit war sie für Scherze nicht zu haben. »Ich liebe ihn nicht mehr«, schrieb Elisa, »aber alles Interesse für ihn aufgeben soll ich nicht.« Es klang bitter, dieses harte »Ich liebe ihn nicht mehr«. Vielleicht war es in Wahrheit ein Selbstschutz vor dem, was ihr bevorstand: ein Wiedersehen mit ihrem Ex-Bräutigam.

Wilhelms Begleiter Leopold von Gerlach, der bei dieser Gelegenheit Elisa zum ersten Mal sah, verstand plötzlich, warum sein Schützling über das Heiratsverbot so verzweifelt gewesen war. Die junge Frau war entzückend. Er staunte über die charmante und trotzdem beherrschte Art, mit der sie die Unterhaltung führte, über ihre blendende Erscheinung. »3. Juni 1829. Nach durchfahrener Nacht war ich früh mit dem Prinzen in Antonin, wo er von der ganzen Familie Radziwill empfangen wurde.« Man sei »von allen Seiten sehr erschüttert gewesen«, berichtete der sonst eher sachliche und militärisch geschulte Adjutant, der sich in diesem Fall doch einer persönlichen Anmerkung nicht enthalten konnte. »Ich sprach lange mit der Prinzeß Elisa. Sie hatte Toilette gemacht und frappierte mich durch ihre Schönheit.«

Die Liebenden hatten sich umarmt. Trotz seiner Erregung war Wilhelm in der Lage, mit gestammelten Worten Elisa die Versicherung zu geben, daß er nur aus Gründen der Staatsräson auf sie verzichte. Das Schicksal eines königlichen Prinzen könne nicht als Einzelschicksal betrachtet werden, es sei untrennbar mit der Geschichte seines Hauses und den Geschicken des Landes verbunden. Man sah, daß er litt. Elisa mußte ihm versprechen, seiner Braut Augusta nicht ablehnend zu begegnen.

Nach Aufzeichnungen der Chronistin Caroline von Rochow waren die Eltern Radziwill mit seinem Besuch zufrieden: »Sie sind von seiner treuen Liebe für Elisa überzeugt; er habe nie eine andere geliebt und werde nie eine andere lieben.«[37]

Wilhelm glaubte beim Abschied, sein Ziel erreicht zu haben: Er würde in Zukunft nicht ganz auf die geliebte Freundin verzichten müssen, Elisa würde Augusta freundschaftlich entgegenkommen. »Gott gebe es, daß die zwei Herzen sich finden und verstehen werden, so divergierend eigentlich ihr Geschick sie stellte!«

Der überraschende Besuch hatte Elisas Mutter mehr als die Tochter in Verwirrung gestürzt. Unermüdlich hatte sie auf ein glückliches Ende hingearbeitet – nichts war in Erfüllung gegangen. War es überhaupt richtig gewesen, Elisa jahrelang von Berlin und dem königlichen Hof zu entfernen? Aufgewühlt berichtete sie Prinzessin Marianne: »Um 12 Uhr war Prinz Wilhelm schon da. Ich ging ihm entgegen. Er war in so heftiger Bewegung, daß auch ich meine Fassung verlor.« Dann beantwortete sie selbst ihre sorgenvolle Frage. »Er war so aufgelöst in Tränen und Schmerz, scheint wirklich E. noch so lieb zu haben, daß ich, seitdem ich daran zurückdenke, mir sage: Es war doch gut, daß ich ihn und Berlin nicht wieder sah. Es wäre wieder losgegangen ...«

Acht Tage später, am 11. Juni 1829, sollte die Trauung des preußischen Prinzen Wilhelm mit Prinzessin Augusta von Sachsen-Weimar mit großem Gepränge stattfinden – die ganze Stadt war geschmückt, das Festprogramm für die hohen Gäste geregelt, die Bevölkerung seit dem frühen Morgen auf den Beinen. Fast unbegreiflich wirkt angesichts dieser Zeitknappheit ein Brief, den Wilhelm praktisch unmittelbar vor der Zeremonie an die Fürstin Radziwill schrieb. »Berlin, 11. Juni 1829, vier Uhr Nachmittags. Nur wenige Stunden sind es noch, bevor ich den wichtigsten Augenblick meines Lebens durch die kirchliche Einsegnung erlebe! Wohin könnten in diesen letzten Augenblicken meine Gedanken anders gerichtet sein als zu Dem, der unsere Schicksale nach Seinem uns unerforschlichen Willen von Anbeginn leitete ... Mit reinem Gewissen stand ich dieserhalb immer vor Ihnen und Elisa, und so auch heute noch, so vor acht Tagen! Ich habe gesehen und gefühlt, was ich in der Idee nicht mir aufbauen konnte: daß es ein Verhältnis gibt, in welchem ich mit einem Wesen fortbestehen kann, dem ich sonst gehören, ausschließlich gehören durfte. Ein Herz, eine Seele wie Elisa, die mir so entgegenkam, ist vom Herrn sichtbarlich gesegnet und geleitet. Möge Er ihr Seinen Frieden immer lassen und ihr lohnen, was sie sonst, was sie jetzt mir ist und sein darf! So leben Sie wohl, teuerste Tante! Ein neues, wichtiges Leben beginnt für mich! Erhalten, bleiben Sie mir, was Sie mir waren, was Sie mir sind! Er segne Sie! Ewig Ihr Sie zärtlichst liebender Neffe Wilhelm.«
Es war der letzte Brief, den er in seinem Leben an die Fürstin Radziwill schrieb.
Zwei Stunden später wurde in der Schloßkapelle von Char-

lottenburg durch Bischof Eylert seine Vermählung vollzogen – er war fortan mit einer anderen verheiratet. Auf Augustas dunklem, hochgesteckten Haar saß die königliche Krone aus dem 18. Jahrhundert, welche schon die Königin Luise bei ihrer Hochzeit getragen und die der Schatzverwalter Zucker mitsamt dem kostbaren Kronschatz vor Napoleons Zugriff im Tresor versteckt hatte. Wilhelm erschien in Generalsuniform. Das Schloß war die ganze Nacht über in ein Lichtermeer getaucht.

Es gab allerdings böse Stimmen, die behaupteten, der zweiunddreißigjährige Bräutigam habe sich weniger für die noch nicht achtzehnjährige Braut als für seine Schwester Charlotte interessiert, die mit Geschenken beladen aus Sankt Petersburg angereist war und nach Meinung der Gräfin Bernstorff durch Aufwand, Pracht und »orientalischen Luxus« die Hauptperson weit in den Schatten stellte. »Sie glänzte in Diamanten«, schrieb Kammerherr Gustav von Rochow seiner Mutter Caroline de la Motte Fouqué. »Sie trug Kornblumen im Haar, ein silbernes Kleid und gelbe Schleppe; dabei das blaue Kordon des Andreasordens, die drei Diamantensterne desselben sowie des polnischen weißen Adler- und des Katharinen-Ordens.«

Dem fügte seine Frau, Chronistin Caroline von Rochow, noch etwas Hofklatsch hinzu. »Als Prinz Wilhelm heiratete, erschien Fräulein von Brockhausen bei der Hochzeit wieder am Hofe, und man sah sie totenbleich ihre Stellung ausfüllen.« Vier Monate später starb ihr Vater, worüber sie, wie Bettina von Arnim ihrem Mann schrieb, »einen Anfall von Wahnsinn« bekommen habe. Emilie heiratete 1832 den Kammerherrn Graf Eugen Ferdinand von Dönhoff, doch schon ein Jahr später starb sie.

Unglücklicher als das verschmähte Fräulein von Brockhausen war Kronprinzessin Elisabeth. Als die Fürstin Liegnitz mitfühlend nach ihrem Kummer fragte, bekam sie zur Antwort: »Ich kann nicht beten. Wie oft habe ich die Madonna um Hilfe angefleht. Sie haben mein Flehen um ein Kind nicht erhört. Seit dem 11. Juni 1829 weiß ich, daß die Zukunft der Dynastie von der Gemahlin des Prinzen Wilhelm abhängt. Wie glücklich ist diese Frau, die nun auch das höchste Glück erwarten darf.«[38] Sie würde recht behalten. Sinn und Zweck der eben vollzogenen Heirat war es, für einen Nachfolger auf dem preußischen Thron zu sorgen. Dieser Aufgabe würde Prinzessin Augusta von Preußen sich annehmen.

Manchem Zuschauer wird Wilhelms Heirat nach allem, was man von der Vorgeschichte wußte, wie eine mittelalterliche Zweckverbindung erschienen sein. Daß die Braut nicht aus eigenem Antrieb, sondern dem Vater zuliebe gewählt wurde, war allgemein bekannt. Einem Vergleich mit Elisa hielt die junge Dame in keiner Hinsicht stand, war nach Ansicht der Rochows nicht einmal so hübsch wie ihre jüngere Schwester Marie. Augusta war nicht zu beneiden. »Ich will ihm die ersetzen, die ich ersetzen soll«, hatte sie gesagt, doch trotz ihres Selbstbewußtseins überkam sie allmählich die Ahnung, daß dieser Anspruch nicht zu erfüllen war. Vor der Abreise aus dem geliebten Weimar, die im strömenden Regen vonstatten ging, und vor der Ankunft im nüchternen Preußen hatte ihr gegraut. Verwöhnt durch eine geistig anregende Umgebung, fürchtete sie sich vor dem als steif und wortkarg geschilderten preußischen König. Goethe mag eine Ahnung davon gehabt haben, als er beim Abschied sagte: »Möge es ihr wohl ergehen in dem ungeheuer bewegten und weiten Element.«
Die Braut hatte »ein hübsches Kindergesicht« und schöne Augen, eine zierliche, leicht gebückte Gestalt, war verständig, kritisch und eigenwillig. Würde sie sich einleben? Furore machte sie nicht. Schon nach den ersten in Schloß Sanssouci verbrachten Wochen gingen ihre unzufriedenen Berichte an die Weimarer Familie. »Das hiesige Leben ist sehr angrei-

35 *Das Arbeitszimmer von Kaiser Wilhelm I.*
mit Elisas Bild auf seinem Schreibtisch.
Zeichnung von Carl Johann Arnold, 1885

fend«, schrieb Augusta ihrer Großmutter, »die Familienver-
traulichkeiten« seien einigermaßen »befremdend«. Ihr behagte die innige Beziehung zwischen ihrem Mann und seinen Geschwistern nicht; ein so unablässiger mündlicher wie
schriftlicher Herzensaustausch war ihr unbekannt. Goethe
hatte bei Zelter geäußert, Prinzessin Augusta sei »ebenso bedeutend als liebenswürdig, sie kann mitreden, denn sie hat
etwas gelernt«. Er mußte es wissen, da er sich um die Lehr-
pläne gekümmert und ihr zu einer ausgezeichneten Erzie-
hung verholfen hatte. Entsprechend langweilig fand Augusta das höfische Unterhaltungsprogramm. Sie war Besseres
gewöhnt. Immerhin schrieb sie auch: »Der Prinz ist fortwährend sehr gut für mich. Je mehr ich mich an seinen ernsten und gesetzten Charakter gewöhne, je mehr empfinde
ich Vertrauen zu ihm und wünsche, das für ihn sein zu kön-

nen, was er so bedarf und verdient.« Die Auskunft bewies den guten Willen auf beiden Seiten. Wie sich allerdings herausstellen würde, waren beide Partner grundverschieden, und die guten Vorsätze begannen bald zu bröckeln. Für Augusta war der gravitätische Wilhelm zu einfach in seinen Ansprüchen, zu »ernst und gesetzt« im Umgang. Wilhelm wiederum vermißte bei ihr alles, was er am meisten brauchte, Verständnis und Zärtlichkeit. Beides würde Augusta ihm niemals geben können.

Den frisch Vermählten wurde als zukünftiger Wohnsitz das prächtige Palais Radziwill angeboten, das seit sieben Jahren unbenutzt in der Wilhelmstraße stand. Der Fürst hatte die Absicht geäußert, es zu verkaufen. Das sei unmöglich, erklärte Wilhelm fest, er könne mit Augusta nicht ausgerechnet in diesem Haus leben. Daraufhin wurde ihm das gegenüberliegende »Ordenshaus« präsentiert. Als er aber von dort in die leeren Räume auf der anderen Seite sah, in denen einst sein Glück gewohnt hatte, lehnte er ab und wählte das Barockpalais des Markgrafen von Schwedt neben der Oper, das bislang von dem betagten Feldmarschall von Tauentzien bewohnt worden war. Vier Jahre später ließ Wilhelm das Gebäude abreißen und nach Plänen von Langhans, dem Erbauer des Brandenburger Tores, ein zweigeschossiges Gebäude im klassizistischen Stil errichten, das eine grünberankte Pergola zum Opernplatz abschloß. Augusta kümmerte sich mit lebhaftem Interesse um die Innenausstattung, wählte Mahagonimöbel und roten Damast, Parkettfußböden, Marmorstatuen und ein maurisches Bad. Auch nach Wilhelms Thronbesteigung zog das Paar nicht ins Königliche Schloß, sondern behielt das Palais Schwedt als ständigen Wohnsitz bei. Zusätzlich ließen sie sich von Schinkel ein Sommerschloß im mittelalterlich-neugotischen Stil »auf dem Babelsberge« bei Potsdam errichten, das Augusta den Spitznamen »Königin von Babylon« eintrug. Nicht nur in seinem Arbeitszimmer im Schwedtschen Palais, sondern auch auf seinem Schreibtisch in Schloß Babelsberg stellte Wilhelm Elisas Bild auf, wo er es bis zu seinem Tod vor Augen hatte.

Zum Geburtstag der in Berlin anwesenden Prinzessin Charlotte – jetzt Zarin Alexandra von Rußland – hatten sich ihre Geschwister wieder ein Theaterspektakel mit Hunderten von Teilnehmern ausgedacht, ähnlich wie bei ›Tulpenwange‹ *Lalla Rookh*. Das Schauspiel, das zu Ehren von ›Blanchefleur‹ den Titel »Der Zauber der weißen Rose« erhielt, war ein veritables Ritterfest mit Rüstungen und Lanzen, das im Ehrenhof des Neuen Palais zu Potsdam vor einem riesigen Publikum stattfand. Bettina von Arnim berichtete ihrem Mann: »Die Wirtshäuser haben nicht alle Menschen fassen können, die Kasernen sind voll von den Rittern, die Soldaten sind auf die Dörfer verlegt, die Privatquartiere für die mittanzenden und spielenden Damen in Beschlag genommen, kurz wie bei einer Frankfurter Krönung.«[39] In mittelalterlichen Kostümen hielten die jungen Ritter auf 124 Pferden Einzug, bevor man unter Fanfarenklängen in das von Friedrich II. erbaute Schloßtheater pilgerte, wo unter einem gemalten Sternenhimmel die Silhouetten von Berlin und Moskau erschienen und »Lebende Bilder« aufgeführt wurden wie vor acht Jahren, als Elisa in Gestalt der »Himmelssehnsucht« Peri erschienen war. Das Spektakel markierte zugleich eine Epochenwende. Es war das letzte große Fest, das unter Teilnahme der Bevölkerung am preußischen Hof gefeiert wurde.

Hedwig von Olfers vermißte bei allen Festivitäten ihre Freundin Elisa. Verheiratet mit dem Generaldirektor der preußischen Museen, führte Hedwig inzwischen ihren eigenen Salon. Zu den Besuchern gehörten auch Elisas Brüder Wilhelm und Boguslaw Radziwill. Der Schriftsteller Ernst von Wil-

denbruch, Enkel ihrer Kusine Blanche, hat Hedwig von Olfers als »wahrhaft bedeutenden Menschen« bezeichnet. »In ihrer Wohnung war ein großes Berliner Zimmer, ein saalartiger Raum mit gelb gemalten Wänden, der in ganz Berlin gekannte gelbe Olferssche Saal; in diesem Zimmer, in dem sie am liebsten weilte und das so ganz vom Zauber ihrer Persönlichkeit erfüllt war, habe ich sie kennen, sie lieben und ihr danken gelernt. Jeden Mittwoch war offener Abend, und dann versammelte sich in den freundlichen Räumen der gesamte Glanz von Berlin, Häupter der Wissenschaft, Spitzen der Kunst, Würdenträger, Männer und Frauen aller Kreise – eine Gesellschaft, die sich untereinander gleich empfand; vor dieser Wirtin waren alle gleich.«[40]
Hedwig schilderte Lulu von Kleist Wilhelms prunkvolle Hochzeit, bei der Charlotte als brillantenbesetzte Zarin jetzt so hoheitsvoll aufgetreten sei, während sie seinerzeit im Königsberger Exil schlicht und einfach in ihrem Perkalkleidchen umhergegangen sei. An die gemeinsame Vergangenheit denkend, fügte Hedwig hinzu: »Dabei schwebt mir auch Prinzeß Elisa als ganz junges Kind vor, mit einer Fülle der schönsten, längsten, blonden Locken, mit dem himmlisch-zärtlichen Blick, von aller Welt vergöttert und in das Leben hineinjauchzend.«

Elisa war in Antonin geblieben. Sie liebte das stille Schloß. Von der Hochzeit ihres Geliebten hatten die Freundinnen ihr berichtet; sie nahm es so ungerührt wie möglich zur Kenntnis. Ihrer Freundin Adele von Hintzmann, die eine ähnliche Trennung wie Elisa überstehen mußte, entgegnete sie, daß Gott »dem Bitteren auch Süßes und Tröstliches« beizumischen pflege. Im Herzen traurig, gab sie sich nach außen heiter. »Ich sitze mit Mama in freier Luft und muß mich oft mit Lachen unterbrechen«, so im Brief vom 13. Juli 1829, »weil ein leichter Zephir alle Augenblicke bald eine Feder, bald Fragmente von Briefen wegführt, zuweilen Mamas

Schnupftuch trotz dem daran befestigten Schlüssel. Mama ist mit Angstgeschrei selbst hinterher, wie ich auf gleicher Jagd begriffen ihr einige Hortensientöpfe durcheinander und von der Treppe warf, wonach sie mich meines Dienstes absolvierte.« In Antonin gab es nicht nur den großen Garten mit Lorbeerbüschen und seltenen Gehölzen, sondern auch eine stattliche Anzahl an Orangen-, Myrten- und Granatbäumen sowie die von Elisa erwähnte Reihe der Hortensienkübel, die auf den breiten, zum Schloß führenden Freitreppen standen.

Von Freunden und Gästen in Antonin erfährt man durch die unveröffentlichten Briefe eines Freundes, der das Radziwillsche Schloß besuchte. Geschrieben wurden sie von Philipp von Reichenbach, Offizier im Generalstab des in Posen stationierten V. Armeecorps. Zweimal dadurch Witwer geworden, daß seine jungen Ehefrauen an Schwindsucht starben, hatte er seine dritte Frau bei Festen im Haus des Generals von Roeder und des Statthalters Fürst Radziwill kennengelernt. Nun stattete er der Familie seinen Besuch ab.

»Vorgestern war ich eben in Antonin und bin dort sehr gnädig aufgenommen worden«, schrieb er im Juli 1829. Schon auf der Treppe habe Wladislaw ihn begrüßt, staunend habe er »das sternartige Innere« des Schlosses und seine seltsame Architektur betrachtet. »Die beiden Prinzessinnen kamen auch eine nach der andern zum Vorschein. Es war einer der schönsten Tage, da der Wind die glühenden Strahlen der Sonne abkühlte, so daß man sich schon um 3 Uhr unter einem Baum ins Freie setzen konnte, wo ich mich mit Wladislaw unterhielt, während die Damen Toilette machten. Bei Tisch selbst saß ich neben der Prinzessin (Elisa) und links von mir Wanda. Nach Tische wurde Kegel gespielt, dann eine Spazierfahrt in den Park gemacht, wo wir viel Wild sahen, und mit einer Schiffahrt auf einem großen Teiche beschlossen. Meinetwegen wurde das Abendbrot um 10 Uhr festgesetzt, so daß ich bei schönstem Mondenschein u. in der herrlichsten Nacht um 11 Uhr abfahren und um 1 Uhr in Ostrowo wieder ankommen konnte. Die Prinzessin hatte mir sogar ein Nachtquartier angeboten.«[41]

Reichenbach berichtete den Schwestern Wanda und Elisa, die ihn nach Neuigkeiten ausfragten, von einer Hochzeit, die im nahen Schloß Owinsk bei Treskows stattgefunden habe. Mit dieser Familie waren Radziwills befreundet, seit Fürstin Luise ihren zukünftigen Ehemann im Garten von Treskows Schwiegervater zum ersten Mal geküßt hatte. Elisa kannte das von Gilly und Schinkel erbaute Schloß Owinsk mit dem pompejanischen Damenzimmer und dem runden, von einem wunderbaren Sternenrund überwölbten Saal; auch im rosenumrankten Nachbarschloß Radojewo war sie gewesen, hatte vom Park aus ins Warthetal und bis Posen geblickt. An der höchsten Stelle war ein hölzernes Belvedere errichtet worden, das zu Ehren ihrer Mutter den Namen »Luisenhöhe« trug.[42]

Zu den Besuchern, die nach Antonin kamen, zählte auch ein bedeutender Komponist: Frédéric Chopin. Seine Berichte bezeugen sowohl die Musikalität der Prinzessinnen wie die Generosität des Gastgebers. Fürst Radziwill hatte schon früher Beethoven, dessen Musik er als genial erkannte, ideell und finanziell unterstützt; er war ihm vermutlich während des Wiener Kongresses persönlich begegnet. Er bestellte bei dem schwierigen, menschenscheuen Komponisten eine Abschrift der *Missa solemnis* op. 123, und Beethoven dankte, indem er seinem Gönner zwei Werke, die 25 *Schottischen Lieder* op. 108 und die C-Dur-Ouvertüre *Zur Namensfeier* op. 115 widmete.

Frédéric Chopin, dessen französischer Vater Nicolas Chopin von Paris nach Warschau gezogen war, um am Gymnasium zu unterrichten, war schon früh als Wunderkind bestaunt worden; man nannte ihn »den Erben Mozarts«. 1810 in Warschau geboren, durfte er als Achtjähriger bei Großfürst

36 *Frédéric Chopin im Salon der Radziwills 1829.*
In der Mitte Fürst Anton Radziwill, neben ihm Elisa, rechts Elisas
Mutter und der befreundete Alexander von Humboldt.
Gemälde von Henryk Siemiradzki, 1886

Konstantin vorspielen, mit fünfzehn ein Konzert bei Zar Alexander geben, wofür er mit einem Brillantring belohnt wurde. Dem vornehmen jungen Mann mit den blendenden Manieren öffneten sich mühelos die Salons der Aristokraten, in denen man, wie bei den Czartoryskis und Potockis, häufig über ein eigenes kleines Orchester verfügte und eigene Opernaufführungen arrangierte. Als Student am Warschauer Konservatorium verbrachte Chopin die Sommerferien in der Provinz Posen, wo er bei seiner Patin Madame Wiesolowska und dem musikalischen Fürsten Radziwill wohnte, mit dem er sich angefreundet hatte.

Im September 1828 kam Chopin, nachdem er in Berlin Humboldt, Spontini, Zelter sowie den fast gleichaltrigen Mendelssohn-Bartholdy getroffen und fünf Opern, darunter Webers *Freischütz*, gehört hatte, auf der Rückfahrt wieder zu Radziwills, die ihn schon freudig erwarteten. »Inmitten von Hochwald und Teichen erhob sich die Holzfassade des Gutes Antonin, in dessen großen und schönen Räumen die Fa-

37 Frédéric Chopin,
Zeichnung von Elisa Radziwill

milie Radziwill und ihre Gäste angenehme Tage verbrach-
ten«, schrieb er einem Freund. Im Fürsten fand er einen pro-
fessionellen Musikkenner, der selber bereits Männerchöre,
Romanzen und neun Lieder nach Gedichten aus Goethes
»Wilhelm Meister« geschaffen hatte und den hochbegabten
Pianisten gern auf seinem vorzüglichen Cello begleitete.
Nach einem Besuch in Teplitz und Dresden 1829 kehrte
Chopin wieder bei Radziwills ein, spielte mit Elisas Lehrer
Klingohr vierhändige Pianostücke und mit dem Fürsten So-
naten für Klavier und Violoncello. Das Gemälde des Malers
Siemiradzki, *Chopin im Salon des Fürsten Anton Radziwill
1829* gibt die Situation eines musikalischen Abends wieder.
Man sieht im Zentrum des Musiksaals den Gastgeber als
konzentrierten Zuhörer, an seiner Seite Tochter Elisa, im
Vordergrund rechts Wanda mit der Fürstin und Alexander
von Humboldt, während Chopin am Flügel präludiert.

Aus Antonin schrieb Chopin einem Freund: »Die beiden jungen Prinzessinnen waren da, zwei sensible Evas mit musikalischem Gehör, unendlich lieb und gut. Meine Polonaise in f-Moll hat Prinzessin Elisa so interessiert, daß ich sie ihr jeden Tag vorspielen mußte … Ich habe in Antonin eine ›alla polacca‹ mit Violoncello geschrieben. Es ist nur Blendwerk, gut für den Salon, für die Damen. Ich wollte, daß Prinzessin Wanda sie studiert. Ich habe ihr in dieser Zeit sozusagen Unterricht erteilt. Sie ist jung, siebzehn Jahre alt, hübsch, und weiß Gott war es eine Freude, ihr die Finger zu setzen …«

Während Chopin sich in Antonin um Wandas pianistische Fortschritte bemühte, war Elisa damit beschäftigt, sein Porträt zu zeichnen, einmal als Brustbild, einmal »in anmutiger Pose« am Klavier sitzend. »Sie hat mich skizziert«, schrieb Chopin stolz, »und man hat mir gesagt, es sei sehr ähnlich.«

Sein Trio in g-Moll für Violine, Cello und Klavier op. 8, das bei einem Besuch in Antonin entstand, widmete Chopin seinem Gönner Anton Radziwill. Mit ihm besprach er auch seine berufliche Zukunft. Der Fürst riet zu einem Aufenthalt in Berlin, der musikalischen Hauptstadt Preußens, aber auch zu Paris, wo sich sein in diplomatischem Dienst stehender Bruder des begabten Komponisten annehmen würde. Fürst Valentin Radziwill führte den jungen Musiker in Paris in die Salons der emigrierten polnischen Elite ein. Auf diese Weise verhalf die Freundschaft zu Fürst Anton und seinen Töchtern dem noch unbekannten Frédéric Chopin zu einer unvorhergesehenen Karriere.

Eine Frauenfreundschaft

»Wir haben viel über Ewig *und
die schöne Zeit gesprochen.«*

Noch nie in ihrem Leben war Prinzessin Augusta auf etwas
so gespannt gewesen wie auf die erste Begegnung mit ihrer
Rivalin Prinzessin Radziwill. In ihrer Ehe war bisher kaum
ein Tag vergangen, an dem nicht von Elisa gesprochen worden wäre. Augusta brachte für das Vorleben ihres Mannes
viel Verständnis auf. »Wenn ich an die Zukunft denke«, so
hatte sie ihm bald nach der Hochzeit geschrieben, »empfinde ich immer das Gefühl dessen, was ich für Sie, lieber
Wilhelm, sein möchte und nicht bin.« Seiner Schwester Luise gestand sie: »Er tut mir leid, der arme Wilhelm, und dies
verdoppelt mir die Pflicht, das Möglichste zu tun, um ihn
zufrieden und froh zu machen.« Klugheit und Einfühlungs-
vermögen konnte man ihr nicht absprechen. Wilhelms Vertrauen zu besitzen sei ihr so wichtig, sagte sie, »daß er ihr
immer nur von Elisa sprechen mögte«.
Da es zwischen den Eheleuten kaum Gemeinsamkeiten gab,
Wilhelm sich für militärische Operationen, Augusta für
geistvollere Themen interessierte, wurden ihre Gespräche
über Elisa zu einer Art gemeinsamer Basis, einer Überein-
kunft, die sich später, als es keine Elisa mehr gab, als Illusion
erweisen würde. Goethe, der Augustas Entwicklung verfolgen konnte, hatte zu Zelter gesagt: »Sie verbindet frauen-
zimmerliche und prinzeßliche Eigenschaften auf eine so voll-
kommene Weise, daß man in wirkliche Bewunderung gerät
und ein gemischtes Gefühl von Hochachtung und Neigung
für sie hat.« Ein gemischtes Gefühl? Wilhelm war damals
bei weitem nicht so unzufrieden mit Augusta wie in späteren Jahren, als ihre Einmischung in seine Politik, ihr Ehrgeiz
und ihr Haß auf Bismarck sie zu seiner Gegnerin machten.

Im Juni 1830 ordnete Friedrich Wilhelm III. wieder eine Familienzusammenkunft an – anläßlich der bevorstehenden Manöver wieder in Schlesien. Er wollte seinen Bruder Prinz Wilhelm »den Älteren« und dessen Frau Marianne in Schloß Fischbach besuchen, man würde aber auch nach Buchwald und Ruhberg kommen – als Gäste der Radziwills. Zum ersten Mal würde Augusta Gelegenheit haben, die unbekannte, vielgerühmte Tochter des Hauses kennenzulernen! Endlich würden die Fragen, die sie Tag und Nacht bewegten, eine Antwort finden. Aber auch Wilhelm würde seiner einstigen Flamme nach langer Zeit wieder gegenüberstehen.

Die Situation war für beide Seiten äußerst unangenehm. Niemand wußte, wie er sich Radziwills gegenüber verhalten sollte. Der König traf als erster im Hirschberger Tal ein, an seiner Seite die unscheinbare Fürstin Liegnitz. Das Paar bezog mit Charlotte, die aus Sankt Petersburg gekommen war, Schloß Erdmannsdorf, das dem König so gut gefiel, daß er es nach Gneisenaus Tod erwarb. Ihnen folgte das Kronprinzenpaar, Prinz Wilhelm mit Gattin Augusta und Prinz Carl mit Prinzessin Marie, die in Schloß Buchwald bei der Gräfin Reden logierten. Als Gäste waren des Königs Schwester Auguste von Hessen mit ihrer Tochter Caroline gekommen, die bei Radziwills in Ruhberg wohnten, außerdem Mariannes Brüder, die Landgrafen von Hessen-Homburg, sowie der berühmte Naturforscher Alexander von Humboldt als Freund und Begleiter des Kronprinzen – insgesamt erschienen im Hirschberger Tal neununddreißig Personen.
Prinzessin Augusta war nervös. Wilhelm hatte vorsorglich schon ihrer Mutter geschrieben, es seien bei diesem Treffen Peinlichkeiten zu erwarten: »... alle Augen werden auf uns gerichtet sein.« Daraufhin hatte die Weimarer Erbgroßherzogin strenge Verhaltensmaßregeln ergehen lassen, damit kein Schatten auf die Ehe ihrer Tochter falle, und Augusta

eingeschärft, sich so würdig und vernünftig wie möglich zu verhalten.

Die mütterlichen Sorgen erwiesen sich als überflüssig. Augusta war vom ersten Augenblick an von Elisa hingerissen. Aus einer Bekanntschaft, vor der sie sich gefürchtet hatte, wurde fast stehenden Fußes eine Freundschaft. Elisa berichtete Blanche: »Am Freitag sprachen Prinzeß Augusta und ich nur einige Worte. Du weißt, ich war entschlossen, wenn sie irgendeinen Schritt des Vertrauens täte, ihr darin entgegen zu kommen und den Plan, den Gerlach voriges Jahr machte, zu verwirklichen.« Augusta sei viel kleiner als gedacht und auch kleiner als sie, erzählte Elisa, habe dunkles Haar, ein scharfes Profil und interessante, aber keinesfalls schöne Gesichtszüge. »An diesem Sonnabend Nachmittag kam es zwischen Prinzessin Augusta und mir zur Aussprache. Ich saß in der Boisseriegalerie zu Fischbach zwischen ihr und Marie. Ich hatte ein hellblaues Shawlkleid an und nichts in den Haaren«, die königlichen Hoheiten hätten nämlich sämtlich statt Juwelen frische Blumen getragen, sogar Zarin Alexandra-Charlotte, »ich donnere mich deshalb keineswegs auf.« Von Augustas überraschenden »Herzensergießungen« könne sie manches erzählen, habe aber versprochen, kein Wort zu sagen.

Wie überrascht Augusta über die Liebenswürdigkeit ihrer Konkurrentin war, bezeugt nichts deutlicher als ihr Bericht an die ehemalige Hofmeisterin. »Ich kann Ihnen nicht sagen, wie sehr mir die *personne en question* Achtung, Bewunderung und Liebe einflößte. Mündlich mehr darüber und über die seltenen Vorzüge dieser interessanten Person. Wir waren bald vertraut miteinander, und ich erkenne, daß es einen entscheidenden Einfluß auf mein Glück haben wird; denn sie gab mir manchen guten Rat, und der Prinz konnte mir auf seine Art nicht genug seine Freude und Dankbarkeit über dieses Verhältnis zu erkennen geben.«

*38 Blick aus dem tempelartigen Pavillon der Gräfin Reden
oberhalb von Schloß Buchwald in Schlesien*

Ihrem abtrünnigen Verehrer hatte Elisa in Antonin versprechen müssen, immer seine Freundin zu bleiben. Doch in Fischbach wich sie ihm sichtlich aus und gab ihm keine Möglichkeit zu einem Gespräch unter vier Augen. Sie hatte ein Jahr Zeit gehabt, sich in die Situation hineinzufinden. Seine dringliche Suche nach einer neuen Liebe hatte sie enttäuscht – und zugleich die Wunden geheilt, die ihr sein Abschiedsbrief geschlagen hatte. Wie sie Blanche und Lulu von Kleist bekannte, habe sie Wilhelm nie so leidenschaftlich geliebt wie er sie. Das war möglicherweise eine Notlüge, um nicht allzu gedemütigt zu erscheinen, entsprach vielleicht aber auch der Wahrheit.

Die erste Begegnung zwischen den beiden konkurrierenden Damen fand im Pavillon von Schloß Buchwald statt. Dieser »Pavillon« war als griechischer Tempel mit Säulenvorhalle, Seitenkabinetten, Marmorverkleidung und einer veritablen

Bibliothek ausgestattet; von hier aus hatten einst Friedrich Wilhelm III. und die Königin Luise im Jahre 1800 einen Ausflug auf die Schneekoppe unternommen. Die Gräfin Reden hat das erstmalige Zusammentreffen von Wilhelm, Elisa und Augusta in ihrem Pavillon ebenso genau vermerkt wie die Tatsache, daß sie ein »kaltes Déjeuner«, Tee und Gebäck servieren ließ. Im Tagebuch notierte sie, Wilhelm sei auf dem Weg nach Ruhberg schleunigst wieder umgekehrt, als er hörte, Elisa sei oben im Pavillon.

Prinzessin Augusta wurde als Neuerscheinung unter die Lupe genommen, wobei die Gräfin den Vergleich zog: »Sie ist bei weitem nicht so hübsch, aber munterer, und ihr klein chiffoniertes Gesicht gefällt mir wohl.« Nebenbei war die fromme Gräfin Reden nicht untätig. Sie begriff das »Königstreffen« als Chance, den verarmten schlesischen Webern zu helfen: Auf ihren Wunsch erwarben die hohen Gäste, vor allem die russische Zarin, Leinen im Wert von 6000 Talern.

Wilhelms Adjutant Leopold von Gerlach, obgleich nüchtern und besonnen, hat die Ereignisse jener vierzehn Tage nicht ohne innere Erregung aufgezeichnet. »Den 3. früh verließen wir Berlin. Auf der Fahrt brannte der Wagen des Prinzen Carl. Am Abend kamen wir nach Fischbach, wo ein Kreis von 39 Personen versammelt war.« Er notierte Einzelheiten, durch die man zufällig von einer gewissen Zweisamkeit erfährt, die sich trotz aller Vorsichtsmaßnahmen zwischen Wilhelm und Elisa ergab. »14. Juni. Gestern kam die Koppenpartie zustande, bei der wir von Hagel und Regen überrascht wurden, so daß wir Halt machen mußten. Ich lag mit Humboldt unter meinem Mantel im Knieholze, wo er vom Cap Teneriffa erzählte. Mit Prinzeß Elisa sprach ich über das Sündliche in unserm halben Christentum und brachte sie hin und wieder mit dem Prinzen abwechselnd hinunter.«

Mitten im allgemeinen Trubel der Ereignisse, berichtete Elisa Kusine Blanche, habe sie »die prächtigsten Unterredungen mit Graf Anton Stolberg, Gröben, Gerlach und vor allem mit Alexander Humboldt« geführt, »bei dem ich in Gnaden stehe und der unbeschreiblich liebenswürdig ist. So saßen wir gestern Abend zusammen, auf der anderen Seite der Kronprinz, dann Mama, die Kronprinzeß, der Landgraf von Homburg und Pr. Wilhelm.«

Wilhelms Adjutant schloß mit Elisa Freundschaft. »An dem Clavier hatte ich letzthin eine Unterredung mit Prinzeß Elisa Radziwill und dem Kronprinzen über den Götzendienst, der mit der Sontag getrieben wird«, notierte Gerlach ins Tagebuch. Die Unterhaltung habe sich um die umjubelte Primadonna der Berliner Oper gedreht, Henriette Sontag, verheiratete Gräfin Rossi, deren vergoldete Büste Fürst Pückler in einem Rosenzirkel seines Parks aufgestellt hatte. Daß sie wie eine Heilige verehrt wurde, löste fast Empörung aus.

Nicht nur die gefeierte Solistin, auch den berühmten Schauspieler Eduard Devrient hatte man zum Theaterspiel nach Schlesien geholt. Devrient konnte seiner Frau Therese nicht genug von der Schönheit des Hirschberger Tales berichten und verfiel ins Schwärmen, als er die weite Landschaft mit den zahlreichen Schlössern und hübschen Dörfern beschrieb, durch die er, von Fischbach kommend, nach Lomnitz fuhr, die Berge »in vollem goldnen Zauberschein« wahrnehmend. Wie Elisa in ihren Briefen an Lulu von Kleist, bewunderte auch Devrient das Hirschberger Tal. »Das Schönste kam nach, wir fuhren durch die Nacht, und während auf einer Seite die spitzen rauen Falkenberge vom Mond erhellt waren, blitzte es über dem Riesengebirge.«

Im Oktober 1830 beschloß Fürst Radziwill, wegen beginnender Unruhen in Polen mit seiner Familie Posen zu verlassen und nach Berlin zurückzukehren. Thekla von Gumpert begegnete Elisa vor der Abreise auf einem Kostümball im Posener Schloß. »Prinzeß Elisa erschien als Undine, eine wunderschöne Erscheinung im meergrünen Florgewande mit Perlen besetzt, ein Perlendiadem um die Stirn, Perlen um Hals und Arme, ihr schönes Haar hing aufgelöst bis über die Knie herab; man hat für die Farbe solcher Haare keinen richtigen Namen. Eine bildschöne Erscheinung war diese Undine, die Gesichtszüge edel, der milde schwärmerische Ausdruck der Augen, der liebliche freundliche Mund, alles eigentümlich schön, und die Gestalt schlank, fein gebaut, voll Grazie in jeder Bewegung.«[43]

Acht Jahre lang waren Radziwills nicht mehr in ihrem Palais gewesen. Elisa hatte sich zunächst sogar geweigert: Tausendmal lieber bliebe sie in Antonin als in Berlin, hatte sie ausgerufen, »wo nichts mich anzieht«. Doch als sie in der Wilhelmstraße vor dem säulengeschmückten Portal ausstieg, war es wie früher, »ich fühlte, daß das Haus, wo ich geboren und wir zusammen erzogen sind, mir Heimat blieb«, schrieb sie an ihre Kusine, »wenn auch alles in mir und um mich verändert ist«. Die Mutter sei aufgeregt gewesen, »als ihre alten Diener und die der Großmutter sie schluchzend empfingen«.

Man staunte, wie sehr sich die preußische Hauptstadt durch Schinkels prächtige Bauten gewandelt hatte. Besucher drängten ins Haus, der Freundeskreis war groß. Es kamen die Nachbarn Bernstorff, um sie zu umarmen, Graf Brühl, Graf Reden und Freund Gneisenau, die Brüder von Gerlach und von Roeder, Clausewitz, Alvensleben, Staegemann und Gunda von Savigny mit ihrer Schwester Bettina von Arnim, deren Töchter Maximiliane und Armgard später im Palais Radziwill aus und ein gingen.[44]

»Acht Jahre und zwei Monate hatten Radziwills von Berlin entfernt gelebt«, steht im Tagebuch der Gräfin Bernstorff. »Erst waren die lang gehegten Hoffnungen und Wünsche für Elisas Vermählung mit dem Prinzen Wilhelm gescheitert, Wünsche, die die Mutter gewiß leidenschaftlicher hegte als die sanfte Elisa, und die einmal der Erfüllung so nahe schienen. Elisas Herz war geheilt, aber ihre Lage am Hof blieb schwierig.«

Die Gräfin wußte, wovon sie sprach. Auch sie war nur die zweite Wahl gewesen. Ihr Ehemann, Außenminister Christian Graf Bernstorff, hatte wie Prinz Wilhelm nicht die Frau heiraten dürfen, die er liebte. Die bildschöne Marianne Meyer war die Tochter eines wohlhabenden jüdischen Kaufmanns, und sein Vater hatte ihn gewarnt: Eine Heirat mit ihr bedeute das Ende der angestrebten politischen Karriere. Bernstorff hatte verzichtet und statt dessen seine Nichte, die sechzehnjährige Tochter seiner Schwester geheiratet, während Marianne Meyer einen Prinzen Reuß ehelichte.

Im Tagebuch der Gräfin Bernstorff heißt es weiter: »1827 starb dann der zweite Sohn des Hauses, der schöne Prinz Ferdinand, bald darauf die Gemahlin des Ältesten und ihr einziges Kind. So folgte ein Schmerz dem anderen. Es waren Jahre schwerer Prüfungen.«

Für Elisa sollten es nicht die letzten Prüfungen sein. Ihr jüngerer Bruder Wladislaw wies neuerdings Zeichen der Krankheit auf, an der Ferdinand gestorben war. Er hustete. Aber von medizinischen Maßnahmen wollte der lebenslustige junge Mann nichts wissen. Wladislaw war neunzehn Jahre alt.

Im neuen Schauspielhaus begann die Herbstsaison mit *Hamlet*, Schillers *Jungfrau von Orléans* und Kleists *Käthchen von Heilbronn*. Fürst Radziwill ließ sich von seinen beiden Töchtern ins Theater begleiten. Selbstbewußt, geradezu herausfordernd wollte er sie der Öffentlichkeit präsentieren. Als Elisa im Oktober siebenundzwanzig Jahre alt wurde, inszenierte er für sie ein luxuriöses Fest. »An meinem Geburtstag hatte ich ein Peignoir von Crêpe auf gelbem Taffet an, mit kleinen Blonden besetzt, und war gut frisiert. Es war großes *Déjeuner dinatoire*«, berichtete Elisa ihrer Kusine. Auch Wilhelm und Augusta nahmen am Ball teil. Anderntags war man in der Singakademie gewesen, um das neue Oratorium des Komponisten Bernhard Klein zu hören, dessen Frau, Elisas strahlende Freundin Lili Parthey, mit neunundzwanzig Jahren an Schwindsucht gestorben war.

Hedwig von Olfers sah Elisa im Theater – das mußte sie Freundin Lulu sofort berichten. »Sie trug eine Robe von blauem Silberstoff, die ihre elegische Gestalt so ruhig umfloß, daß es nicht dieselbe steife Hoftracht zu sein schien, in welcher die meisten andern wie geputzte Puppen aussahen. Ich hatte gefürchtet, sie verändert zu finden, und nun stand sie wieder vor mir ganz so, wie sie in meiner Seele gelebt hatte, und redete mich an mit dieser innigen Stimme, die Sie von ihr kennen. Es war eine Freude, diesen Liebling wieder gesehen zu haben in Erinnerung der Zeit, welche mit ihren Schmerzen dazwischen liegt.«

Kurz darauf wurde Hedwig ins Palais Radziwill eingeladen. »Mir schien es wie ein Traum, daß ich in Prinzeß Elisas Zimmerchen auf dem kleinen Sofa gesessen, daß sie mit mir gesprochen wie mit einer Freundin und daß mir Prinzeß Luise so liebreiche, gütige Worte gesagt.« Man war in den Garten gegangen, um über den Tod der alten Marie von Kleist zu sprechen. Elisa habe versichert, man werde sich im Jenseits wiedersehen. »Ach, dieser Engel blickt mit soviel Zuversicht in das zukünftige Leben und Wiedersehn, daß ihn kein Schmerz zerrütten kann«, schrieb Hedwig.

Für Wilhelm war Elisas Nähe noch beunruhigender als früher. Wie sollte er mit ihrer Gegenwart fertig werden, ohne den Kopf zu verlieren? »Welch ein Moment, als ich Elisa zum ersten Male, und zwar unerwartet, im Rittersaal eintreten sah!« schrieb er Charlotte verwirrt. »*Ewigs* Erscheinen in den Gesellschaften und ihr Ausdruck bei jeder Gelegenheit ist unwiderstehlich, anmutig und lieblich.« Er liebte das liebliche Gesicht, und er ließ es Elisa spüren, wo immer sie auftauchte. »Radziwills haben einen sehr hübschen Tag mit

39 Prinzessin Elisa Radziwill.
Nach einem Gemälde in Privatbesitz

uns auf der Pfaueninsel, in Glienicke und hier zugebracht.
In der Pfaueninsel bin ich an *Ewigs* Seite an den Plätzen
vorübergegangen, wo ich 1822 mit Papa die Unterredung
hatte, die mir darauf vier Jahre der Hoffnung verleben ließ
und wo ich 1826 die letzte Unterredung hatte, als Alles vorüber war! *Ewig* ahndete davon nichts – aber was fühlte
ich!?«

Das, was er fühlte, machte Elisa die Situation nicht eben
leichter. Sie war irritiert und in ihrer Ruhe gestört. Bei den
obligaten Hofeinladungen komme es gelegentlich doch zu
unerfreulichen Situationen, klagte sie Lulu, die jetzt Gräfin
Stosch hieß. »Am Anfang hatte ich einige schwere, schwarze Momente, auch letzthin, als nach dem Tableaux beim König getanzt wurde, fand ich mich gedemütigt, augenblicks-
weise.« Um einen Eklat zu vermeiden, müsse sie sich sehr
zusammennehmen. »Der Stoff zur Demütigung ist freilich

oft da. Ich sollte aber ganz darüber hinweg sein, und dazu verhilft mich ja auch Gott. Der Moment des Zwiespalts ist vorüber, wenn er je da gewesen ist.«

Wenn Wilhelm gehofft hatte, die Beziehung zur geliebten Freundin würde sich so vertraut wie früher gestalten, hatte er sich geirrt. Sie tat ihm den Gefallen nicht, sprach nur selten mit ihm allein und vermied jede Begegnung unter vier Augen. »Ich habe es leider schon erfahren, daß die Liebe erkalten kann«, gestand sie Lulu am 4. Januar 1831. Sie habe »mit Schrecken und Verwunderung« feststellen müssen, daß sie Personen, »die ich einst heiß zu lieben geglaubt hatte«, jetzt unbeteiligt gegenüberstehe. Ihre Kälte sei für ihn entsetzlich, klagte Wilhelm am 13. April 1831 Prinzessin Marianne. »In sieben Monaten habe ich nicht e i n e Unterredung mit ihr gehabt; zehn Worte ist das Längste, was ich ihr sagen konnte. So hatte ich mir das Verhältnis nicht gedacht.« Sein Herz schlug, sobald er sich dem Palais Radziwill näherte. »Mit welchem Gefühl ich jedes Mal die Treppe aufsteige, die Zimmer betrete, s i e dort erblicke, bedarf keiner Schilderung, und nur *Ewigs* ruhiger, sanfter Blick gibt mir Fassung und Beruhigung.« Derart intime Geständnisse konnte er nur Charlotte anvertrauen. Wilhelm war froh, in Charlotte eine Schwester zu haben, die den Namen *Ewig* verstand. »Wir ritten und begegneten Elisa und Wanda mit ihren Brüdern, auch zu Pferde – und ritten nun zusammen weiter! Wie mir das vorkam, Auguste und Elisa so zusammen zu sehen!«

Was dachte Augusta, wenn sie die Liebenden zusammen sah? Sie verhielt sich fabelhaft. »Du weißt, wie vielen Takt er besitzt«, schrieb sie ihrer Schwägerin Luise, »es bleibt dem ungeachtet doch stets drückend für ihn, und dies muß besonders der Fall gewesen sein, als wir an Elisas Geburtstag bei den Eltern versammelt waren.« Man brauchte eine gute Portion Selbstbewußtsein und starke Nerven, um als weniger hübsche Ehefrau die Gegenüberstellung auf Dauer zu ertragen.«Für den armen Wilhelm war die Rentrée in die alten Räume wirklich schrecklich, und ich habe mich ganz in seine Lage versetzt«, meldete sie am 8. November, nachdem sie gemeinsam das Palais Radziwill besucht hatten. An Elisa schrieb sie einen gefühlvollen Brief, legte »Romanzen für Gesang« bei; Elisa sandte in ihrer Antwort »dem Prinzen die herzlichsten Grüße«. Augusta betrug sich mustergültig und hing, wie Wilhelm meinte, mit »ungeheuchelter Liebe« an der einzigen Freundin, die sie hatte. »Eben kehre ich von einem langen Besuch bei Elisa zurück«, schrieb sie ihm ein anderes Mal, nachdem sie bei Radziwills »zur Visite« gewesen war. »Ich habe mich mit Elisa wieder einmal recht aussprechen können und von ihr manch Herrliches gehört.«

Von Elisa »manch Herrliches gehört«? Anscheinend hatte Augusta ihren Zuspruch nötig. Welcher Art die Ratschläge waren, kann man nur vermuten. Der Graphologe hatte aus Elisas Handschrift gefolgert, sie sei »in erotischen Dingen überaus fraulich eingestellt«; Sanftmut, Verträglichkeit, Sinnlichkeit, das waren die Eigenschaften, die Wilhelm an ihr geliebt hatte. Gab Elisa der Jüngeren Ratschläge psychologischer Art? Wie es scheint, kam Augusta Wilhelms sinnlichen Bedürfnissen so wenig entgegen, daß er offen bemerkte, er hoffe »auf *Ewigs* Einfluß«. Schon bald nach der Hochzeit hatte er seiner Schwester Charlotte geklagt: »Es gibt Momente, wo man sich von Augustas Launen gar keinen Begriff macht; dann ist sie gerade wie stumm und taub. Nicht Herzlichkeit, nicht Überredung, nicht Ernst, nichts, nichts nimmt sie dann an.«[45]

Elisa war in Berlin heimisch, Augusta blieb eine Fremde, und das stocknüchterne Leben am preußischen Hof behagte ihr in keiner Hinsicht. Sie, die in naturwissenschaftlichen Fragen von Goethe, in Malerei und Zeichnen von Luise Seidler, in Musik vom Komponisten Johann Nepomuk Hummel unterwiesen worden war, fand die in Berlin beliebten Ablenkungen – Potsdamer Schlittenfahrten, Frühstück in Sanssouci, *Thées dansants* beim Kronprinzen – lächerlich und langweilig. Mit Schwager Carl, den sie »hämig« nannte, war sie zerstritten, und eine Freundin fand sie weder in ihrer kapriziösen Schwester Marie, die im »unvergleichlichen Glienicke« wohnen durfte, noch in der allzu sanften Schwägerin Elisabeth, die sich sozialen Aufgaben und Wohlfahrtseinrichtungen widmete, während man ihr keinen eigenen Wirkungskreis zugebilligt hatte.

Die Ehe mit dem schlichten Wilhelm, der niemals den Thron besteigen und lieber nur »Soldat« bleiben wollte, war unbefriedigend. Ihr einziges gemeinsames Gesprächsthema blieb Elisa. Wilhelm berichtete es Charlotte sogar mit größter Selbstverständlichkeit: »Wir haben viel über *Ewig* und die schöne Zeit gesprochen.« Zwar sei das Thema »delikat«, doch er sei überzeugt, »daß bei der großen, aufrichtigen und ungeheuchelten Zuneigung, die Auguste für *Ewig* gefaßt hat, *Ewig* wie ein Punkt der Verbindung zwischen uns werden wird, wenn selbst ich sie ihr als Muster von Weiblichkeit und Ergebung aufstellen muß.«

Weiblichkeit? Ergebung? Von solchen Vergleichen dürfte Augusta kaum erbaut gewesen sein. Wilhelm nahm in dieser Hinsicht kein Blatt vor den Mund, antwortete seiner Schwester Luise sogar mit einem schriftlichen Wutausbruch, in dem sich der aufgestaute Ärger entlud. »Du wünschst mir zum neuen Jahr: Auguste mehr Weiblichkeit und mir mehr Geduld, da hast du den Nagel auf den Kopf getroffen! Wie mich der Mangel des Ersteren schmerzt, kannst Du am besten begreifen, da Du ja weißt, wie ich es sonst fand und liebte.« Daß er und Augusta auch sexuell nicht harmonierten, stand zwischen den Zeilen. Sie besitze kein Gefühl, »woher sie denn auch von jeher die Reputation einer bloßen Verstandes- und nicht Herzensfrau hatte!«. Ob sich die geschilderten Enttäuschungen im Wohn- oder im Schlafgemach abspielten, sagte er nicht – doch eheliche Übereinstimmung spricht nicht daraus, und eine Schwangerschaft war auch nach anderthalb Jahren nicht in Sicht.

Wie anders wäre es mit *Ewig* gewesen, lautete unausgesprochen der Vorwurf. Zwar hatte er nie länger mit Elisa zusammengelebt, sondern nur gehofft, daß die Eigenschaften, die er an ihr kannte, ihm ein glückliches Leben bereiten würden. Daß diese Frau für ihn eine Wohltat sei, hat er oft betont. In seiner nicht enden wollenden Liebe wird er die Überlegung angestellt haben, wie die Zukunft ausgesehen hätte. »Sie ist meinem Lebensglück unentbehrlich geworden«, hatte er ihren Eltern geschrieben. »Die Erinnerung dessen, was war, ist unendlich mächtig!« bekannte er. »Warum steht mir nicht ein solches Herz zur Seite?« Elisa hatte Sehnsucht bekundet und »irdische Wünsche« geäußert, sie wußte, was Zärtlichkeit für ihn bedeutete, war weich und weiblich und den Menschen zugewandt, schätzte seine Geschwister, hatte Freundinnen, war bei der Bevölkerung ungemein beliebt. Wäre die deutsche Geschichte anders verlaufen, wenn Prinzessin Elisa Radziwill Wilhelms Gemahlin und damit Deutsche Kaiserin geworden wäre?

Die Briefe, die ihm Elisa geschrieben hatte, übergab Wilhelm damals seinem Vertrauten Leopold von Gerlach, bei dem er sie in guten Händen wußte: dort wären sie sicherer aufgehoben als bei ihm, erklärte er. Gerlach hat die Briefschaften bis zu seinem Tod – er starb 1861 infolge einer Erkältung, die er sich bei der Beerdigung Friedrich Wilhelms IV. zugezogen hatte – treu bewahrt.

Nachdem die Julirevolution in Frankreich ganz Europa in Alarmbereitschaft gesetzt hatte, war im November 1830 im russischen Teil Polens die Revolution ausgebrochen. Damit begann in Polen »der nationale Aufstand gegen die russische Knute«. Ihr Anführer war Fürst Constantin Czartoryski, Schwager von Fürst Anton Radziwill. Den Oberbefehl über das Militär übernahm kein anderer als sein Bruder, Fürst

Michael Radziwill. Schon nach seinem letzten Besuch in Sankt Petersburg hatte Wilhelm angesichts des Dekabristenaufstands der russischen Offiziere sorgenvoll zu seinem Adjutanten Leopold von Gerlach gesagt, gewiß werde es auch in Polen einen Aufstand geben. Wie war die Lage? Für Preußen machte der Landgewinn aus den drei polnischen Teilungen fast die Hälfte seines gesamten Territoriums aus; von seinen zehn Millionen Einwohnern waren drei Millionen Polen. Friedrich Wilhelm III. hatte 1815 in einem Aufruf »an die Einwohner des Großherzogtums Posen« versichert: »Auch Ihr habt ein Vaterland. Ihr werdet meiner Monarchie einverleibt, ohne Eure Nationalität verleugnen zu müssen. Eure Sprache soll neben der deutschen in allen öffentlichen Verhandlungen gebraucht werden, und Jedem unter Euch soll nach Maßgabe seiner Fähigkeiten der Zutritt zu den öffentlichen Ämtern des Großherzogtums sowie zu allen Ämtern, Ehren und Würden Meines Reichs offen stehen.« Allerdings waren in der neuen Provinz mittelmäßige preußische Justizbeamte, Steuerräte, Zollinspektoren und Polizeibeamte eingesetzt worden, die, wie Elisa kritisch bemerkt hatte, mit den Traditionen des Landes nicht vertraut, ja nicht einmal der polnischen Sprache mächtig waren, subalterne Beamte, deren unpopuläre Maßnahmen für Aufruhr sorgten. War es ein Wunder, wenn die polnische Bevölkerung meuterte?

An den Disputen, die die polnische Erhebung auslöste, nahm die Gräfin Bernstorff im Palais Radziwill aus nächster Nähe teil. Sie erlebte, wie die Gastgeber attackiert wurden, am heftigsten von Marie von Clausewitz, die keinerlei Sympathie für die revoltierenden Polen aufbrachte und sich doppelt empörte, weil es ihr Mann war, der nach Polen geschickt wurde, um der Rebellion Einhalt zu gebieten. Frau von Clausewitz habe sich nicht in die Lage der Radziwills hineinversetzen können, meinte die Gräfin Bernstorff. »Namentlich

40 *Prinz Boguslaw Radziwill,*
Elisas Bruder

an dem von mir erwähnten Abend las der alte Fürst die ankommenden Zeitungen dem kleinen im Kabinett der Fürstin versammelten Kreise vor, und die darin enthaltenen grausigen Nachrichten aus Warschau schienen ihnen denselben Eindruck wie uns zu hinterlassen. Wenn sich später etwas mehr Sympathie für die unglücklichen Polen bei ihnen regte, wer möchte es ihnen verdenken?« Damit wird deutlich, daß Fürst Radziwill, obgleich er nach wie vor loyal zum preußischen König stand, Partei für die Aufständischen ergriff, unter denen sich auch Schwager und Bruder befanden. »Wir fühlten uns tief erschüttert«, schrieb die Gräfin Bernstorff, »wenn wir nun immer mehr Namen ihrer nächsten Verwandten und Freunde unter den Teilnehmern an der großen Tragödie in den Zeitungen fanden. Czartoryski, der liebenswürdige Schwager, Radziwill, der Bruder, hatten sich an die Spitze der Regierung gestellt, um, wie sie sagten, dadurch die Anarchie zu dämpfen und größeres Unheil abzuwenden.« Daß Fürstin Luise Radziwill polnische Flüchtlinge und Verwundete aufnahm, wurde aber selbst von ihr mit verständnislosem Kopfschütteln quittiert.

Im Umkreis des Königs scheint die Empörung über die polnische Revolution nicht einhellig gewesen zu sein. Leopold von Gerlach notierte am 4. Dezember 1830: »Prinz Albrecht bringt dem Prinzen Wilhelm die Nachricht von dem Aufstande in Polen. Es entspann sich ein Gespräch, wo der Kronprinz die Polen, welche die Proklamation unterschrieben hatten, verteidigte.«

Wilhelm war gespalten. Mit seiner Schwester, der russischen Zarin, erörterte er in langen Briefen seine Gedanken über die Söhne der Radziwills: den gleichaltrigen Wilhelm, seinen Freund seit Kindertagen, und die beiden jüngeren Brüder. »Boguslaw scheint mir mehr Preuße als Pole zu sein. Wladislaw ist still und spricht sich nicht aus. Wilhelm ist völlig Preuße, aber der Pole steckt doch in ihm; er ist aber über das jetzige polnische Treiben entrüstet.«

Noch konnte man nicht wissen, daß die Niederschlagung des Aufstands eine in ganz Westeuropa aufflammende Polenbegeisterung nach sich ziehen würde.

Fürst Anton Radziwill war es in fünfzehn Jahren nicht gelungen, seine Landsleute für Preußen zu gewinnen. Im Gegenteil, die adligen Gutsbesitzer zeigten offen oder heimlich ihre Sympathie für die Revolutionäre. Der Fürst wurde seines Amtes als preußischer Statthalter enthoben. Obwohl der Aufstand nicht auf preußisches Gebiet übergriff, ließ Friedrich Wilhelm III. die Grenzen sichern und im Großherzogtum Posen die Truppen aufmarschieren. Vier Armeecorps machten unter Gneisenaus Oberbefehl mobil, Gene-

ralstabschef war Clausewitz. Schlimmer als die Kriegshand-
lungen erwies sich aber die von den Truppen aus dem Osten
eingeschleppte Cholera, die »Asiatische Bestie«, die sich
über den Westen ausbreitete. Die Zahl der Toten auch in
Berlin war ungeheuer groß; Bettina von Arnim, die mit ei-
genwilligen medizinischen Maßnahmen gegen die Seuche
anging, hat davon berichtet. Unter denen, die in Breslau
der Cholera erlagen, waren Gneisenau und Clausewitz.

Elisa wandte sich an Leopold von Gerlach, dessen Gedan-
kenschärfe sie bewunderte, dessen unbestechlichen Rat sie
schätzte. Als er sie zum Abendessen besuchte, sprachen sie
über »Lebenstäuschungen«. Gerlach erklärte, er sei überzeugt gewesen, daß Gott ihre und Wilhelms Verbindung gewollt hätte. Inzwischen wisse er, daß es nur sein Wunsch-
denken und falsch gewesen sei. Was wäre geschehen, wenn
sie, die polnische Prinzessin, den Preußenprinzen geheiratet hätte? In welchen Konflikt wäre sie angesichts des polnischen Aufstandes als seine Gattin geraten? Auf welche Seite
hätte sie sich stellen sollen?
An Lulu von Stosch, die auf ihren polnischen Verlobten hatte verzichten müssen, schrieb Elisa nach diesem Gespräch:
»Wie gut, daß Du nicht in Polen, ich nicht in Preußen verheiratet worden sind.«

Fürst Friedrich zu Schwarzenberg

*»Ich habe nie geglaubt, so
noch zu lieben.«*

Im Herbst hatte Wladislaw zu husten begonnen. »Mein Bruder hatte diesen Morgen über einen Brustkrampf, wie wir Sie begegneten«, meldete Elisa entschuldigend ihrer neuen Bekannten Gunda von Savigny, die sie hatte besuchen wollen. »An Savigny und Bettinen tausend Grüße.« Bettina von Arnim, Gundas Schwester, möge aber abends kommen und ihre neuen Zeichnungen mitbringen, die Goethe gelobt habe und die der Maler Wilhelm Hensel und seine Frau Fanny Mendelssohn in Augenschein nehmen wollten.[46]

Wladislaws Zustand verschlimmerte sich, er wurde nach Salzbrunn zur Kur geschickt. Als die Nachricht eintraf, er spucke Blut, wußte Elisa, daß er sterben würde. Seine Symptome waren die gleichen wie bei Ferdinand. Die Gräfin Bernstorff erlebte die Angst der Eltern mit. »Die Ärzte schrieben eine sehr strenge Lebensweise vor, und die Eltern beschworen ihren Sohn, sie zu befolgen, den jungen Mann aber beseelte eine ungestüme Lebenslust. Er war 19 Jahre und fühlte sich erwachsen.« Die Eltern taten alles, was verlangt wurde, bauten sogar der Molke wegen einen Kuhstall in den Garten und fuhren den Sohn im offenen Landauer durch den Tiergarten oder »in seinem bequemen Rollstuhl in dem herrlichen Garten umher«, wie die Nachbarin beobachtete. Wie mochte den Eltern zumute sein? Von ihren acht Kindern waren vier tot. Was nützten Reichtum, Reputation, Orden und Besitzungen, wenn man die eigenen Kinder sterben sah?

Die Trauerfeier für Wladislaw Radziwill, der am 8. Juli 1831 starb, fand in der katholischen Hedwigskirche statt. Die Töchter stützten die verzweifelte Mutter, während der tote Sohn bleich und schön im Sarg vorangetragen wurde. Von der Pflege übernächtigt, wurde auch Elisa krank, sie hustete und begann mit dem Molketrinken wie zuvor ihre Schwägerin Helene und ihre beiden toten Brüder.

Ende Juli 1831 verließen Radziwills Berlin, um sich im böhmischen Teplitz von den Schicksalsschlägen zu erholen. Besitzer des von Goethe und Beethoven, den Brüdern Humboldt, den königlichen Prinzen und der Kaiserin von Österreich frequentierten Kurbades war Fürst Carl von Clary-Aldringen, in dessen Töchter sich die Radziwill-Söhne prompt verliebten: ein Jahr später würde der ältere Wilhelm Prinzessin Mathilde, sein Bruder Boguslaw deren Schwester Leontine heiraten. Die Eltern waren erfreut, daß sich auch die zwanzigjährige Wanda verlobte, und zwar mit ihrem Vetter Prinz Adam Czartoryski.

Endlich schien das Glück auch bei Elisa anzukommen: Sie hatte sich verliebt! Der schöne Offizier aus altem Adel war sehr aristokratisch, sehr wortgewandt und sehr von sich überzeugt. Elisa nannte ihn ihr »ins Leben getretenes Ideal«. Als Fürst Friedrich Schwarzenberg sie im Kurhaus von Teplitz zum Tanz aufforderte, glaubte sie ihren Traum vor sich zu sehen. So anziehend, so wortgewandt und weltmännisch sei kein anderer Mann, erklärte sie, und später noch deutlicher: durch ihn erst habe sie die Liebe kennengelernt.

Fürst Friedrich zu Schwarzenberg, der aus einer in Südböhmen ansässigen Linie der alten Adelsfamilie stammte, war der älteste Sohn des Generalfeldmarschalls Fürst Karl zu Schwarzenberg, den sein Sieg über Napoleon in der Völkerschlacht bei Leipzig in ganz Europa berühmt gemacht hatte. Geboren wurde er am 30. September 1799 in Wien. Seine Mutter, Maria Anna Gräfin Hohenfeld, war eine verwitwete Fürstin Esterhazy – traditionsreicher und bedeutender konnten zwei Namen kaum sein.

Schon mit neun Jahren war »Fritz«, wie er in der Familie genannt wurde, Napoleon vorgestellt worden, mit sechzehn als Kadett in das Ulanenregiment seines Vaters eingetreten, hatte danach in ungarischen, mährischen und galizischen Kavallerie-Regimentern gedient und mit vierundzwanzig als Major eine eigene Eskadron erhalten – mithin eine beeindruckende Karriere gemacht. Fritz, wie auch Elisa ihn nannte, hatte die Welt gesehen. Er hatte in Marokko, Tunis und in der Türkei gekämpft, eine Zeitlang wieder in Wien gelebt und in den Salons geglänzt, um anschließend als Freiwilliger an der Eroberung Algeriens durch die Franzosen teilzunehmen. Vor seiner Abreise nach Algier hatte er seine Majoratsrechte an seinen Bruder Karl abgetreten – diese Maßnahme sollte sich als verhängnisvoll erweisen.

Nach dem algerischen Abenteuer mit dem Ritterkreuz der Ehrenlegion und der Malteser ausgezeichnet, war der Dreißigjährige zu Fuß von Marseille bis Lyon gewandert und in Teplitz eingetroffen, wo Elisa ihm begegnete.

Fürst Schwarzenberg war in der Tat kein unbedeutender Mann. Er hatte schriftstellerisches Talent, schrieb Verse im Sinne von Heine und verfaßte Bücher, die in wenigen Exemplaren für seine Freunde gedruckt wurden, wie die »Rückblicke auf Algier« und die Aufzeichnungen »Aus dem Wanderbuche eines verabschiedeten Lanzknechtes«, in das Anekdoten und Novellen, Tagebuchblätter und Gedichte eingearbeitet sind. »Schwarzenberg liebte die scharfen Kontraste, geschliffenen Aperçus und das dramatische Detail«, schreibt der Herausgeber des »Wanderbuches«.[47] Auf der einen Seite Feuerkopf und Abenteurer, auf der anderen ein scharfer Denker, hatte er Hebbel und Stifter in Wien, Balzac und Franz Liszt in Paris getroffen, mit Heinrich Heine literarische Gespräche geführt und bewahrte eine Feder von Goethe wie eine Reliquie auf.

Das mußte Elisa gefallen! Sie bewunderte seine Vielseitigkeit, das sichere Urteil und die raschen Entschlüsse – sie

41 *Fürst Friedrich zu Schwarzenberg*

liebte diesen ungewöhnlichen, extravaganten, tiefgründigen Mann, der sie durch seine phantastische Erzählkunst zu fesseln verstand. Er wiederum war nach eigener Aussage vom ersten Augenblick an von ihr hingerissen. »Ihre Nähe war mir wohltuend, wie der kühle Seewind in den Ebenen Afrikas«, schrieb er ihrer Mutter. Elisas Ernsthaftigkeit und Ruhe zogen ihn an, ihre Schönheit faszinierte ihn.[48] Er betrachtete das unwahrscheinlich volle Haar, sah den Augenaufschlag, der die Engel im Himmel hätte neidisch machen können, und erahnte das »Engelsgleiche« ihres Wesens – ein Flirt von ein paar Wochen war bei dieser Frau nicht möglich.

Elisa aber stand in Flammen. Das war nicht die Art Zuneigung, die sie zu Wilhelm gefühlt hatte, hier war Leidenschaft im Spiel, erwachten erotische Wünsche, wie sie sie vorher nicht gekannt hatte. Beinahe fassungslos bezeichnete sie in einem Brief an ihre Herzensvertraute die Liebe zu Wilhelm als »nicht echt« im Gegensatz zu ihrer Leidenschaft für Friedrich Schwarzenberg. »Was mir so nötig macht, auf meine Gefühle von 10 Jahren her zurückzukommen und sie als n i c h t e c h t zu verwerfen, ist daß ich glaube, die echte Liebe jetzt erst kennen gelernt zu haben, die sich ganz h i n - g e b e n d e.« Es sei ihr peinlich, so etwas zu äußern. Niemals habe sie zu Wilhelm aufsehen können, »und wenn er nicht angefangen hätte mich zu lieben, würde ich nie einen Unterschied zwischen ihm und seinen Brüdern gemacht haben«, schrieb sie am 29. September 1831 an Lulu. Wenn sie an Schwarzenberg denke, falle ihr immer eine Gedichtzeile von Goethe ein: *Dies Herz so fest und wild.* Schwarzenberg hatte ihr von seiner stürmischen Jugend erzählt, die er teils auf der Hussitenburg seines Vaters, teils auf den ungarischen Gütern seiner Mutter verbracht hatte. Dieser Mann besaß, was sie an Wilhelm vermisst hatte. »Sein Herz so fest und wild, weil er so leidenschaftlich ist und doch so viel Charakter und Klugheit damit verbindet. Es ist etwas unendlich Feuriges und Kräftiges in ihm.«

Daß der Geliebte auch Fehler hatte, wußte sie und lebte in dem missionarischen Glauben, ihn bessern zu können, nicht durch Kirchgang und fromme Gebete, sondern durch einen anderen Lebenswandel – ein Leben mit ihr. Es reizte sie, daß er von ihr profitieren konnte. Sein Vorleben war ihr nicht unbekannt, er hat es in seinem »Wanderbuch« auch freimütig geschildert. Sie würde ihn ändern, denn sie liebte ihn, »wie ich nie zu lieben geglaubt«.
Elisas Mutter verglich den eleganten Offizier, dessen Begabungen auch ihr imponierten, mit Prinz Louis Ferdinand, was einer hohen Auszeichnung gleichkam. Von seinen Vorzügen überzeugt, erklärte sie Prinzessin Marianne: »Er kennt Elisa so d u r c h u n d d u r c h, wie ich oft kaum begreife,

und schrieb mir einmal über sie außerordentlich hübsch.« Allerdings fand sie ihn manchmal auch »düster und finster in seinen Lebensabsichten, durch manche bittre Erfahrung mit der Welt entzweit« – die Ursache wird sie zu ihrem Entsetzen noch erfahren. Trotz allem, schrieb sie an Prinzessin Marianne, sei er »außerordentlich liebenswürdig und originell und poetisch mit seinen Ideen und Ausdrücken«. Noch als die Beziehung schon beendet war, trauerte sie um ihn, der bei aller Exzentrik »so viel Tiefes und Edles in seinem Gemüt hatte wie nur wenige«.

Prinz Wilhelm von Preußen war wohlmöglich der letzte, der erfuhr, was die Spatzen bereits von den Dächern pfiffen. Was Elisas Schicksal betraf, hatten ihn immer Gewissensbisse geplagt. »Nur ein Gedanke drückt mich oft zu Boden«, hatte er Charlotte bekannt, »daß es mir so gut geht, während *Ewig* so dastehet!« Die Nachricht, er habe einen Nachfolger, machte ihn sofort eifersüchtig. »Noch weiß ich nicht, wer es ist, ob ich ihn kenne, wie er ist«, schrieb er aufgeregt. Doch er sei überzeugt, Elisa werde »würdig« gewählt haben.

Elisa war beseligt. Dieser ungewöhnliche Mann liebte sie und sagte es ihr auch, wenn er auch keinesfalls so stürmisch zur Ehe entschlossen schien wie sie. Den Satz »Ich liebe Dich« hatten sie beide ausgesprochen, und Schwarzenberg hatte ihr ein Gedicht gereimt, das die drei Worte verborgen zum Inhalt hatte.

Das erste Wort, ach fänd's in Deinem Herzen
Den kleinsten Raum – wie glücklich würd' ich seyn!
Das zweite, sieh, das ist des Lebens Leben,
Der Quell des Glücks, der Urquell größter Pein.
Das dritte, nein, das kann ich nie vergessen,
Ach, immer sieht es ja mein Blick;
Um dieses könnt' ich tausend Welten opfern,
Und tausend Himmel blieben mir zurück ...

Was Dir mein Herz mit jedem Pulse klaget,
Ist, was mich glücklich, was mich elend macht.
Doch wie das Ganze mir Dein Mund verkündet,
Ist meines Lebens Seligkeit begründet.

Manchmal war Elisa schwer zumute. Gleich zu Beginn der
Verlobungsverhandlungen hatte sich Schwarzenberg in einem erklärenden Brief an ihre Mutter gewandt. »Ich kam
im vorigen Jahre hierher, hatte die Ehre, Ihnen vorgestellt
zu werden. Mein erstes Zusammentreffen mit Prinzeß Elisa
bewirkte auf mich einen eigenen Eindruck. Wenn ich unter
hundert Frauen gestanden wäre, so wäre mein Blick auf sie
gefallen, nicht als auf die schönste – daran dachte ich nicht –
nein, unwillkürlich.« Er habe den Eindruck, »als seien wir
uns schon lange, lange bekannt, denn unsere ersten Gespräche betrafen Gegenstände, welche die Seele sonst fest in ihr
Inneres verschließt. Unsere Gespräche waren ernst, betrafen meist die wichtigsten Interessen des Lebens, und so ver-
standen wir uns über den verwickeltsten Abstraktionen,
ohne dabei je einer Meinung zu sein. Ich habe ihr bei Gott
nie gesagt, daß sie mir lieb sei, aber ich weiß recht gut, daß
ich sie berechtigt habe, es mit Gewißheit zu erraten. Prinzeß Elisa ist ein Engel, aber ich weiß nicht, ob es nicht eine
Art Strafe für die Engel ist, wenn sie in das Flammenmeer
der Verstoßenen wandeln müssen.«
Was Mutter und Tochter nicht wissen konnten: Schwarzenberg war, wie ein Nachfahre vorsichtig mitteilt, »durch die
Anstrengungen des Feldzuges und das ungewohnte Klima
erkrankt«.[49] Den Namen der unheilvollen Krankheit vermied er, doch nur so ist die Andeutung vom »Flammenmeer
der Verstoßenen« zu verstehen. Schwarzenberg wußte, wie
es um ihn stand, und erklärte düster, er habe die Absicht,
»Teplitz zu verlassen und nach Prag zu gehen. Elisa soll und
wird mich vergessen, aber ich wünsche nicht, von ihr ver-
kannt zu werden; um Sie, Fürstin, habe ich ein Recht. Ich

habe es mir mühsam erworben, als ich wieder einmal ehrlich war und Ihnen sagte: ›Geben Sie mir Elisa nicht!‹ Und demnach spreche ich mit blutendem Herzen, wenn Sie mich um Rat fragen: ›Geben Sie mir Elisa nicht!‹ Um Glück mitzuteilen, muß man glücklich sein. Ich bin es nicht, kann es nicht sein.«

War das nicht auch ein Abschiedsbrief? Oder konnte sich Schwarzenberg nicht von ihr losreißen? Er fuhr über die Weihnachtstage 1831 nach Wien zu seinen jüngeren Brüdern. Nach seiner Rückkehr sollte sich die Zukunft entscheiden: Elisa und er würden heiraten, es war nur noch eine Frage der Zeit. »Ich habe ein heiliges Recht auf ihn!« schrieb Elisa pathetisch an ihre Kusine Blanche. Das neue Jahr 1832 hatte begonnen. »Den 3ten (Januar) sah ich ihn wieder. Vorher hatte Wilhelm (ihr Bruder) die entscheidende Unterredung mit ihm. Ist es nicht eigen? Unser Schicksal hängt vom Kaiser, von der Kaiserin ab«, womit der russische Zar Nikolaus und Wilhelms Schwester Charlotte gemeint waren.
Wie das? Elisas Bruder hatte Schwarzenberg nach der Ernsthaftigkeit seiner Heiratsabsichten gefragt. Die Antwort war bestürzend. Der schneidige Offizier enthüllte eine zerrüttete Vermögenslage. Vor dem Algerienfeldzug hatte er sein Majorat seinem verheirateten Bruder überlassen, der nun Einkünfte daraus bezog, während seine eigenen böhmischen Güter durch die enormen Ausgaben seines Vaters, der 1820 gestorben war, hoch verschuldet waren. Der berühmte Feldmarschall hatte von Zar Alexander I. ein Darlehen über hunderttausend Gulden geliehen, die bis zum Jahre 1835 zurückgezahlt werden mußten. Mit einer derartig drückenden Schuldenlast sehe er sich nicht in der Lage, eine Familie zu gründen. Das waren die »Hindernisse«, mit denen Elisa nun zum zweiten Mal zu kämpfen hatte.
Doch das war sie schon gewöhnt. Wenn sie liebte, türmten sich »Hindernisse« auf. Diesmal würde sie nicht resignie-

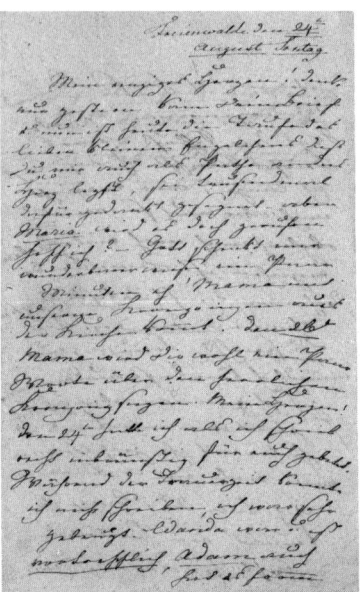

42 *Handschrift Elisas in einem Brief*
an Lulu Gräfin Stosch, geb. von Kleist

ren. An Lulu schrieb sie: »Ach, mein Herz, ich habe nie geglaubt so noch zu lieben. Ich wußte wohl, daß ich die Fähigkeit besaß, aber daß mein geträumtes Ideal so ins Leben
treten könnte, hatte ich nicht geglaubt.«

Von Stund an entfaltete sich quer durch Europa ein hekti-
scher Postverkehr. Alle wollten ihr helfen. Briefe zwischen
Teplitz und Berlin, Breslau und Petersburg wurden gewechselt. Von Berlin aus nahm sich der preußische König der Sache an. Prinzessin Marianne kopierte die eingehenden Nachrichten und schickte sie an Radziwills nach Teplitz weiter.
In Petersburg kümmerte sich Charlotte um die Angelegenheit, nachdem Elisas Vater sich persönlich an ihren Mann

Zar Nikolaus gewandt hatte mit der Bitte, die Schulden entweder zu stunden oder ganz zu erlassen. Die Sympathie des Fürsten für den jungen Offizier beruhte auf einer alten Freundschaft. Schwarzenbergs Vater, der berühmte »Sieger von Leipzig«, war mit dem polnischen Fürsten Poniatowsky befreundet gewesen wie auch er selber, Fürst Radziwill, der einst ein neues Polen mit Poniatowsky hatte begründen wollen. Es gab gegen diesen Schwiegersohn nichts einzuwenden.

Wieder hieß es warten auf die Entscheidung anderer. Frei von Sorgen war Elisa nicht. Wie würden die Verhandlungen ausgehen? »Ich weiß, daß wenn Gott das unermeßlich schwere Opfer, Fritz zu entsagen, von mir forderte, ich es bringen würde, aber alle Farbe wäre damit aus meinem Leben weggewischt, ich hätte abgeschlossen mit dieser Welt. Ich glaube auch, daß die Liebe zu den Eltern und zu Gott – aber auch diese nur allein – die Leere meines beraubten Herzens ausfüllen würde«, schrieb sie am 15. Februar 1832 an Blanche. »Nun ist aber meine feste Überzeugung, daß Gott dies Opfer keineswegs von mir fordert, mein Herz sagt lauter ›Nein‹ dazu; ich habe die Überzeugung, daß Gott uns zusammengeführt hat und daß meine Verbindung mit ihm unser beider Seligkeit zur Folge haben würde. Als ich Fritz einige Male gesehen, liebte ich in ihm schon den werdenden Engel, und wenn ich die Falten seines Lebens wieder mit ihm durchwühlte und die Wunden sah, die ihm das Leben geschlagen hatte, so war mein Trost, daß selbst für diese Wunden Balsam vorhanden sei. Diese Hoffnung kann nichts in der Welt mir rauben.«

Der Geliebte sei groß und hager, habe eine gebogene Nase, dunkelbraunes Haar, aber blaue Augen. »An Verstand fehlt es ihm nicht; weiß Gott, er hat eine Zunge wie ein Messer«, versicherte Elisa Blanche in einem weiteren Brief Ende Februar 1832. Er habe ihr gesagt, sie hätte mehr Verstand »als viele Frauen, mit denen er mich vergleichen kann«, und er könne es beurteilen, da er ganz Europa durchreist habe. »Du siehst, er ist etwa derselben Meinung wie Goethe, der gesagt hat, nur Lumpe sind bescheiden.«

Das Schreiben enthielt auch eine Schilderung seines Charakters, so wie sie ihn sah. »Er hat mir gesagt, ich würde den treusten Freund in ihm haben und daß er in keine Seele solch ein Vertrauen setze als in mir. Er verspricht nicht(s), was er nicht sicher ist zu halten. Darum steht er mir nicht dafür, daß er mir nicht einmal eine vorübergehende Untreue macht, aber er wird es mir sagen, er wird nie Heimlichkeiten haben. Antworte mir, ob das nicht viel ist, ob es mir nicht Vertrauen geben muß in seinen Charakter.« Es ist das Bekenntnis einer liebenden Frau, die sich der Selbsttäuschung überläßt, weil sie die Realität nicht sehen will.

Die finanziell ungeklärte Situation brachte weitere Verzögerungen mit sich. Resigniert schrieb Elisa am 13. April 1832 an Lulu: »Wie hast Du die verwundbare Stelle meines Herzens getroffen, als du vom Zögern sprichst. Ja, die frische Blüte wird abgestreift, Gott allein weiß, wann es zu Ende kommt.« Es dauere so lange, »weil man nicht von der ganzen Summe ablassen könne, also werden wir nun um die Hälfte bitten«. Das Zugeständnis »also werden wir nun um die Hälfte bitten« war ihre Beschwörung, daß der Geliebte seine Heiratsabsicht aufrechterhielt und zu ihr stand.

Aus Petersburg kam die Nachricht, Schwarzenbergs Schulden könnten nicht erlassen werden, da es sich um Zahlungen an den russischen Staat handle. Auch habe sich herausgestellt, daß nicht der alte Feldmarschall, sondern Schwarzenberg selbst im Jahre 1823 den Kredit aufgenommen, zumindest die Schuldverschreibungen seines Vaters anerkannt habe. Die Rückzahlung müsse aber erst in zwanzig Jahren erfolgen. »Da will ich doch meinen«, meldete sich Charlotte in sichtlicher Erregung, »daß zwanzig Jahre vor sich zu haben beruhigend ist, zumal die Familie Schwarzenberg keine Zinsen zu zahlen braucht.« Es sei ein großes Entgegenkommen ihres Mannes, um Elisa die Heirat zu ermöglichen.

Schwarzenberg war, während die Verhandlungen liefen, nach Weimar gefahren, wo er, wie Elisa hinterbracht wurde, mit der charmanten Frau des französischen Gesandten Graf Vaudreuil flirtete, von deren koketter Schönheit auch Goethe so gefesselt war, daß er ihr Zeichnungen aus seiner Sammlung geschenkt hatte. Schwarzenbergs entschuldigende Erklärung lautete, er kenne den Grafen Alfred Vaudreuil noch aus alten Pariser Zeiten. Elisa glaubte ihm aufs Wort.

In Weimar befand sich damals auch Prinzessin Augusta, die Schwarzenberg mehrmals sah und ihrem Wilhelm eine kluge Beschreibung des Mannes geben konnte, den Elisa heiraten wollte. »Ich habe die Bekanntschaft von Schwarzenberg gemacht, gestern während eines großen Diners neben ihm gesessen und den Abend, bei der Cour, viel mit ihm gesprochen. Er ist in jeder Hinsicht ein ungewöhnlicher Mensch, doch einer, der mehr Weltmann als gefühlvoll scheint. Sein Gesicht ist ausdrucksvoll, seine Augen sind schön, doch stört mich ein etwas sarkastischer Zug. Im Gespräch ist er ungemein geistreich, vielseitig und interessant. Aber überall blickt das Bedürfnis durch, seine Ansichten und Grundsätze, die mir von Seiten des Gefühls etwas schroff vorkommen, geltend zu machen, zu avancieren und durchzufechten. In allem schimmert bei ihm der Geist, und zwar der avantouröse Verstand eines scharfen Beobachters durch.«

Nachdem sie Schwarzenberg ein zweites Mal getroffen hatte, teilte Prinzessin Augusta, die mit ihrer scharfen und klugen Analyse Schwarzenberg treffend beschrieben hatte, ihre Beobachtungen auch Elisa mit. »Daß mir der Fürst S. sehr

gefallen hat, habe ich Elisa umso weniger verschweigen können, als ich es selbst Dir und der Kronprinzessin gestehen
mußte trotz des unvorteilhaften Rufes und meiner eigenen
Betrachtung seiner Sonderbarkeiten. Seitdem ich ihn mehr
gesehen und gründlich sprechen gehört habe, ist meine Meinung von ihm noch viel vorteilhafter geworden.« Schwarzenbergs intellektuelle Vielseitigkeit muß sie, die geistige
Herausforderungen liebte, beeindruckt haben.

Wilhelm war nicht nur eifersüchtig, sondern auch gekränkt,
daß Elisa kaum noch an ihn zu denken schien. Er schrieb
an Charlotte, jetzt erst wisse er, wie ihr bei s e i n e r Heirat
zumute gewesen sein müsse. »Ich kann mir nun aber *Ewigs*
Stimmung und Gefühle denken und vergegenwärtigen, ihr
nachfühlen, als sie meine Verbindung erfuhr! Ich kann nur
beten, daß ihr für die Treue und Liebe zu mir eine Zukunft
werde, die ihr Ersatz für soviel Kummer, Bangigkeit und Wehmut werde, als ich vom Herrn berufen war, über sie herein-
zubringen!« Hoffentlich, schrieb er düster, sei dieser Schwarzenberg kein »unerfüllbares Ideal«. Wie recht er mit seinem
Argwohn hatte!

Elisa jubelte. Zar Nikolaus hatte die Rückzahlungsfrist um
weitere zehn Jahre verlängert. Ihrer Verbindung mit Fritz
stand nun nichts mehr im Wege, und Charlotte riet dringend zur Heirat: »Ich begriff schon früher die Schwierigkeit
nicht.« In dem Gefühl, etwas wiedergutmachen zu müssen,
offerierte der preußische König Elisa eine jährliche Dotation. Warum äußerte sich Schwarzenberg nicht? Schließlich
forderte Fürst Radziwill ihn persönlich auf, seine Absichten eindeutig zu erklären.

Dann der Schock.

Schwarzenberg habe geantwortet, das wahre Hindernis sei
eine lebensgefährliche Krankheit, die ihm eine Eheschließung unmöglich mache. War damit die Syphilis gemeint?
Einzelheiten der mündlichen Unterhaltung liegen im dun-

keln, schriftliche Dokumente fehlen. Erst später hat sich herausgestellt, daß es tatsächlich die unheilbare Geschlechtskrankheit war, die sich Schwarzenberg zugezogen hatte. Er wußte, daß er keine Kinder bekommen konnte, wodurch sein ominöser Brief an die Fürstin Radziwill verständlich wird.

Sofort kam die Vermutung auf, Schwarzenberg habe seine Schulden nur als listigen Vorwand gebraucht, um sich durch die guten Beziehungen des Fürsten Radziwill zu den russischen und preußischen Königshäusern finanzielle Vorteile zu verschaffen. Fest steht, daß er, nachdem er diese Erklärung abgegeben hatte, Teplitz verließ und nach Karlsbad reiste, um nicht mehr zurückzukehren.

Von seinem endgültigen Abschied erfuhr Elisa erst im Juli 1832 in Schloß Ruhberg. »Denke nur«, schrieb sie an Lulu, »erst nach meiner Ankunft hier erfuhr ich, daß alles vorbei wäre, ganz, ganz vorbei! Ich hatte mich mit so blutendem Herzen von Böhmen getrennt, und doch sollte hier noch das Schlimmste kommen.« Wehmütig dachte sie an das Leben, das Schwarzenberg ihr im Kreise seiner Wiener Freunde in blühenden Farben ausgemalt, an seine Mutter, die sich angeblich schon auf sie gefreut hatte. »Gleichgültig kann er mir nie werden«, erklärte sie und dachte an ein Gespräch, das sie zuletzt mit Leopold von Gerlach über die Möglichkeit der »Lebenstäuschung« geführt hatte. War sie zum zweiten Mal einer Lebenstäuschung erlegen? »Das ist etwas so Bitteres, wenn man als ›Täuschung‹ betrachten soll, was Kopf und Herz so erfüllt, was eine ganze Existenz so strahlend beleuchtet hat«, schrieb sie unglücklich. Nein, diesen Mann hatte sie mit Leib und Seele geliebt. »Welch ein Unterschied mit Prinz Wilhelm!« erklärte sie unbeirrt. »Schwarzenberg hat viel Exaltation, viel Herz und gar keine Sentimentalität, er ist eher roh, treibt sein *cour* machen, ohne es zu leugnen, aber er scheidet es auch sehr feinfühlend von jedem höheren Gefühl. Die, die er hoch stellt, können stolz darauf sein.« (2. August 1832)

Lulu Gräfin Stosch war mit zwei Söhnen, die Boguslaw und Ferdinand hießen wie Elisas Brüder, nach Ruhberg gekommen. Obwohl Elisa nicht wissen konnte, daß sie ihre liebste Freundin im Leben nicht wiedersehen würde, war ihr der Abschied besonders schwergefallen. »Erhalte mir Dein Herz unverändert, ich habe es so nötig«, schrieb sie ihr im November 1832. »Je älter der Mensch wird, desto mißtrauischer wird er und hängt sich an die erprobte heiße Liebe der alten ersten Freunde mit doppeltem Vertrauen.«

Schwarzenberg, der niemals geheiratet hat, stahl sich vier Jahre später ohne Papiere über die spanische Grenze und kämpfte mit den Basken für Don Carlos. Nach seiner Heimkehr erwarb er das ungarische Kloster Marienthal, wo er zuletzt auch lebte, und restaurierte die Wallfahrtskirche. Mit den Tirolern kämpfte er im Aufstand gegen Italien, diente zuletzt als Generalmajor und Adjutant des Fürsten Radetzky im österreichisch-italienischen Krieg, politisierte, wobei er seine Wahl in den böhmischen Landtag aus gesundheitlichen Gründen ablehnte, und schrieb seine Erlebnisse nieder: »Aus dem Wanderbuche eines verabschiedeten Lanzknechtes«. Der erste Satz des Buches lautet bezeichnend: »Des stillen, dauernden Glückes Nektarsaft war mir nicht beschieden.« Als er mit siebzig Jahren, schon lange krank, in Wien starb, war er ein einsamer und vergessener Mann. Elisa verfolgte seinen Lebensweg auch dann noch, als sie wieder im Palais Radziwill in der Wilhelmstraße wohnte – als einziges von ursprünglich acht Kindern, das noch im Hause war.

Wieder in Schloß Freienwalde

> *»Der Mensch hat hier dritthalb Mi-*
> *nuten, eine zu lächeln, eine zu seuf-*
> *zen und eine halbe zu lieben, denn*
> *mitten in dieser Minute stirbt er.«*
>
> *(Jean Paul)*

Seit Beginn des Jahres 1833 lebten Radziwills wieder in Berlin. Am 27. Januar wurde der Fürst offiziell aus dem Staatsdienst entlassen; es muß ein weiterer Schlag für ihn gewesen sein. Aber er wollte sich seine Niederlage nicht anmerken lassen. Daß seine Frau an einem schmerzhaften Gallenleiden litt, hinderte ihn nicht daran, in Berlin im alten Glanz zu erscheinen. Gräfin Bernstorff, so begeistert sie seine Unternehmungen bisher betrachtet hatte, kritisierte jetzt, daß der Fürst mit seiner Tochter »von Fest zu Fest« eile in der Hoffnung, sie dadurch von ihrem Schmerz abzulenken. »Das war dem Fürsten aber nicht genug; auch sein Palais widerhallte von lärmender Freude, die Jedem, der sie liebte, in Elisas und der Mutter Seele weh tun mußte.« Radziwill veranstaltete im Januar und Februar drei große Bälle, die prachtvoller und kostspieliger waren als alle Feste, die man sonst in seinem Palais erlebt hatte. Auch Marie von Clausewitz fand es unbegreiflich, daß der Fürst, »trotz allem Unglück, was sein Haus und sein geliebtes Polen getroffen, trotz des leidenden Zustandes seiner Frau« nicht aufhören konnte, »die glänzendsten Feste zu geben«. Sie verurteilte »die unbegreifliche, fast unnatürliche Munterkeit und Vergnügungssucht, zu welcher der arme Fürst grade diesen Winter sich gesteigert hatte«.

War es seine Art zu demonstrieren, daß er dem Schicksal trotzen wolle? Jeder wußte, daß der Fürst auf seine künstlerischen Einfälle stolz war, sogar Hof- und Domprediger Sack würde es in seinem Nachruf nicht unerwähnt lassen.

»Es ist allgemein bekannt, in welchem seltenen Grade der verewigte Fürst Anton Radziwill Kenner, Ausüber und Beförderer der Kunst war«, sagte Sack, »und auf wie unvergeßliche Weise er es im Verein mit seiner erlauchten Gemahlin verstand, durch die Künstlerwelt, die er in seine Kreise zog, dem geselligen Leben die edelsten und feinsten Genüsse zu bereiten.«

Elisa beteiligte sich geduldig an den Vorhaben ihres Vaters. Nur einmal, am 29. Januar 1833, schickte sie der Gräfin Bernstorff eine Antwort, die ihre wahren Wünsche offenbarte. »Wie gern ging ich zu Euch, statt hier auf dem Balle mich umherzutreiben«, schrieb sie. »Es wird mir heute gar nicht leicht, obgleich es mir auch dort wie überall vorkommt, als wäre es einerlei, was wir tun, wenn wir es nur um Gottes Willen tun. *E. R.*«

Sollte ihr Erscheinen in der Öffentlichkeit der Beweis sein, wie lieblich und begehrenswert sie immer noch war? Den Vater erfüllten ihre Schönheit, ihr Talent beim Tanzen, Singen und Parlieren mit Stolz. Die Gäste rühmten ihre Heiterkeit und ihr blühendes Aussehen. Zwar hatte die Tochter einmal in Ruhberg einen Bluthusten erlitten, gefolgt von einer Ohnmacht – doch solche »Zufälle« kamen bei empfindsamen Damen häufig vor und wurden kaum beachtet.

Freundlich besuchte Elisa das Haus ihres ehemaligen Verlobten. Der König, der ihr den Luisenorden verliehen hatte, war betont liebevoll, und das Eheleben von Wilhelm und Augusta schien in geordneten Bahnen zu verlaufen, seit ihr erstes Kind geboren worden war. Nach mehr als zwei Jahren des Wartens hatte Augusta am 18. Oktober 1831 durch eine qualvolle Zangengeburt ihren einzigen Sohn Friedrich zur Welt gebracht. Elisa hatte die Nachricht erhalten, als sie sich noch auf dem Gipfel des Liebesglücks mit Fürst Friedrich von Schwarzenberg befand – desto unbefangener konnte sie in dieser Stimmung Augusta einen Gratulationsbrief

senden, der so aufrichtig und herzlich war, wie sie es empfand.

»Meine liebe Prinzeß Auguste! Es war ein sehr schönes Gefühl, Sie so glückselig zu wissen, ganz beruhigt über Sie zu
sein, zu fühlen, daß Gott Sie auf so sanften Wegen zu sich
führt, daß er Sie durch Glück an sich fesseln will. Genießen
Sie es rein und ohne Sorgen, meine liebe Auguste. Der Sie
so weit geführt, bewahrt, gesegnet hat, wird es auch ferner tun. Der liebe Kronprinz hat uns die frohe Nachricht
geschrieben. Liebe, liebenswürdige Auguste! Das trauen
Sie mir wohl zu, daß ich eine der frohesten war; ich bin außerordentlich glücklich, daß unsere Wünsche erhört worden sind. Sagen Sie dem Prinzen recht viel innige Grüße
und Wünsche von mir!« (Der einzige Sohn von Wilhelm
und Augusta war der spätere Kaiser Friedrich III., der nach
99 Tagen Regierungszeit an Kehlkopfkrebs starb. Ihm auf
den Thron folgte sein Sohn Wilhelm als Kaiser Wilhelm II.,
der 1918 abdankte.)

»Wilhelms Freude ist wahrhaft rührend und verdoppelt die
meinige«, hatte Augusta ihrer Schwägerin Luise, Prinzessin
der Niederlande, mitgeteilt. Doch die eheliche Harmonie
hielt nicht lange vor. Augusta vermißte ihr heimisches Weimar, zumal sie in Berlin wenig Sympathie erfuhr. Eine eigen-
ständig denkende, an weltpolitischen Fragen interessierte
Frau erfreute sich bei Hof keiner großen Beliebtheit. »Augusta, ich muß Sie bitten, daß Sie schweigen!« pflegte sie der
König bei politischen Gesprächen zu unterbrechen. Daß
sie ausschließlich französische Bücher las und sich mit Jules
Laforgue einen französischen Vorleser nahm, stempelte sie
zur Außenseiterin. Sie war bei der Bevölkerung wenig geliebt und wurde niemals populär. Später würden die unterschiedlichen Ansichten der Eheleute zu ernsten Konflikten
führen; Augusta würde unter chronischer Schwermut, Angst-
anfällen und Depressionen leiden.

Wie enttäuscht Wilhelm war, welche »Szenen« sich mit einer Gattin abspielten, die niemals seine »Herzensfrau« wurde, bekannte er nur seiner Schwester Charlotte. »Auguste hat nun die Grippe und der Junge auch«, schrieb er Anfang März 1833. »Auguste war sehr angegriffen, wollte aber am Donnerstag trotzdem auf den Ball von Brandenburgs und machte mir mit dem Arzt eine Szene im Bett, die ich von einer vernünftigen Person wie Auguste für unmöglich gehalten hätte. Ich sagte ihr nachher allein recht ordentlich meine Meinung, worüber sie furios ward.« Augusta machte, was sie wollte. Es gab Streit und Tränen. »Ein Eigensinn, Kinderei und Unart sondergleichen!« polterte Wilhelm. »Das sind harte Prüfungen, die ich nicht immer bestehe, da mir die Geduld zu oft reißt.« »Prüfungen« sollte bedeuten, daß es keine Übereinstimmung zwischen ihnen gab. Das Band »der Liebe und Vertraulichkeit«, das Wilhelm zu Augustas Ärger mit seinen Geschwistern verband, umschlang diese beiden leider nicht. Es dauerte sieben Jahre, bis 1838 das zweite Kind geboren wurde, Tochter Luise. Nach zwei Fehlgeburten, die Augusta 1842 und 1843 erlitt, würde es bei diesen beiden Kindern bleiben.

Am 21. März 1833, einen Tag vor seinem Geburtstag, schrieb Wilhelm an Charlotte einen aufgewühlten Brief. Diesmal ging es nicht um Klagen über seine Ehe, sondern um ein Unglück, das Elisa betraf. »Alle Radziwills dinierten bei uns mit Marie im Eckkabinett«, berichtete er, »*Ewig* war so heiter, wie ich sie lange nicht sah! Ja, zum ersten Mal war sie freundlich und mitteilend gegen mich.« Lag es an ihm, daß sie sich so wohl fühlte? War er im Glück und Stolz über den kleinen Sohn männlicher und selbstbewußter geworden? Endlich hatte sich Elisa ihm wieder so freundschaftlich zugewandt wie früher. »Nach Tisch stehen und sprechen wir alle zusammen, als *Ewig* zweimal nacheinander aufhustet; gar nichts Auffallendes. Gleich darauf aber hustet sie ein drittes und viertes Mal, und nun stürzt jedes Mal eine Masse Blut mit hervor! – und zwar viel schlimmer als im Sommer in Ruhberg! Wir wollten sie nach dem Kabinett auf die Chaiselongue führen, aber durch heftigen Auswurf alle 5 bis 6 Schritt war sie so erschöpft, daß sie nur bis ins gelbe Zimmer kam, wo sie nach einem Stuhl griff und sitzen blieb. Wir alle standen wie vom Blitz getroffen!«

Der Arzt wurde gerufen, Dr. Gräfe, mit dessen Tochter Laura Elisa befreundet war. Bis er eintraf, spuckte sie beständig Blut. »Er gab ihr Salz, worauf sich der Auswurf sogleich ganz legte und auch bis heute fortgeblieben ist. Sie ward nach einer halben Stunde in den Wagen getragen, legte sich zu Hause gleich zu Bett. Aber die Zukunft? Zwei Brüder an Brustfäule sind dahingegangen ...«

Elisas Mutter hat ihrer Nachbarin Gräfin Bernstorff, deren Mann ebenfalls krank lag, das Unglück in ähnlicher Version berichtet. Elisa sei, weil sie sich plötzlich unwohl fühlte, in Augustas Kabinett getreten, vorgeblich, um ein angefangenes Gemälde zu betrachten, als sie aufhustend einen so heftigen Blutschwall hervorstieß, daß man glaubte, sie stürbe auf der Stelle. Mit gebrochener Stimme habe sie gebeten, nach Hause gebracht zu werden. Die herbeigeeilten Ärzte hätten protestiert, weil der Transport zu gefährlich sei. »Ach, nur nicht hier sterben, nur nicht hier sterben!« habe sie immer wieder gerufen. Im Palais Radziwill habe sie schon auf der Treppe gesagt: »Ach, nun will ich gern sterben, hier stirbt sich's leicht.«

Der königliche Leibarzt Professor Hufeland übernahm auf Wilhelms Wunsch die weitere Behandlung. Hing Elisas durchscheinende Schönheit, die Lieblichkeit und zarte Blässe auch mit einer Disposition zur Tuberkulose zusammen? In Wilhelms Aufzeichnungen findet sich kein Hinweis auf ihre Schwächeanfälle. Die im Hause Radziwill grassierende Schwindsucht scheint für ihn kein Thema gewesen zu sein.

Ob die Krankheit nicht dennoch als Menetekel unsichtbar im Raum stand?

Brustfäule, Auszehrung, Schwindsucht, heute Tuberkulose genannt, gilt nach wie vor als eine der schwersten Infektionskrankheiten. Über die Ansteckungsgefahr wußte man damals fast nichts. So kam es, daß Elisa, als Wladislaw erkrankt war, ihn bis zum letzten Augenblick pflegte. Die Krankheit befällt hauptsächlich junge Menschen zwischen zwanzig und vierzig Jahren, vor allem dann, wenn das Immunsystem geschwächt ist. Hatte die Kette der Unglücksfälle, die Elisa erleben mußte, der Tod von zwei Schwestern und zwei Brüdern, das Sterben der geliebten Schwägerin und ihrer kleinen Tochter, hatte die zerstörte Hoffnung auf eine Ehe und die Trennung von Fürst Schwarzenberg Elisas Kräfte untergraben? Freundin Lulu scheint geahnt zu haben, daß sie sich überforderte. »Meine Elisa, meine einzige Elisa! – Das verwünschte Tanzen! Nach dem ersten Blutspucken diesen Herbst hätten sie doch diesen Winter sie nicht sollen tanzen lassen!« schrieb sie am 29. März ihrem Bruder Adolph. »Ich kann nur das eine denken: meine Elisa, meine Elisa – ach! und ich bin trostlos.«

Ein Brief der Fürstin Radziwill demonstriert die Ohnmacht der Ärzte. »Du wirst vielleicht erfahren haben«, so an Lulu, »daß sie am 20ten während eines Diners bei Prinz Wilhelm im Lachen hustete und nun ein bedeutendes Blutspucken erfolgte. Aderlaß und die gewöhnlichen Mittel taten zwar die erwünschte Wirkung, aber am 6. Tag nach Nerven-Agitationen erfolgte ein neuer Blutauswurf, und 24 Stunden nachher, während sie es noch einmal befürchtete und deshalb Blutigel angesetzt worden, ein dritter. Indessen wurde sie gestern noch einmal am Fuß zur Ader gelassen. Die Nacht war nun ruhig.« Ein Blatt mit der Handschrift des behandelnden Arztes hat sich erhalten. »D. 1ten April 1833. – 10 ½ Uhr morgens. Die verflossne Nacht hat Prinzeß Elisa Radziwill Durchlaucht mehrere Stunden geschlafen. Der

Husten hat sich gemindert und die hohe Patientin fühlt sich leichter auf der Brust. Der Kopf ist frey. Die Schnelligkeit des Pulses hat etwas nachgelassen.«[50]

Am 7. April 1833, einem Ostersonntag, starb überraschend Fürst Anton Radziwill. Er hatte, an Grippe erkrankt, noch die kranke Elisa in ihrem Zimmer besucht, hatte dann eine fiebrige Entzündung bekommen, so daß ihm an zwei Tagen jeweils zwanzig Blutegel gesetzt worden waren. Es hieß, ein »Nervenschlag« habe seinen Tod bewirkt, die Freundin des Hauses Thekla von Gumpert spricht von einer Lungenentzündung. Es könnte auch eine Lungentuberkulose gewesen sein. Wie deprimiert und unglücklich er war, hatte er hinter einer Maske aus Heiterkeit und scheinbarer Zufriedenheit seiner Umwelt verbergen wollen. Nachdem er schon in seiner Jugend den Tod von drei Schwestern an Schwindsucht hatte erleben müssen, war er wohl der Meinung, die Krankheit sei als Erbteil auf seine Kinder übergegangen. Auch seine älteste Tochter Helene war als Kind an einer unheilbaren Krankheit gestorben. Vor seinen Augen hatte die Schwindsucht nacheinander die Söhne Ferdinand und Wladislaw dahingerafft. Am Leben waren jetzt noch Wilhelm, Boguslaw und Wanda. Und Elisa. Aber Elisa hatte die Krankheit seiner Schwestern geerbt, das war gewiß. Elisa spuckte Blut.

Hedwig von Olfers war überzeugt, daß es dieser Kummer war, der ihn umbrachte. Ihrem Vater erklärte sie: »Der Tod unseres guten Fürsten hat mich tief betrübt, um so mehr, da gewiß eine gegründete Besorgnis für Prinzeß Elisa die Hauptursache davon war. Ich habe ihn einmal an allen Gliedern zittern sehn, als Prinzeß Elisa in einer Gesellschaft eine Anwandlung von Ohnmacht bekam. Er vergötterte diese Tochter!«

»Wer hätte denken sollen«, klagte Marie von Clausewitz, »daß dieser gesunde, rüstige, lebenslustige Mann der kranken Frau, der kranken Tochter vorangehen muß? Welch erschütternden Eindruck dieser Todesfall macht, kannst Du Dir denken. Er war allgemein beliebt, besonders in den gebildeten Mittelständen, mit welchen sein Kunstsinn ihn in mannigfache Berührung brachte. Seine Freundlichkeit und Liebenswürdigkeit waren wohl geeignet, ihm die Herzen zu gewinnen. Die ganze Königliche Familie ist tief erschüttert von dem Verlust, sogar der König soll Tränen darüber vergossen haben.«

Immerhin hatte der Fürst noch erleben können, daß seine Söhne und seine jüngste Tochter sich verheirateten. Der Älteste, Prinz Wilhelm Radziwill, hatte im Sommer 1832 Prinzessin Mathilde von Clary-Aldringen geheiratet, Prinz Boguslaw im Oktober ihre Schwester Leontine; in beiden Ehen kamen jeweils acht Kinder zur Welt, die gemeinsam im Palais Radziwill aufwuchsen.[51] Die neunzehnjährige Wanda war im Dezember 1832 in Schloß Ruhberg mit ihrem Vetter Fürst Adam Czartoryski getraut worden, bei der Hochzeit hatte die Gräfin Reden Prinzessin Elisa »ganz hinnehmend, munter und lieblich« gefunden. Auch die Geburt seines ersten Enkels, der seinen Namen erhielt: *Anton Radziwill*, hatte der Fürst noch erleben können. Diesem Sohn seines Freundes war Prinz Wilhelm später besonders zugetan. Er behandelte Elisas Neffen wie einen nahen Verwandten und ernannte ihn als Kaiser Wilhelm I. zu seinem Generaladjutanten.

Bei der Gedächtnisfeier zu Ehren des Fürsten führte die Singakademie Teile seiner Faustmusik auf. Im Nachruf des Musikkritikers Rellstab ist zu lesen: »Denn wie er sich mit seinem Sinn für das Edle und Schöne dem größten Meisterwerke deutscher Poesie zugewendet, so hat er auch in seinen Compositionen es bewährt, daß Gluck, Händel, Mozart, Bach und Beethoven die Schule bildeten, zu welcher er sich bekannte.«

Die kranke Elisa durfte den Tod des Vaters nicht erfahren. Die Ärzte rieten dringend davon ab, sie noch mehr zu belasten. Alle im Haus gingen auf Zehenspitzen. Wer zu ihr ins Zimmer kam, legte vorher die schwarzen Kleider ab. »Prinzessin Luise sah sich gezwungen, ihrer kranken Tochter Elisa das über sie hereingebrochene Unglück zu verhehlen«, schrieb Enkelin Marie Radziwill. »So kam es, daß Elisa den Vater grüßen und küssen ließ, während er bereits im Stockwerk über ihr ausgesegnet und im Dom von Posen beigesetzt worden war.«

Prinzessin Marianne glaubte an Elisas baldiges Ende. »So liegt sie denn da, wahrscheinlich um nie wieder aufzustehen. Und währenddessen stirbt der gesunde, frohe Vater, und es muß ihr verheimlicht werden, weil die Ärzte meinen, sonst würde ein Blutsturz ihr Leben enden. All die Fragen des halb sterbenden, liebenden Kindes über den Vater – und nun die Mutter, welche seit 3 Tagen auch schon krank in ihrem Bette liegt. Es ist das Tragischste, was ich je erlebte.« In der gleichen Zeit konnte die Fürstin Radziwill an Lulu schreiben: »Es geht unsrer Elisa besser. Sie weiß nichts, ist ruhig, spricht, schickt, frägt nach ihm unaufhörlich! Ach es ist vernichtend! Gott steht mir bei, aber oft scheinen meine Kräfte zu unterliegen.« Im Mai 1833 hieß es dann: »Doch gestern, durch mehreres Verdacht schöpfend, frug sie mich so unerwartet: ›Lebt Papa noch?‹ daß ich alle Fassung verlor und in Tränen ausbrach.«

Langsam wurde Elisa gesund. Am 1. Juni durfte sie das Bett verlassen. Im Juli las sie Rahels *Buch des Andenkens für ihre Freunde,* das sie schon deshalb interessant fand, weil der Bruder ihrer Mutter, Prinz Louis Ferdinand, in Rahels Salon seine Geliebte Pauline Wiesel getroffen hatte. »Der Charakter der Varnhagen beschäftigt mich sehr. Man kann nicht immer begreifen und recht finden, was sie sagt, aber man muß sie lieben und bewundern. Ich will Dir das Buch

verschaffen.« Freundin Lulu konnte nicht kommen, da die
Geburt ihres Kindes Marie Elisa bevorstand.

Im September war Elisa zwar mager, aber doch »munter
und gesprächig«. Wilhelm, der ihr im Oktober zum dreißig-
sten Geburtstag gratulierte, fand sie »im Gesicht gut aussehend«.

Dann jedoch brachte die Silvesterfeier mit ihren Besuchern
und anstrengenden Gesprächen den Rückschlag. Elisa wurde bewußtlos, lag in Fieberphantasien. Wilhelm befragte
»in gewaltiger Besorgnis« den Arzt Dr. Horn, der ihm die
Auskunft gab, vorläufig bestehe keine Gefahr, nur wenn die
Schwäche anhielte, fürchte er für ihr Leben. Im März 1834
schien die Gefahr vorüber, denn bei Wilhelms Geburtstags-
feier war Elisa »wirklich auffallend besser aussehend«. Im
Mai ging es ihr so gut, daß sie wieder ihre Ausfahrten durch
den Tiergarten machen konnte. Wanda berichtete Blanche,

Elisa kleide sich jetzt sehr elegant und schön, trage nicht mehr nur weiß, sondern Seidenkleider in leuchtenden Farben, »Blusen mit Pelerine, weißen Tüllkrausen und einer Cravatte um den Hals, das Haar ganz einfach aufgesteckt. Sie ist sehr *en beauté*.«

Im Hochsommer vertrug Elisa die Hitze in der Stadt nicht, hustete mehr denn je und konnte nicht an der Taufe von Wandas erstem Kind teilnehmen. Sie bekam einen schweren Rückfall vor Aufregung darüber, daß dieses Kind nach acht schrecklichen Leidenstagen starb. Elisa wirke müde »durch den Druck, der sichtlich auf ihr lastete und ihr alle sonst so liebliche Elastizität ihres Wesens nahm«, meinte die Gräfin Bernstorff. Man nahm daher bereitwillig das Angebot des Königs an, in sein ruhiges und einsames Schloß Freienwalde überzusiedeln.

Freienwalde! Elisa war glücklich. Vor vierzehn Jahren war sie hier zuletzt gewesen. Wie hatte sie im Brief an Lulu von dem schönen »Lustschloß« geschwärmt, »das von einem hübschen Garten und blühenden Rosenhecken umringt, den blauen Bergen gegenüber liegt.« So lag es unverändert auch jetzt, ein Dornröschenschloß, schlicht wie ein Privathaus und doch großzügig und elegant. Elisa sah das Zimmer wieder, das sie mit Alexandrine geteilt hatte, die mit Vögeln und Landschaften bemalten Papiertapeten, den Saal, in dem sie mit Wilhelm getanzt hatte: »Was bin ich dort glücklich gewesen!« Wilhelms Blick, als sie das dunkelblaue Seidenkleid trug und die Rosen im Haar, seine Worte, als er ihr auf dem Balkon das Sternbild der Kassiopeia mit seinem »W« gezeigt hatte. Sie wußte noch, wie die Serenade klang, die die Prinzen nachts gespielt hatten, als sie und Alexandrine schon in den Betten lagen. »Oh goldne, herrliche Zeit, warum mußtest du so schnell verstreichen!«

Der Aufenthalt in Freienwalde tat gut. Elisa zeichnete wieder und machte lange Spaziergänge, genoß den Besuch des Kronprinzen und seiner Frau Elisabeth, die in wenigen Jahren preußische Königin sein würde und darunter litt, keine Kinder zu bekommen. Am 26. September 1834 feierte sie »mit einer Lotterie« den Geburtstag ihrer mit Boguslaw verheirateten Schwägerin Leontine. In der Nacht bekam sie Angstzustände und rief nach der Mutter, die bis ein Uhr bei ihr blieb. Am frühen Morgen wollte sie Boguslaw sehen, der bald darauf, wie Elisas Hofdame Ernestine von Langen berichtete, mit seiner hochschwangeren Frau nach Berlin reiste. Gegen zehn Uhr las Wanda der kranken Schwester ein Lied aus dem Gesangbuch der Herrnhuter vor:

> *Herr, der Du mich führst*
> *Und mein Tun regierst,*
> *Ohne Dich kann nichts gelingen,*
> *Sondern Wollen und Vollbringen,*
> *Wenn was soll gedeihn, kommt von Dir allein.*

Elisa wollte noch Wandas Ehemann Adam Czartoryski sprechen, doch als er kam, war sie zum Sprechen zu schwach.

Währenddessen saß die übernächtigte Mutter in ihrem Zimmer und griff zur Feder, um Lulu, die ihren Besuch angekündigt hatte, von der Reise abzuraten. »Fieber und Husten haben etwas abgenommen«, schrieb sie »aber matt ist sie so sehr, daß ich nur das eine in aller Eil sage: Komm jetzt nicht, es ist so besser.« Während die Mutter in abgerissenen Sätzen ihre Angst zu Papier brachte, schloß die Tochter die Augen.

Prinzessin Elisa Radziwill, noch nicht einunddreißig Jahre alt, starb am Vormittag des 27. September 1834 gegen elf Uhr.

An diesem Tag wurde in Berlin die Ankunft von Charlotte von Preußen, Zarin von Rußland erwartet. Wilhelm war auf dem Weg, um ihr das Geleit zu geben. Unter Böllerschüssen und Jubelgeschrei hielten die Geschwister in Berlin Einzug. Charlotte als älteste Tochter der Königin Luise erfreute sich nach wie vor bei der Bevölkerung großer Beliebtheit. Ein enormer Aufwand an Triumphbögen, Säulen und Girlanden, Huldigungsansprachen, Paraden und Festivitäten war ihr zu Ehren vorbereitet worden. Jubel brandete ihr entgegen.

Inzwischen war der Tod der Prinzessin Elisa Radziwill bekanntgeworden. Die Botschaft durfte aber unter keinen Umständen verlautbart werden, um den gloriosen Tag nicht zu stören. Wilhelm wurde deshalb die Nachricht erst am nächsten Morgen überbracht, doch auch jetzt noch mußte er sie auf Wunsch des Königs für sich behalten. Es war eine lange Reihe von Festivitäten zu absolvieren: am Vormittag Parade Unter den Linden, am Mittag großes Diner im königlichen Schloß, am Abend Gala-Aufführung von *Robert der Teufel* im Opernhaus. Bei alledem hatte sich Wilhelm gewohnt diszipliniert zu verhalten und »Contenance« zu bewahren, wie man es von ihm als Sohn und Bruder erwarten durfte!

Erst am folgenden Morgen traf Wilhelm noch vor den anderen – dem Kronprinzenpaar und Prinzessin Marianne – in aller Frühe in Schloß Freienwalde ein. Elisa lag, umgeben von einer Flut von Blumen und Sträuchern, bleich wie Marmor in ihrem Sterbezimmer wie in einem Garten.
Augusta berichtete später, Wilhelm sei, als er Freienwalde verließ, »in einem herzzerreißenden Zustande« gewesen. Elisas Mutter gab ihm beim Abschied das mit einem Kreuz aus Lapislazuli geschmückte *Neue Testament,* das Elisa zur Konfirmation erhalten hatte. Wilhelm schenkte es später

44 *Elisa auf dem Totenbett. Marmorbüste
des Bildhauers Christian Daniel Rauch*

seiner Tochter Luise, Großherzogin von Baden, aus deren
Nachlaß es 1925 an seinen Enkel Kaiser Wilhelm II. gelangte, der es seiner einzigen Tochter Viktoria Luise ver-
machte.[52]

Im Geheimen Staatsarchiv zu Berlin hat sich ein vergilbtes
Blatt mit Wilhelms Zeilen erhalten: »Von ihrem Totenbett!
Am 29. Sept. 1829 in Freienwalde.« Im schwarz gefütterten
Umschlag mit der Todesanzeige eine Blüte von ihrem Ster-
belager. Auf den Umschlag hatte er neben das Datum ihres
Geburtstags ein schwarzes Kreuz gemalt. »Den 28. Oktober
1834!« Einem Freund, der ihm kondolierte – vermutlich
Leopold von Gerlach, der seine Verzweiflung einst miterlebt hatte –, antwortete Wilhelm: »Ihr ist wohler als ihr hier
je war und werden konnte! Man muß es als wahre Gnade
anerkennen, ein solches Wesen gekannt zu haben.«[53]

Durch Elisa sei er ein anderer geworden, das war Wilhelms Überzeugung. Dahinter mag der Gedanke aufgetaucht sein, daß auch die deutsche Geschichte eine andere geworden wäre, hätte er sie heiraten dürfen. Jahre später offenbarte er der Schwester Charlotte sein »Glaubensbekenntnis«: »Die Illusion streift sich mit der Jugend ab, der Kern bleibt zurück! Meine Existenz ist nicht leicht! Ich fühle es, hätte ich nicht die Jugendprüfungen erlebt, ich würde meine Stellung jetzt nicht für haltbar halten. Ich habe gelitten wie wenige vielleicht! Aber diese Leidenszeit war zugleich meine Schule fürs Leben. Der Gegenstand, dem mein Herz so ganz gehörte, führte mich durch sein Beispiel zum Höchsten! zum Glauben!... der damals gelegte Grund ist der Leitstern meines ganzen Lebens geworden.«

Bevor Elisa wie ihre Eltern und Geschwister in der Familiengruft von Antonin beigesetzt wurde, entstand ein Marmorporträt, bei dessen Anblick Hedwig von Olfers ebenso bestürzt wie erleichtert äußerte: »In ihrer Büste sieht sie so ausgeruht, so zufrieden, so beseligt aus. Es muß doch der Seele wohl tun, nun mit einemmal wieder frei und ledig hinzuschweben – das sagt der Ausdruck in dem schönen Gesicht. Daß ich diesem lieben Wesen begegnet bin, macht mir das Leben schöner.«[54]

Der Prediger Friedrich Ferdinand Sack, der die siebzehnjährige Prinzessin konfirmiert hatte, erklärte in seiner Traueransprache, warum Elisa in ihrem Leben so viele Freunde hatte. »Das war die ungemeine Anmut und Milde ihres ganzen Wesens«, sagte er, »das herzliche Wohlwollen gegen Jedermann, das aus ihrem seelenvollen Auge sprach; die Fähigkeit, sich in fremde Zustände liebend ganz hinein zu versetzen, das Größeste wie das Kleinste, was Andere betraf, ganz sich anzueignen und mit zu beleben, und so nach den verschiedensten Seiten hin, in die weitesten Kreise hin-

ein als ein wohltuender Engel die reichen Kräfte ihres Gemütes walten zu lassen.« Er schloß seine Rede mit den Worten: »Schwere Prüfungen sind verhängt über die Mutter der Abgeschiedenen, Ihre Königliche Hoheit die Prinzessin Louise von Preußen-Radziwill, die in wenigen Jahren den Gemahl, drei erwachsene Kinder, eine geliebte Schwiegertochter und zwei Enkel vor sich in das Grab senken sah.«
Die Singakademie veranstaltete zu Elisas Ehren an ihrem Geburtstag ein Gedächtniskonzert mit den Werken ihres Vaters.[55] Fürstin Luise Radziwill schrieb an Lulu: »Gib keiner Verzweiflung Raum. Sie ist nun glücklich, weit glücklicher, als sie hier werden konnte. Sie liegt da wie ein Marmorbild – edel – siegend – wie die, welche die Welt überwunden! Hier eine Locke, ein Blatt; später was sie Dir bestimmt. Mit Liebe gedachte sie Deiner bis ans Ende. Ach, Lulu, es war mein u n e n d l i c h geliebtes Kind, meine treueste, beste Freundin! Bis dahin glaubte ich nicht, gar noch nicht an diese furchtbare Trennung – Ach Lulu, die Krone meines Lebens ist dahin.«
Erschöpft und traurig, starb sie selber zwei Jahre später.

Der Chronist jener Zeit, Karl August Varnhagen von Ense, trug wehmütige Betrachtungen in sein Tagebuch ein, als er Jahre später durch die Wilhelmstraße ging, deren berühmte Bewohner er noch gekannt hatte.[56] Hinter dem Palais Voß im Gartenhaus hatte der Dichter Achim von Arnim seine Ehe mit Bettina Brentano begonnen. Die Nr. 63 hatten die Grafen Schwerin bewohnt, bevor der junge Graf im Befreiungskrieg gefallen war. Im Ordenspalais, das jetzt Prinz Carl von Preußen gehörte, war Fürstin Luise Radziwill geboren worden. Ihr Bruder, der stadtbekannte Prinz August, der seine Nichte Elisa gerne adoptiert hätte, besaß das Palais Nr. 65. Daneben führte Friederike, Schwester der Königin Luise, in dritter Ehe mit Herzog Ernst August von Cumberland vermählt, ihren eleganten Salon. In der Wilhelmstraße 76 hatte lange die Familie des Außenministers Graf Bernstorff gelebt. Der Graf war gestorben, die Gräfin vermutlich nach Dänemark zurückgegangen. Jetzt befand sich dort der Amtssitz des mit Gabriele von Humboldt verheirateten Außenministers von Bülow.

Daneben, durch einen großen Ehrenhof als einziges Gebäude aus der Straßenfront gerückt, erhob sich die herrschaftliche Dreiflügelanlage des Palais Radziwill. Was für Gerüchte rankten sich um dieses Haus! Welche Schicksale hatte es erlebt, welche Gäste gesehen! Errichtet unter Friedrich dem Großen, hatte der königliche Nachfolger es seiner Mätresse Sophie Dönhoff geschenkt. Nach ihrer Verbannung erwarb es Fürst Michael Radziwill, der es seinem Sohn Anton überließ. Welch rauschende Feste, Konzerte und Theateraufführungen hatte es hier gegeben! Die Kinder des Fürsten hatten, wie Varnhagen wußte, das Palais gemeinsam geerbt. Jetzt lebte hier die zweite und dritte Generation, die »das polnische Berlin« verkörperte: Fürst Wilhelm Radziwill, Träger des schwarzen Adlerordens, General der Infanterie und Chefinspektor der preußischen Festungen, Fürst Boguslaw Radziwill, Mitglied des Herrenhauses und Stadtverordneter von Berlin, und Fürstin Wanda Czartoryska, die seit einiger Zeit krank war – von Schwindsucht war die Rede. Ihre drei Kinder und die ihrer Brüder belebten das alte Palais, darunter der kleine Ferdinand, Sohn von Boguslaw, der in eben dem Jahr 1834 zur Welt gekommen war, in dem Elisa Radziwill starb.

Prinz Wilhelm, von dessen Liebe zur schönen Elisa noch immer alle Welt sprach, war dort einstmals ein und aus gegangen. Jeder hatte geglaubt, sie würden ein Paar. Das Schicksal hatte anders entschieden, der Fürst war darüber gestorben. Doch über dem Mittelportal prangte wie vordem in großen Lettern der alte Name RADZIWILL.

Hohenzollern

Johann Georg, Kurfürst v. Brandenburg
1525-1598

Elisabeth Sophie ⚭ ────────────────────
1589-1629

Friedrich Wilhelm, Gr. Kurfürst
1620-1688

⚭ 1. Luise Henriette v. Oranien   2. Dorothea v. Holstein-Glücksburg
1627-1667   1636-1689

Friedrich I., König in Preußen   Markgraf Ludwig von Brandenburg ⚭ ────────
1657-1713   1667-1687
⚭ Sophie Charlotte v. Hannover
1668-1705

Friedrich Wilhelm I., König in Preußen
1688-1740
⚭ Sophie Dorothea v. Hannover
1687-1757

Friedrich II., d. Gr., König v. Preußen 1712-1786 ⚭ Elisabeth Christine v. Braunschweig-Bevern 1715-1797	August Wilhelm 1722-1758 ⚭ Luise v. Braunschweig-Wolfenbüttel 1722-1780	Ferdinand 1730-1813 ⚭ Luise v. Brandenburg-Schwedt 1738-1820

Friedrich Wilhelm II.,
König v. Preußen
1744-1797
⚭ Friederike v.
Hessen-Darmstadt
1751-1805

Friedrich Wilhelm III.,
König v. Preußen
1770-1840
⚭ Luise v.
Mecklenburg-Strelitz
1776-1810

├─ Luise ⚭ ────────────
1770-1836

├─ Louis Ferdinand
1772-1806
○-○ Henriette Fromme
1783-1828

└─ August
1779-1843

Friedrich Wilhelm IV. König v. Preußen 1795-1861 ⚭ Elisabeth v. Bayern 1801-1873	Wilhelm I. Dt. Kaiser 1797-1888 ⚭ Augusta v. Sachsen-Weimar 1811-1890	Charlotte 1798-1860 ⚭ Zar Nikolaus 1798-1855	Carl 1801-1883 ⚭ Marie v. Sachsen-Weimar 1808-1877	Alexandrine 1803-1892 ⚭ Paul Friedrich v. Mecklenburg-Schwerin 1800-1842	Ferdinand 1804-1806	Luise 1808-1870 ⚭ Friedrich Prinz der Niederlande 1797-1881	Albrecht 1809-1872 ⚭ Marianne Prinzessin der Niederlande 1811-1883

Friedrich III.
Dt. Kaiser
1831-1888
⚭ Victoria v.
Großbritannien
1840-1901

Wilhelm II.
Dt. Kaiser
1859-1941
(abgedankt 1918)
⚭ Auguste Viktoria
v. Schleswig-Holstein-
Sonderburg
1858-1921

Janusz VI.
1579-1620
|
Boguslaw, Generalgouverneur in Preußen
1620-1669
⚭ Anna Maria Radziwill, Tochter Janusz' XI.
1640-1667
|
Ludwika Karolina
1667-1695

Michael VI., Palatin v. Wilna
1744-1831
⚭ Helena Gräfin Przezdziecka
1753-1821

Anton, Statthalter in Posen 1775-1833	Christine 1776-1796	Michael Gideon, polnischer General 1778-1850 ⚭ Gräfin Alexandra Stecka 1796-1864	Angelika 1781-1808 ⚭ Konstantin Adam Czartoryski 1773-1860

Wilhelm preuß. General 1797-1870 ⚭ Mathilde v. Clary u. Aldringen 1806-1896	Ferdinand 1798-1827	Luise 1799-1808	Friederike Helene 1800-1801	Elisa 1803-1834	Wladislaw 1811-1831	Boguslaw Mitglied d. Preuß. Her-renhauses 1809-1873 ⚭ Leontine v. Clary u. Aldringen 1811-1890	Wanda 1813-1845 ⚭ Prinz Adam Czartoryski 1804-1880
Anton Generaladjutant v. Wilhelm I. 1833-1904 ⚭ Maria de Castellana 1840-1915						Ferdinand Reichstags-Abgeordneter und Präsident des Sejm 1834-1926	

45 *Stammbäume der Hohenzollern und der Fürsten Radziwill*

Dank

Im Geheimen Staatsarchiv zu Berlin fand ich während meiner Arbeit an der Biographie der Königin Luise die handschriftlich geführten Schreib- und Taschenkalender ihres Sohnes Wilhelm (1797-1888), private Aufzeichnungen, die jahrelang nur ein Thema hatten: seine Liebe zu der zarten, schönen und »unbeschreiblich freundlichen« Prinzessin Elisa Radziwill. Da er in der Nachfolge seines Vaters Friedrich Wilhelm III. an zweiter Stelle stand, konnte er hoffen, die geliebte Elisa (1803-1834), Tochter des polnischen Fürsten Anton Radziwill, heiraten zu dürfen. Seine Notizbücher berichten Seite um Seite von seiner wachsenden Leidenschaft. Doch wie wir gesehen haben, stieß die Verbindung beim König auf Ablehnung. Obgleich Elisas Mutter eine geborene Prinzessin von Preußen und Nichte Friedrichs des Großen war, erklärte er, daß das polnische Fürstenhaus den Hohenzollern nicht ebenbürtig und die Ehe für Preußen nachteilig sei.

Die verbotene Liebe zwischen Prinz Wilhelm und Prinzessin Elisa ist eine wenig beachtete Facette der preußischen Geschichte. Eine Verbindung, die sich für die Zukunft positiv hätte auswirken können, wird dynastischem und politischem Kalkül zum Opfer gebracht.

Die Ereignisse und Hintergründe dieser Geschichte zu erzählen, die zwischen 1820 und 1830 ganz Europa beschäftigte, liegt mir seit langem am Herzen, zumal sie sich in einer großen Epoche der preußischen Geschichte und Kultur abgespielt hat. Bei der Realisierung meines Vorhabens standen mir die Mitarbeiter der Archive und Bibliotheken sowie viele Freunde unterstützend zur Seite. An erster Stelle nenne ich Karl Friedrich Hinkelmann vom Schloß Freienwalde, der mich nicht nur kundig durch die Räume führte, in denen Wilhelm und Elisa ihre glücklichsten Tage verbrachten, sondern mir überdies Einblick in Elisas handschriftlich erhaltene Korrespondenz gewährte – für die Biographin ein unschätzbarer Vorzug. Freundin Barbara Monheim wies mich auf Nachkommen der Fürstenfamilie Radziwill hin, die mir Fotos von Elisas Marmorbüste, ihres Tagebuchs und des Porträts von Prinz Boguslaw Radziwill zur Verfügung stellten – für dieses spontane Entgegenkommen mein ausdrücklicher Dank nach Warschau. Unterstützung fand ich auch bei Marie Eleonore von Bredow, die mir als geborene Prinzessin Schwarzenberg Hinweise auf die von ihrem Vater verfaßte Familiengeschichte mit Details zur umstrittenen Person des Fürsten Friedrich Schwarzenberg gab. Kunsthistorische Angaben zu Berliner Bauten, königlichen Schlössern und Stadtpalästen verdanke ich den Bildbänden von Dr. Gernot Ernst, »Die Stadt Berlin in der Druckgraphik 1570-1870« mit ihrer unvergleichlichen Materialfülle. Dr. Jürgen von Gerlach, Darmstadt, gab mir durch Briefe und Literaturhinweise bereitwillig Auskunft zum Leben von Wilhelms Adjutanten und Freund Leopold von Gerlach. Den Veröffentlichungen des Berliner Gartendirektors Dr. Klaus-Henning v. Krosigk über schlesische Landschaftsparks im 19. Jahrhundert und den von ihm geleiteten Exkursionen verdanke ich nützliche Erkenntnisse. Mit ihrem lebhaften Interesse für das Schicksal der halbpolnischen Prinzessin Radziwill hat mich Grażyna Prawda, die Gattin des polnischen Botschafters, in meinem Vorhaben bestärkt. Herzeleide Henning, als Archivarin des Geheimen Staatsarchivs mit der Epoche bestens vertraut, vervollständigte die Schilderung Radziwillscher Landaufenthalte durch Material aus ihrem unveröffentlichten Familienarchiv. Als Glücksfall erwies sich das Werk von Dr. Rüdiger von Treskow: »Gilly Schinkel Catel«; seine kunst- und kulturhistorischen Kenntnisse über Schinkels Bauten in Polen haben die Darstellung sehr bereichert. Er fand auch das seltene Buch »Gedichte und Reden« von Friedrich Ferdinand Sack, in welchem der »Weiland preuß. Hof= und Domprediger und Oberkonsistorialrath« seine Rede »Zum Andenken der Prinzessin Elisa Radziwill 1834« erscheinen ließ. Schließlich hat sich Heike Ochs, Lektorin des Insel Verlags, durch ihr literarisches und historisches Verständnis und ihre immer engagierte Teilnahme unvergleichliche Verdienste erworben.

Nicht zuletzt sei meinem Mann gedankt, der mir durch seine Vertrautheit mit der Geschichte Preußens – die sich auch in seinen eigenen historischen Dokumentarfilmen bewährte – und seine profunden Kenntnisse zur Seite stand. Mit seinem nicht nachlassenden Interesse war er bei der Entstehung dieses Buches für mich das unersetzliche und unentbehrliche Fundament!

DAGMAR VON GERSDORFF

Literatur

I. Quellen

Zitate aus den Notiz-, Schreib- und Taschenkalendern von Prinz Wilhelm von Preußen wurden von mir im Archiv exzerpiert. Die bisher unveröffentlichten Kalender befinden sich im Geheimen Staatsarchiv Berlin (GSA) im Brandenburgisch-Preußischen Hausarchiv (BPH). Das unveröffentlichte Tagebuch von Prinzessin Elisa Radziwill befindet sich in Privatbesitz. Die Rechtschreibung habe ich leicht modernisiert.

Briefe von Prinz Wilhelm von Preußen an seine Schwester Prinzessin Charlotte von Preußen/Zarin Alexandra von Rußland werden zitiert nach: Prinz Wilhelm von Preußen an Charlotte, Briefe 1817-1860. Hg. von Karl-Heinz Börner, Berlin 1993.

Briefe von Prinz Wilhelm von Preußen an Fürstin Luise Radziwill werden zitiert nach: Jugendbekenntnisse des Alten Kaisers. Briefe Kaiser Wilhelms I. an Fürstin Luise Radziwill Prinzessin von Preußen, 1817 bis 1829. Hg. von Kurt Jagow. Leipzig o. J. (1939).

Aufzeichnungen, Gedanken und Äußerungen von Prinz Wilhelm von Preußen zu seiner privaten Situation werden zitiert nach: Unveröffentlichte Aufzeichnungen Kaiser Wilhelms I. über seine Beziehung zu Elisa Radziwill. Hg. von Kurt Jagow. Velhagen und Klasings Monatshefte Jg. 44, 1929 (Jagow 1929).

Briefe von Prinzessin Elisa Radziwill an ihre Kusine Blanche von Wildenbruch, verheiratete von Roeder, werden zitiert nach: Oswald Baer, Prinzeß Elisa Radziwill. Ein Lebensbild. Berlin 1908.

Briefe des Fürsten Schwarzenberg an Fürstin Luise Radziwill in: Oswald Baer, Prinzeß Elisa Radziwill. Berlin 1908, S. 117-133 sowie in Kurt Jagow, Wilhelm und Elisa. Die Jugendliebe des Alten Kaisers. Leipzig 1941, S. 283-292 (Jagow 1941).

Briefe von Prinzessin Elisa Radziwill an ihre Freundin Luise (Lulu) von Kleist, verheiratete Gräfin Stosch, werden zitiert nach: Bruno Hennig, Elisa Radziwill. *Ein Leben in Liebe und Leid.* Unveröffentlichte Briefe der Jahre 1820-1834. Berlin 1911, sowie aus Originalbriefen in Privatbesitz.

Die Gutachten zur Frage der Ebenbürtigkeit des Hauses Radziwill

und seine Stellung zum Haus Hohenzollern werden zitiert nach:
Kurt Jagow, Wilhelm und Elisa. Die Jugendliebe des Alten Kaisers. Leipzig 1941.

II. Briefe, Tagebücher, Erinnerungen von Zeitgenossen

Achim und Bettina in ihren Briefen. Hg. von Werner Vordtriede. Frankfurt/Main 1961

(Arnim) Maxe von Arnim, Tochter Bettinas/Gräfin von Oriola 1818-1894. Ein Lebens- und Zeitbild aus alten Quellen geschöpft v. Johannes Werner. Leipzig 1937

(Arnim-Brentano) Achim von Arnim und Clemens Brentano, Freundschaftsbriefe. Hg. von Hartwig Schultz. Bd. I/II. Frankfurt/Main 1998

(Bernstorff) Gräfin Elise von Bernstorff, geborene Gräfin von Dernath. Ein Bild aus der Zeit von 1789-1835. Aus ihren Aufzeichnungen. Bd. I. u. II. Berlin 1897

(Bernstorffs) Opitz, Eckardt, Die Bernstorffs. Eine europäische Familie. Heide 2001

(Brentano) Das unsterbliche Leben. Unbekannte Briefe von Clemens Brentano. Hg. von Schellberg/Fuchs. Bern 1970

Boguslawski, Albertine von, Aus der preußischen Hof- und diplomatischen Gesellschaft 1822-1826. In zeitgenössischen Briefen hg. von A. von Buguslawski. Dt. Rundschau Bd. 96, 1898

Clary-Aldringen, Alfons, Geschichten eines alten Österreichers. Mit einem Vorwort von Golo Mann. Berlin/Wien 1977

de la Motte Fouqué, Caroline, Briefe über Berlin. Geschrieben im Winter 1821. Berlin 1821

Devrient, Therese, Jugenderinnerungen. Stuttgart 1905

(L. v. Gerlach) Denkwürdigkeiten aus dem Leben Leopold von Gerlachs, Generals der Infanterie und General-Adjutanten König Friedrich Wilhelms IV. Nach seinen Aufzeichnungen hg. von seiner Tochter. Bd. I u. II. Berlin 1891/1892

Goethe aus der Nähe. Texte von Zeitgenossen, ausgewählt und kommentiert von Eckart Kleßmann. Zürich 1995

Goethe an den Fürsten Radziwill. Brief vom April 1814 in: Preußische Jahrbücher 35, 1875

(A. v. Goethe), Goethe, August von, *Wir waren sehr heiter*. Reisetagebuch 1819. Hg. von Gabriele Radecke. Berlin 2007

Henning, Herzeleide, Geschichte(n) der Familie von Reichenbach. Berlin 2011

(Humboldt) Wilhelm und Caroline von Humboldt in ihren Briefen. Hg. von Anna von Sydow. 7 Bde. Berlin 1906-1916

(Humboldt-Rauch) Caroline von Humboldt und Christian Daniel Rauch. Ein Briefwechsel 1811-1828. Herausgegeben und kommentiert von Jutta von Simson. Berlin 1999

Jagow, Wilhelm, Jugendbekenntnisse des Alten Kaisers. Briefe Kaiser Wilhelms I. an Fürstin Luise Radziwill, Prinzessin von Preußen 1817 bis 1829. Hg. von Kurt Jagow. Leipzig 1939

Kaiser Wilhelms I. Briefe an seine Schwester Alexandrine und deren Sohn Großfürst Friedrich Franz II. Hg. Von Johannes Schultze. Berlin/Leipzig 1927

Kleßmann, Eckart, Prinz Louis Ferdinand von Preußen. 1772-1806. Gestalt einer Zeitenwende. München 1972

Natzmer, Gneomar von, Kaiser Wilhelm I., die Prinzeß Elise Radziwill und die Kaiserin Augusta, in: Deutsche Rundschau 1890

(Olfers) Hedwig von Olfers, geb. von Staegemann. 1799-1891. Ein Lebenslauf, aus Briefen zusammengestellt. 2 Bde. Berlin 1908/1914

Parthey, Gustav, Das Haus in der Brüderstraße. Aus dem Leben einer berühmten Berliner Familie. Berlin 1975

Parthey, Lili, Tagebücher aus der Berliner Biedermeierzeit. Hg. von Bernhard Lepsius. Berlin 1926

(Preußen) Königin Luise von Preußen. Briefe und Aufzeichnungen 1786-1810. Hg. von Malve Gräfin Rothkirch. München 1985

Raczynski, Joseph Athanasius Graf (Hg.), *Noch ist Polen nicht verloren*. Aus den Tagebüchern des Athanasius Raczynski 1788-1818. Berlin 1984

(Radziwill) Luise von Preußen, Fürstin Anton Radziwill, Fünfundvierzig Jahre aus meinem Leben (1770-1815), herausgegeben und mit Anmerkungen und Personenverzeichnis versehen von Fürstin Radziwill, geb. von Castellane. Braunschweig 1912

(Reden) Reuß, Eleonore Fürstin Reuß, Friederike Gräfin von Reden. Ein Lebensbild nach Briefen und Tagebüchern, Bd. 1/2. Berlin 1888

(Rochow) Aufzeichnungen von Caroline von Rochow geb. v. der Marwitz und Marie de la Motte Fouqué. Vom Leben am preußischen Hofe 1815-1852. Hg. von Luise von der Marwitz. Berlin 1908

(Schmettau) Lawatsch, Hans-Helmut, Goethe und das Andenken des preußischen Generals Schmettau, in: Goethe-Jahrbuch 1992, Bd. 109, S. 191-198

Schober, Thekla von, geb. von Gumpert, Unter fünf Königen und drei Kaisern. Glogau 1891

(Schwerin) Sophie von Schwerin, Ein Lebensbild aus ihren eigenen hinterlassenen Papieren zusammengestellt von ihrer jüngeren Schwester Amalie von Romberg. 2 Bde. Leipzig 1911

III. Weitere Literatur

Bailleu, Paul, Prinz Wilhelm von Preußen und Prinzessin Elisa Radziwill, in: Dt. Rundschau 1911

Berg, Urte von, Patriotische Salons in Berlin 1806-1813. Göttingen 2012

Biron, Carlos und Ernst-Johann, Geschichte des Hauses Biron (von Kurland). Privatdruck 2005

Börner, Karl-Heinz, Kaiser Wilhelm I. Deutscher Kaiser und König von Preußen. Berlin 1984

Butenschön, Marianne, Die Preußin auf dem Zarenthron. Alexandra Kaiserin von Russland. München 2011

Clark, Christopher, Preußen. Aufstieg und Niedergang 1600 bis 1947. München 2006

Debuch, Tobias, Prinz Louis Ferdinand von Preußen (1772-1806) als Musiker im soziokulturellen Umfeld seiner Zeit. Berlin 2004

Elbin, Günther, Macht in zarten Händen. Dorothea Herzogin von Kurland. München 1968

Eschenburg, Harald, Die polnische Prinzessin. Elisa Radziwill. Die Jugendliebe Kaiser Wilhelms I. Stuttgart 1985

Feuerstein-Praßer, Karin, Augusta. Kaiserin und Preußin. München 2011

Fischer-Dieskau, Dietrich, Carl Friedrich Zelter und das Berliner Musikleben seiner Zeit. Eine Biographie. Berlin 1997

Friedrich Wilhelm IV., Die Königin von Borneo. Ein Roman. Hg. von Frank-Lothar Kroll. Vorwort von Dagmar von Gersdorff. Berlin 1997

Gersdorff, Dagmar von, Königin Luise und Friedrich Wilhelm III. Eine Liebe in Preußen. Berlin 1996

Gersdorff, Dagmar von, Bettina und Achim von Arnim. Eine fast romantische Ehe. Berlin 1997

Gersdorff, Dagmar von, Goethes Enkel Walther, Wolfgang und Alma. Frankfurt/Leipzig 2008

Gersdorff, Dagmar von, Caroline von Humboldt. Eine Biographie. Berlin 2011

Hare, August J.C., Freifrau von Bunsen. Ein Lebensbild. Gotha 1899

Hennig, Bruno, Marie von Kleist. Ihre Beziehungen zu Heinrich von Kleist (nach eigenen Aufzeichnungen), in: Vossische Zeitung Berlin 1909

Herre, Franz, Kaiser Wilhelm I., der letzte Preuße. Köln 1980

Hirsch, Leo, Elisa Radziwill, die Jugendliebe Kaiser Wilhelms I. Stuttgart 1929

Jagow, Kurt, Wilhelm und Elisa. Die Jugendliebe des Alten Kaisers. Leipzig 1941

Minkels, Dorothea, Elisabeth von Preußen, Königin in der Zeit des Ausmärzens. Norderstedt 2007

Nowakowski, Tadeusz, Die Radziwills. Die Geschichte einer großen europäischen Familie. München 1966

Philipps, Carolin, Friederike von Preußen. Die leidenschaftliche Schwester der Königin Luise. München/Zürich 2009

Sack, Friedrich Ferdinand Adolph, Gedichte und Reden. Bonn 1843

Samson, Jim, Frédéric Chopin. Aus dem Englischen von Meinhard Saremba. Stuttgart 1991

Schillemeit, Jost, Goethe und Radziwill. In: Festschrift für Hans-Gert Roloff, 1983: »Daß eine Nation die andere verstehen möge ...«, S. 639-677. Neuauflage: Jost Schillemeit, Studien zur Goethezeit, Göttingen 2006

Schwarzenberg, Karl Fürst zu, Geschichte des Hauses Schwarzenberg. Veröffentlichung der Gesellschaft für fränkische Geschichte. 2 Tle. Neustadt/Aisch 1963

Schwarzenberg, Friedrich Fürst zu, *Liebe, Schwert und Kranz*. Geschichten aus dem Wanderbuche eines verabschiedeten Lanzknechtes. Hg. von H.W. Herrmann, Breslau 1939

Schwerin, Kerrin Gräfin, Wilhelmstraße 63. Schicksalsjahre einer preußischen Familie. Berlin 2008

Stamm-Kuhlmann, Thomas, König in Preußens großer Zeit. Friedrich Wilhelm III., der Melancholiker auf dem Thron. Berlin 1992

Treskow, Rüdiger von, Gilly, Schinkel, Catel. Das Landschloß Owinsk bei Posen. Berlin/München 2011

Tür an Tür. Polen–Deutschland. 1000 Jahre Kunst und Geschichte. Hg. von Malgorzata Omilanowska unter Mitarbeit von Tomasz Torbus. Katalog zur Ausstellung Berlin 2012

Varnhagen von Ense, August, Blätter aus der preußischen Geschichte, 5 Bde. Leipzig 1868/1869

Varnhagen von Ense, August, Tagebücher, 15 Bde. Berlin 1861, Neudruck Berlin 1972

Wilhelmy-Dollinger, Petra, Die Berliner Salons. Mit historisch-literarischen Spaziergängen. Berlin 2000

Anmerkungen

1 Preußen, S. 424/425
2 GSA BPH Rep. 51 F
3 Herre, S. 103
4 GSA BPH Rep. 51 F, III, 1-3
5 Nowakowski, S. 307
6 Brentano, S. 422
7 Steig, Bettinas Briefwechsel mit Goethe, Leipzig 1922, S. 207
8 Schillemeit, S. 214 ff.
9 Brief August von Goethes an seinen Vater, A. v. Goethe, S. 94, 101-104
10 Boguslawski, S. 110
11 Wilhelmy-Dollinger, S. 88-90
12 Arnim-Brentano, II, S. 724
13 Die Originalbriefe von Prinzessin Elisa Radziwill an Luise von Kleist, verheiratete Gräfin Stosch, wurden mir freundlicherweise vom Besitzer zur Durchsicht bereitgestellt.
14 GSA BPH Rep. 51 Nr. 719
15 Friedrich Wilhelm IV., Die Königin von Borneo. Vorwort von Dagmar von Gersdorff. Berlin 1997
16 Lalla Rookh. Ein Festspiel mit Gesang und Tanz mit 23 kolorierten Kupfern von Graf C. Brühl und S. H. Spiker, Verlag Wittich, Berlin 1822.
17 Schober, S. 22-49
18 Stamm-Kuhlmann, S. 407
19 GSA BPH Rep. 51 F, Nr. 410
20 Jagow 1929, S. 75
21 GSA BPH Rep. 51 3 Nr. 524 vol. I.
22 Varnhagen, Blätter zur preußischen Geschichte II, S. 368
23 Raczynski, S. 94-97
24 Olfers II, S. 44, 55, 56
25 Klaus von Krosigk, Das Schloß von Ruhberg und sein früher Landschaftsgarten. Ein Beitrag zur europäischen Gartengeschichte, Berlin 2003
26 Humboldt – Briefwechsel, Bd. IV, S. 550
27 »Reliquien zu den Briefen der Prinzessin Elisa an Prinz Wilhelm«. GSA BPH Rep. 51, Nr. 412
28 Humboldt – Briefwechsel, Bd. VII, S. 207-212

29 Bernstorff II., S. 34

30 GSA BPH Rep. 51 F Nr. 24

31 Zitiert nach Hirsch, S. 91-93

32 Radziwill, S. 90/92/97/130

33 GSA BPH Rep. 51 F Nr. 731

34 GSA BPH Rep. 51 J 536-539

35 Bernstorff II, S. 34

36 L. v. Gerlach, S. 46

37 Rochow, S. 92

38 Minkels, S. 174

39 Arnim-Brentano, S. 815

40 Olfers I, S. 17-19

41 Die bisher unveröffentlichten Briefe wurden mir freundlicherweise durch eine Reichenbach-Nachfahrin mitgeteilt.

42 Siehe Rüdiger von Treskow, Gilly, Schinkel, Catel, Berlin/Mün-
chen 2011

43 Schober S. 48/49

44 Arnim, S. 95, 169, 209, 289

45 Feuerstein-Praßer, S. 87

46 Originalhandschrift in der Universität Münster

47 Schwarzenberg, Liebe, Schwert und Kranz, S. 261

48 Schwarzenbergs Briefe zitiert nach Jagow 1941, S. 283-292

49 Schwarzenberg, Karl Fürst zu, Geschichte des Hauses Schwarzenberg, Teil II, S. 288

50 Universität zu Köln. Theaterwissenschaftliche Sammlung Schloß
Wahn

51 Clary-Aldringen, S. 29

52 Eschenburg, S. 178

53 GSA BPH Rep. 51 F Nr. 187

54 Hedwig von Olfers an Lulu Gräfin Stosch, Olfers II, S. 177

55 Handschriftl. Protokoll der Singakademie, Signatur N. Mus.
SA 290

56 Varnhagen, Tagebücher, Bd. I, S. 115

Personenregister

Acerenza, Johanna von, geb.
Prinzessin von Kurland
(1784-1876) 38

Albrecht von Preußen
(1809-1872), Prinz, Prinz
Wilhelms Bruder 15, 129,
132-134, 235

Alexander I. (1777-1825), Zar
von Rußland 24f., 32, 38,
113f., 139, 161-163, 165-167,
217, 245

Alexander II. (1818-1881),
Zar von Rußland 114, 169

Alexandra Feodorowna, geb.
Charlotte Prinzessin von
Preußen (1798-1860), Zarin
von Rußland, Prinz Wilhelms
Schwester 12f., 15, 19,
22-30, 43f., 48, 51f., 54, 58,
63, 66, 74f., 80, 82, 87, 96,
105f., 111f., 114-116, 121f.,
126, 128f., 132-135, 142-146,
161, 163, 169f., 176f., 185f.,
189f., 192, 196, 198, 200,
203, 209, 213f., 221f., 224,
228, 230f., 235, 243, 245,
248-250, 256, 265, 267

Alexandrine von Mecklenburg-
Schwerin, geb. Prinzessin von
Preußen (1803-1892), Groß-
herzogin, Prinz Wilhelms
Schwester 15, 19, 22, 37, 46,
48, 81, 110, 132-134, 143, 195

Altenstein, Karl Sigmund Franz
Freiherr von (1770-1840),
preuß. Kultusminister 123,
170

Arnim, Achim von (1781-1831)
12, 33, 41, 49, 62, 77, 236,
268

Arnim, Bettina von, geb. Brentano (1786-1859) 33, 36, 41,
49, 62, 76f., 209, 213, 226,
238, 268

August von Preußen
(1779-1843), Prinz 33,
139-141, 146, 153f., 268

Augusta von Sachsen-Weimar-
Eisenach (1811-1890), Prinzessin, dt. Kaiserin und Königin von Preußen 10, 77, 93,
145, 150, 160, 169, 182,
186f., 189, 191f., 195f.,
200-212, 220-224, 227,
230-232, 249, 254-257, 265

Auguste von Hessen-Kassel,
geb. Prinzessin von Preußen
(1780-1841), Kurfürstin 105,
221

Bach, Johann Sebastian
(1685-1750) 260

Balzac, Honoré de (1799-1850)
240

Beethoven, Ludwig van
(1770-1827) 137, 199, 216,
239, 260

Bernstorff, Christian Günther
Graf von (1769-1835),
Außenminister 32, 85, 96,
123, 152, 170, 226f., 257,
269

Bernstorff, Clara Gräfin
(1811-1832) 32

Bildnachweis

Archiv für Kunst und Geschichte, Berlin: Abbildung 2, 4, 6, 7, 8, 35, 36
Beethoven-Haus Bonn: 3
Bildarchiv Preußischer Kulturbesitz, Berlin: 1, 5, 15, 21, 22, 33
Privatbesitz Familie Radziwill: 26, 40, 44
Stiftung Preußische Schlösser und Gärten Berlin-Brandenburg, Potsdam: 23 (Roland Handrick)

Alle weiteren Abbildungen stammen aus Privatbesitz oder dem Archiv des Insel Verlags.

Goethes große, geheime Liebe

Marianne von Willemer (1784-1860) war eine intelligente junge Frau und begabte Dichterin. Sie teilte nicht nur Goethes Liebe zum Orient, sondern antwortete seinen leidenschaftlichen Versen mit eigenen Liebesgedichten. Sie inspirierten sich gegenseitig in ihrem dichterischen Schaffen, als »Suleika« verfaßte sie sogar einige der schönsten Gedichte des *West-östlichen Divan*. Marianne wäre wohl zu jeder Verbindung mit Goethe bereit gewesen, aber sie war die Frau seines Freundes Johann Jakob von Willemer …

Dagmar von Gersdorff erzählt die Geschichte der beeindruckenden Marianne von Willemer – und die Geschichte ihrer großen Liebe zu Goethe.

Dagmar von Gersdorff, Marianne von Willemer und Goethe. Geschichte einer Liebe. Mit zahlreichen Abbildungen. insel taschenbuch 4059. 302 Seiten

Leidenschaftlich, intelligent und radikal: die Günderrode

Karoline von Günderrode (1780-1806) war eine hochbegabte Dichterin der Romantik – und eine leidenschaftliche und radikale junge Frau. Gegen die einschränkenden Lebensverhältnisse, denen sie als alleinstehende Frau unterworfen war, kämpfte sie willensstark und selbstbewusst an. Als dann aber die Beziehung zu ihrer großen Liebe zerbrach, traf sie eine folgenschwere Entscheidung.

Dagmar von Gersdorff erzählt das einzigartige und aufwühlende Schicksal der Günderrode.

Dagmar von Gersdorff, Die Erde ist mir Heimat nicht geworden. Das Leben der Karoline von Günderrode.
insel taschenbuch 4023. Mit zahlreichen Abbildungen. 283 Seiten

»Ein unvergleichliches Geschöpf«

Schiller nannte sie »ein unvergleichliches Geschöpf«, für Goethe war sie die bedeutendste Frau ihrer Zeit: Caroline von Humboldt (1766–1829). Sie war nicht nur klug, gebildet und abenteuerlustig, sondern vor allem leidenschaftlich interessiert an der Kunst und neugierig auf Menschen. Caroline von Humboldt bereiste ganz Europa, ihr Haus in Rom wurde zum gesellschaftlichen Mittelpunkt. Sie förderte die dort lebenden deutschen Künstler und sammelte mit großem Kunstverstand. Trotzdem sah die Nachwelt in ihr lange vor allem nur die mustergültige Gattin Wilhelm von Humboldts. Dagmar von Gersdorff entwirft in dieser Biographie ein neues Bild …

Dagmar von Gersdorff, Caroline von Humboldt. Eine Biographie. insel taschenbuch 4158. Mit zahlreichen Abbildungen. 298 Seiten

NF 253/1/5.15

Die geliebten Schwestern

Die Schwestern Caroline von Beulwitz und Charlotte von Lengefeld sind unzertrennlich. Selbst dann noch, als sich beide einen heißen Sommer lang unsterblich in denselben Mann verlieben – den berühmten Dichter Friedrich Schiller. Die schöne Caroline ist unglücklich verheiratet, die schüchterne Charlotte sehnt sich nach einem Gatten. Schiller, der hin und weg ist von den unterschiedlichen Schwestern, kann sich nicht entscheiden und schlägt eine Ménage à trois vor. Die enge Beziehung der Schwestern wird auf eine harte Probe gestellt …

Ursula Naumann. Schiller, Lotte und Line. Eine klassische Dreiecksgeschichte. insel taschenbuch 4257. Mit zahlreichen Abbildungen. 195 Seiten

Goethes heimliche Liebe?

Angelica Kauffmann war eine der außergewöhnlichsten Malerinnen ihrer Zeit. Sie lebte in Rom, dem Mekka der schönen Künste im 18. Jahrhundert, sie war talentiert, selbstbewusst und wurde von der Kunstwelt verehrt. 1786 besucht Goethe sie auf seiner italienischen Reise. Von der überschäumenden sinnlichen Pracht der Stadt angetan, besuchen sie gemeinsam Museen und Galerien und betrachten erotische Darstellungen, die von Liebe, Leidenschaft und Verrat erzählen.

Über die Beziehung zwischen Angelica Kauffmann und Johann Wolfgang Goethe ist bisher wenig bekannt. Ging das Verhältnis zwischen der berühmten Malerin und dem großen Dichter über die gemeinsame Kunstbegeisterung hinaus? Detektivisch nähert sich Ursula Naumann der Wahrheit über deren gemeinsame Zeit in Rom. Denn der Darstellung in Goethes *Italienischer Reise* ist nicht unbedingt zu trauen …

Ursula Naumann. Geträumtes Glück. Angelica Kauffmann und Goethe. insel taschenbuch 4150. Mit zahlreichen Abbildungen. 319 Seiten